作者简介

AUTHOR INTRODUCTION

李海峰，在企业人才发展与培训领域拥有近二十年的从业经验。曾任职于三家世界500强企业，是教学研究专家、领导力开发专家、人才发展与学习发展负责人。作为顾问为电信、教育、化工、医疗、互联网等多个行业提供培训体系建设、领导力开发、经验萃取与知识管理、课程开发与讲师培养等咨询项目。致力于通过在商业组织中构建学习场域，生成高质量的知识资产，增加组织和个体的核心竞争力。

AI助力成就名师好课

李海峰 / 著

企业管理出版社
ENTERPRISE MANAGEMENT PUBLISHING HOUSE

图书在版编目（CIP）数据

AI 助力成就名师好课 / 李海峰著 . -- 北京 : 企业管理出版社, 2025. 9. -- ISBN 978-7-5164-3331-7

Ⅰ . G423-39

中国国家版本馆 CIP 数据核字第 2025WC0482 号

书　　名：AI 助力成就名师好课
书　　号：ISBN 978-7-5164-3331-7
作　　者：李海峰
策　　划：朱新月
责任编辑：解智龙　刘畅
出版发行：企业管理出版社
经　　销：新华书店
地　　址：北京市海淀区紫竹院南路 17 号　**邮　　编：**100048
网　　址：http://www.emph.cn　**电子信箱：**zbz159@vip.sina.com
电　　话：编辑部（010）68487630　发行部（010）68701816
印　　刷：北京科普瑞印刷有限责任公司
版　　次：2025 年 9 月第 1 版
印　　次：2025 年 9 月第 1 次印刷
开　　本：710mm×1000mm　1/16
印　　张：17.5 印张
字　　数：220 千字
定　　价：78.00 元

序言一

PREFACE

AI 时代教育、咨询、培训的范式革命

2018 年，我在龙湖智慧服务负责增值创新业务。企业正值高速扩张期，体系建设工作迫在眉睫，本书作者李海峰老师作为企业知识管理专家加入团队，任务是基于组织战略改进一套“能打胜仗”的人才培养体系。不同于传统培训从业者，他展现出对业务逻辑的深度理解，从业务痛点梳理人才标准与能力模型，搭建人才发展学习路径，辅助业务开发各类课程，他开发的很多课程至今依旧是内部培训的标杆。

这段共事经历让我深刻认识到，真正的培训专家必须在具备业务管理者视角的同时具备业务洞察力、人才培养体系构建能力与课程产品化思维。我们各自离开原企业后，依然保持着彼此间的深厚友谊。

2024 年，我作为教育咨询领域的创业者，深刻地感受到环境给教育、培训咨询行业带来的挑战，以及生成式 AI 带来的机遇。企业培训咨询行业正经历着前所未有的变革，降本增效需求迫切、个性化学习需求激增、知识更新速度呈指数级提升，传统课程开发模式已难以应对。

作者作为在大型企业人才培养领域深耕近 20 年的资深专家，基于“为业务创造价值”的培训理念、对行业痛点的深度思考，敏锐捕捉到 AI 技术

对开发课程的颠覆性潜力。如何让 AI 技术真正服务于企业的真实需求？如何在效率提升的同时保持课程的专业性与温度？他将自己在大型企业实战中积累的经验与洞察汇集成方法论，并与 AI 技术进行了深度融合，为培训从业者打造了一本兼具专业性与实操性的课程开发提效指南。从需求调研到课程结构搭建，从知识案例打磨到教学策略设计，AI 正在重塑课程开发每个环节的效率边界。

作为曾并肩奋战的同事、如今的挚友，我深知这本书凝结着他对企业培训的深刻理解。我在阅读时尤为受到触动的是，书中所有方法论均经过企业真实业务场景的验证，这正是一位企业课程开发专家与普通教育研究者的区别：一切以解决企业实际问题为出发点，所有工具均指向“可落地、可复制、可衡量”。这不仅是一本技术指南，更是一套经过实战检验的人力资源发展和知识管理领域的降本增效解决方案。

第一部分“课程开发方法指南”结合多家企业的实战案例，拆解如何从战略目标倒推课程需求，构建口碑好课的设计开发闭环。读者可以针对课程开发的底层逻辑和感兴趣的部分，随时翻开相关章节进行阅读，除了详细的文字描述，作者还将海量的核心知识点萃取成图形、表格予以呈现，大大提高了本书的可读性和实用性。

第二部分“AI 制课实战指令”针对企业培训从业者的真实工作场景，详解用 AI 完成课程定位分析、搭建课程结构、开发课程内容等操作，各类指令还附有具体生动的应用场景与示范样例，体现制课要满足人机共谋，才能将 AI 变为切实的提效助手。

作为从企业高管转型咨询服务行业的创业者，我深知行业对这类兼具实战经验与技术前瞻性著作的渴求。相信本书会成为培训从业者的 AI 提效枕边书，为教育、培训咨询行业相关工作的转型提供重要的助力。更期待作者作为行业深耕者，继续如他个人的定位和发展所愿——“致力于通过在商业组织中构建学习场域，生成高质量的知识资产，增加组织和个体的核心竞争力”。

万洁
安唯斯（重庆）企业管理有限公司创始人
龙湖智慧服务集团社商经营部前总经理
远洋服务控股有限公司前副总裁

序言二

PREFACE

智能时代的课程开发革命

受邀为海峰老师的新书写序，不胜荣幸。我与海峰老师是在为小米领导力项目定制模拟课时认识的，在前期接洽的访谈环节，海峰老师就项目的理解与诉求侃侃而谈，各项数据指标信手拈来。凡此种种都给我留下了深刻的印象——这是一个懂业务的培训人。本书就是一个懂业务的培训人对 AI 时代如何开发一门“好口碑”课程的深度思考。

在这个信息爆炸与人工智能并行的时代，培训行业正经历前所未有的变革，知识获取的壁垒被彻底打破，但随之而来的却是更深层的困境：人们不再缺乏信息，而是被淹没在碎片化的知识海洋中，难以构建系统化认知；企业培训投入逐年增长，但“学而无用”的诟病始终如影随形。正是在这样的背景下，本书的问世，不仅是一场关于课程开发的方法论革新，更是一份面向未来的培训宣言。

一、创造价值比搬运知识更重要

生成式 AI 的出现，带给课程设计者很大的便利。那是不是让 AI 帮我们整理知识、课件就能提升课程的质量，从而赢得口碑呢？答案显然是否定的。

本书最令我感同身受的是它对培训本质的回归——海峰老师开篇便尖锐指出："单纯通过 AI 生成课件毫无意义。"这一论断看似与书名中的"AI 助力"形成张力，实则揭示了全书的核心思想——技术只是工具，培训真正的价值在于促成"知行合一"。

书中以第二次世界大战期间美国"说服民众食用内脏"的经典案例为引，揭示了课程设计的底层逻辑：真正的学习不是知识的堆砌，而是对经验的解构与重构。培训更是需要从"告知"到"赋能"发生范式转变。这种转变在 AI 时代显得尤为迫切：当 DeepSeek 等 AI 工具能在 3 秒内生成一份课程大纲时，人类开发者的核心竞争力究竟是什么？本书给出的答案是——对学习规律的深刻洞察，对应用场景的系统解构，对业务逻辑的清晰理解，以及对培训本质的坚守。

二、开发出"口碑"好课的前提是对业务的深入洞察

全书最具独创性的"四位一体罗盘"，将课程开发提炼为精准的工程化体系。这个由"学员需求 × 内容价值 × 思维活力 × 身心定力"构成的模型，完美平衡了培训产品的科学性与艺术性。

1. 课程定位的精准导航（ETP 分析法）

这是本书给我印象最深的部分，也是我认为课程开发最重要的一个环节：通过对 Environment（趋势）、Task（任务）、Person（对象）的三维扫描，将课程开发从经验驱动升级为数据驱动。书中某医疗信息化公司的案例令人印象深刻：当客户投诉集中在"需求收集"环节时，课程开发者没有急于设计沟通技巧，而是通过自动化工具开发从根本上解决问题。这种从症状到根源的溯源能力，正是 AI 时代课程设计师的核心竞争力。

2. 逻辑构建的认知美学（三螺旋模型）

知识线、情境线、行动线的交织，重构了学习体验的设计哲学。逻辑是课程的灵魂，书中提到“有效认知负荷”的概念，在降低学习门槛的同时，通过逻辑美感提升思维活力，这种对认知规律的深度把握，让复杂知识的传播举重若轻。

3. 内容开发的黄金图谱（三层八类知识体系）

策略类、认知类、理念类知识的层级设计，破解了“一听就会，一用就废”的培训魔咒。这个章节中《蚊虫作息表》的案例堪称经典：当灭蚊工作被解构为“预防、驱避、杀灭、环境防治”的四维策略，配合“洗洁精＋蜜糖”的操作要点和“自我钻研精神”的理念传递，一个平凡岗位的经验瞬间升华为可复制的知识体系。这种从具象经验到抽象模型，再回归实践场景的转化能力，正是AI难以替代的人类智慧。

4. “怎么教”与“教什么”一样重要（U型学习历程）

人类认知一个概念的过程一定是从感性到理性的——海峰老师提出的从痛点情境激活关注，到双环反馈深化理解，再到实战任务促成转化就是这个概念的直观体现。

三、人机共谋：AI时代的课程开发新图景

在第二部分“AI制课实战指令”中，本书展现了难得的理性与远见。面对“AI取代人类”的行业焦虑，书中提出的“人机共谋”理念颇具启发性：AI是超级助手，而非替代者。书中提供的11套提示词模板，实则是打开人机协作的密钥。

在内容开发环节，AI可化身“案例生成器”，基于STARE模型批量产出分析案例。某投资机构识别技术项目的案例显示，当开发者输入“技

术源流”等关键词时，AI能快速生成包括半导体、生物医药等领域的跨行业案例，极大拓展了课程的应用边界。

在教学设计层面，AI成为“策略优化师”。某目标管理课程中，AI通过分析需求，围绕“设定目标的SMART原则”这一重要知识点，使用纠错练习法设计的练习活动来辅导学习。

海峰老师始终清醒地强调：AI生成的内容必须经过“培训逻辑”的淬炼。我非常赞同这个观点：我们要驾驭AI工具，而不是被AI工具驾驭。当某AI工具给出“团队目标管理=OKR+KPI”的浅薄结论时，开发者需要用人脑的批判性思维将其修正为“目标体系=战略解码×行为塑造×文化浸润”的立体模型。这种人机能力的互补，正是智能时代课程开发者的进化方向。

四、培训者的觉醒：从“内容生产者”到“学习架构师”

与海峰老师相识这几年，通过频繁的交流研讨，我有幸见证他从企业培训主管蜕变为课程开发领域的思想者。这份深厚积淀使得本书超越工具书的范畴，体现出独特的培训哲学。书中有段话令人动容：“课程开发的本质是借事修人。”——当开发者梳理经验时，首先成长的是自己。这种对培训初心的坚守，让全书充满人文温度。

在知识付费的喧嚣中，本书像一座灯塔，为迷失在流量焦虑中的培训课程设计者指明方向：真正的口碑不在于营销话术，而在于能否让学习者在认知、行为、情感三个维度发生真实改变。本书向广大课程设计者提供了全新的视角和思路：AI带来的不是内容批量生产无从选择的焦虑，而是帮助研发人员将设想高效落地的工具。

结语：致未来的培训创变者

站在AI重构培训的临界点，这本书来得恰逢其时。它既是为课程开发者准备的实战手册，更是写给所有培训从业者的启示录——当我们教会机器生产内容时，更要思考如何守护培训的本质；当技术加速知识传播时，更要聚焦人的真实成长。

我一直相信：培训课程的设计，是对经验的重新编码，而最好的编码器永远是充满智慧的人心。期待每一位翻开这本书的读者，都能在AI的浪潮中锚定课程研发者的价值，用专业与情怀点亮更多人的成长之路。

是为序。

胡闻斌

商业模拟设计探索者

自序

PREFACE

口碑课程要满足“四位一体”

在信息封闭的时代，能给企业或成人学习带来“新知识”的课程往往会有口碑。在信息爆炸的时代，学习的有效性与专注性受到了挑战，能给企业或成人学习带来“真知灼见”的课程往往会有口碑。2024年伴随生成式AI的高速发展，学习的有效性得到了大幅提升，能给企业或成人学习带来“知行合一”的课程往往会有口碑。所以，单纯通过AI生成一个课件并没有太大的意义。

生成式AI加速了“人人为师”时代的到来，只要你是某个领域的专业从业者，只要你掌握了课程开发的方法，那么AI就可以助你一臂之力，成为你开发课程的“利器”。

作为一家企业或多或少都会对员工有一些培养计划与学习要求；作为个体或多或少都参加过一些培训、听过一些课程；作为培训行业的从业者，经常会有各种朋友向我咨询有什么好的课程可以推荐给他们学习。

到底什么样的课程是好课程？我被无数次问到这个问题，也和同行业的很多专家进行过交流，这个问题的答案是“仁者见仁，智者见智”。但是如果把课程当作一个产品来看，那么我的答案是有口碑的课程就是好课程。

口碑由直接学习课程的学员（学习者）、支持学习者学习的主管（影响者）、组织学习者学习的职能人员（协调者）三个因子组合构成。口碑的计算公式具体如下。

口碑 = 学习者认知 ×X%（权重）+ 影响者认知 ×Y%（权重）+ 协调者认知 ×Z%（权重）

“学习者认知”因子相比其他两个因子会更重要，所占的权重也会更大。口碑的三个因子分别指向了不同方向，如图序 1 所示。

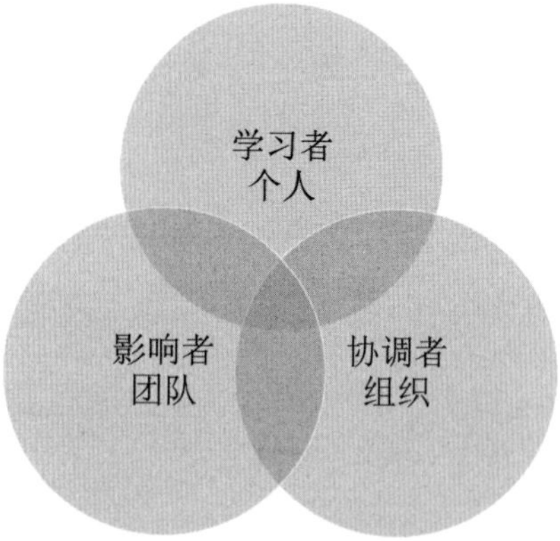

图序 1　口碑三因子的方向

① 协调者往往会从整个组织的发展出发。

② 影响者往往会从团队的绩效成果出发。

③ 学习者往往会从个人的成长与问题出发。

每个因子的方向对开发课程的口碑都起到了至关重要的引领作用。

基于它们引领性的方向，才能找到好口碑的课程具备的特征，然后才能推导出开发好口碑课程的路径和策略。

具体如何做，才能找到这些特征和开发的路径与策略呢？分享一个有意思的研究：老一辈人都经历过使用粮票的时代，其实美国在第二次世界大战期间也发过粮票，为此还做过“如何说服美国人健康地吃内脏”这个主题的课程开发。

第二次世界大战期间，美国把大量的猪肉和牛肉都运往了前线，以供军队使用，时任美国总统罗斯福为此还提到肉类和脂肪是和坦克飞机一样的重要物资。这导致美国境内的猪肉和牛肉供应大量减少。

针对这个现状，美国政府出台了猪肉和牛肉的限购政策，同时为了保持民众的营养需求，寻找替代肉类来源以补充蛋白质和其他营养素。美国政府成立了临时性的“饮食习惯委员会”，招募了数十名全美国顶尖的社会学家、心理学家和人类学家，让他们开发“如何说服美国人健康地吃内脏”这个课题。

这个课题的难度在于美国人平时不吃内脏。之所以会有难度有可能是心理问题，认为内脏是低等人吃的；也有可能是生理问题，适应不了内脏的特殊味道；还有可能是消费观念问题，基本上都能买得起肉；抑或是技能问题，不会烹饪内脏。

首先看“三个因子”都是谁：协调者代表了美国政府的需求；学习者是负责做饭的家庭主妇；影响者相当于家庭主妇的丈夫，家庭主妇要把学会的菜做给丈夫吃。

最后社会科学家玛格丽特·米德（Margaret Mead）和库尔特·勒温（Kurt Lewin）给出的办法是减少内脏的陌生感，推出烹调手册和烹调课堂，并把课程做了实验组和控制组的研究。

① 控制组：针对营养价值、经济优势、烹饪方法进行详细的讲解，家庭主妇听得昏昏欲睡，最终有3%的人接受吃内脏并学会烹饪方法。

② 实验组：针对内脏的营养价值、烹饪方法、可能遇到的困难（比如家人不喜欢吃、难以清洁等）进行讨论，然后营养专家指导每

一个人进行烹饪实践，最终 32% 的人接受吃内脏并学会烹饪方法。

在这个研究中，实验组和控制组最大的差异在于课程设计的不同，从而带来了学习过程体验的不同，最终带来了学习效果的不同。

现代教育学的创始人之一约翰·杜威曾说过，教育就是对学习者的经验进行重组与改造。我认为课程设计与开发的价值就在于对先进的经验进行解构、对高效的方法进行建构、对传递的知识进行重组、对呈现的形式进行重塑。基于此我认为要想开发一门具有良好口碑的课程，必须满足“一个理念、两个视角、三个指标、四个要素”。

“一个理念”是以学习者为主体。

只有学习者参与课堂中，才能形成主动学习，学习才会发生。实际上大部分课程都是大量知识的堆叠和信息单向的传输。虽然讲师可以教得很多很快，但是学习者只会忘得更多更快。

“两个视角”是领域专家视角、目标学员视角。

单纯的专家视角很容易进入到“知识的诅咒（一旦知晓某种知识，就无法想象不知道它时会发生什么，我们的知识‘诅咒’了我们。我们很难与他人分享这些知识，因为我们无法摸透听者一方的心理状态）”。单纯的学习者视角很容易忽视课程本身的难点和要点。

“三个指标”是技能转化度、知识吸收度、学习投入度。

成人的学习离不开已有的经验，技能转化是指学习者可以把课程的新知识和旧有的经验进行融会贯通，这也是学习目标的终点。要达到这个终点目标，需要学习者对新知识有充分的理解，也就是知识的吸收度。对新知识做到充分地理解，需要学习者能够完全地投入到学习中，也就是学习投入度。这三个指标是检验一门课程能否有好口碑的依据。

“四个要素”是需求、内容、逻辑、过程。

“一个理念”是开发口碑课程的指导思想；“两个视角”是开发口碑课程的指导原则；“三个指标”是开发口碑课程的评价依据；而“四个要素”则是开发口碑课程的路径策略：**口碑课程 = 学员需求 × 内容价值 × 思维活力 × 身心定力**（其中思维活力是由好的课程逻辑带来的，身心定力是由好的学习体验过程带来的）。

基于口碑课程的公式，我设计了口碑课程设计与开发的“四位一体罗盘”，如图序 2 所示。

“四位一体罗盘”是本书开发口碑课程的核心方法论，过往要想熟练掌握这套方法论需要做大量的刻意练习和不断接受专业的教练反馈。但是生成式 AI 技术的应用，给不懂课程开发的某个主题领域的专家带来了福音。本书把专业的课程设计与开发的知识形成了模块化的提示词，“投喂”给了 AI，您只要按照所需模块应用即可。

本书由两部分构成，第一部分是课程开发方法指南，读者可以系统地了解课程开发的方法；第二部分是 AI 制课实战指令，读者可以借助本书提供的 11 套提示词模板，使用 AI 开发自己的专属课程。按照顺序学习这两部分效果最佳，当然也可以独立阅读每一部分，这取决于您的职业属性和学习的目的。

① 如果您是企业内部的培训从业者或是专业的教学设计人员，想要提升开发课程的专业技能，在课程开发领域不断深耕和精进，为此您可以精读此书的第一部分课程开发方法指南，第二部分 AI 制课实战指令可以粗读，毕竟科学技术就像滚滚长江一样持续不断地向前发展，谁都不知道下一个技术会发展成什么样。

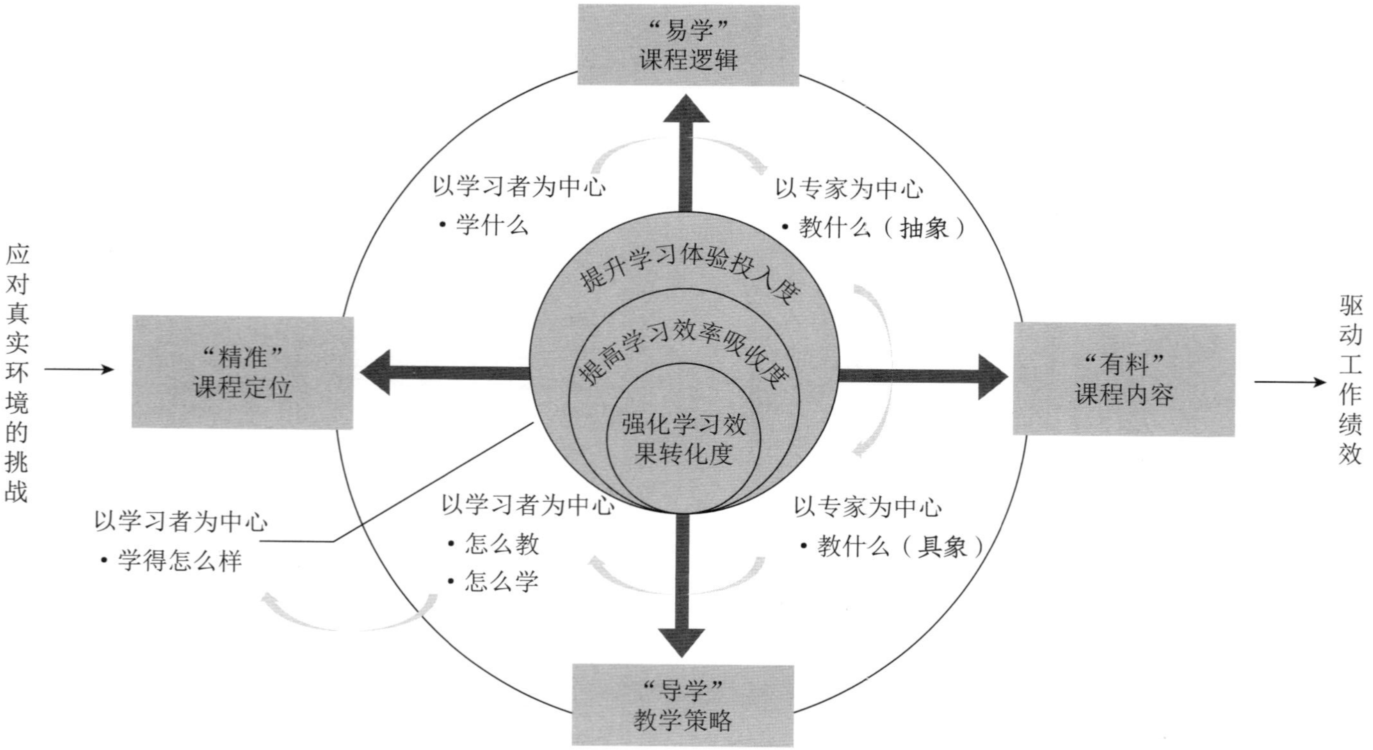

图序 2　口碑课程设计与开发的“四位一体罗盘”

② 如果您是某个专业领域的专家，想要借助 AI 提高开发课程的效率，为此您可以详细阅读第二部分 AI 制课实战指令，同时也建议您对方法原理部分做快速阅读。

课程开发的本质是“借事修人”。经常有人和我说：“通过开发课程，能够让我沉下心对自己的经验进行梳理、校验和总结，并形成比较结构和体系化的知识。不要说学习这门课程的人，单说我自己对这个主题就有了更加深入和系统的认知。”无论您从事的是什么职业，都建议尝试把自己的经验开发成课程，做到“成己达人”。

目 录

CONTENTS

第一部分：课程开发方法指南

第二部分：AI 制课实战指令

第一部分

ONE

课程开发方法指南

第一章 分析课程定位

1.1　认知：课程的价值链

假如你在销售领域有 20 年的工作经验，搞定过很多令人头疼的大客户开发工作，主导过公司销售白皮书的撰写。如果你想要把自己最擅长的“大客户销售工作”开发成一门课程，以帮助更多的商务人员，你该怎样做呢？

1. 直接开干

我经常看到某个领域的一些专家，自己想要开发某个主题的课程，或者有人找到他们提出了针对某个主题进行课程开发的需求，然后他们就开始投入到课程的创作中去了。

这样创作出来的课程有没有定位呢？有没有市场呢？有没有受众呢？答案肯定是有的。这就好比一项新的科研技术，能不能转化成商业产品呢？不能确保一定会，但一定是有概率的。国家知识产权局 2023 年的数据显示，我国企业发明专利产业化率为 51.3%。而商业化产品转化成有口碑的爆款产品又是有一定概率的。

所以当直接开干产出的课程找到了定位后，能不能产生口碑呢？不一定，因为类似的课程不在少数，而你的课程可能受众不太懂，但是他们会进行对比。

综上，直接开干会带来课程定位成功的偶然性，进一步带来课程口碑成功的偶然性。假如你对要去的目的地不清楚的话，很可能会抵达另一个地点，而且还不自知走错了目的地。如何才能把偶然性变成必然性？在市场营销领域通过 STP（Segmentation- 市场细分，Targeting- 选择目标市场， Positioning- 市场定位）的方法来提升商业产品成功的可能性，其核心是通过市场调研和对客户需求的洞察，从而确定自身的定位。课程开发的定位环节亦需要这个过程，我设计了 ETP（Environment- 分析“势”、Task- 分析“事”、Person- 分析“是”）价值链分析法。

2. ETP 价值链分析

郭德纲曾说过两句话，对我的启发极大。

第一句是：“艺术的‘艺’就是能耐，‘术’就是把能耐卖出去，有艺无术那叫自嗨，有术无艺那叫行骗，二者皆有才叫艺术。”

第二句是：“好相声就是在合适的场合，用合适的技巧、说合适的相声，给合适的观众听，才会有合适的效果。”

第一句话在本书中是对两种策略的统筹：能独自创作课程是能耐，能做好课程定位分析是技术，二者结合才有可能开发出有口碑的课程。

第二句话在本书中认为课程能够真正发挥价值的场景往往是“在合适的时机、讲合适的课程，给合适的学习者听”，这也是产生口碑的基础条件之一。这“三个合适”就是课程定位需要分析的内容，也就形成了 ETP 课程价值链模型如图 1-1-1 所示。“合适的时机”就是第一步趋势分析（E），“合适的课程”就是第二步应用场景分析（T），“合适的学员”就是第三步知识成熟度分析（P）。

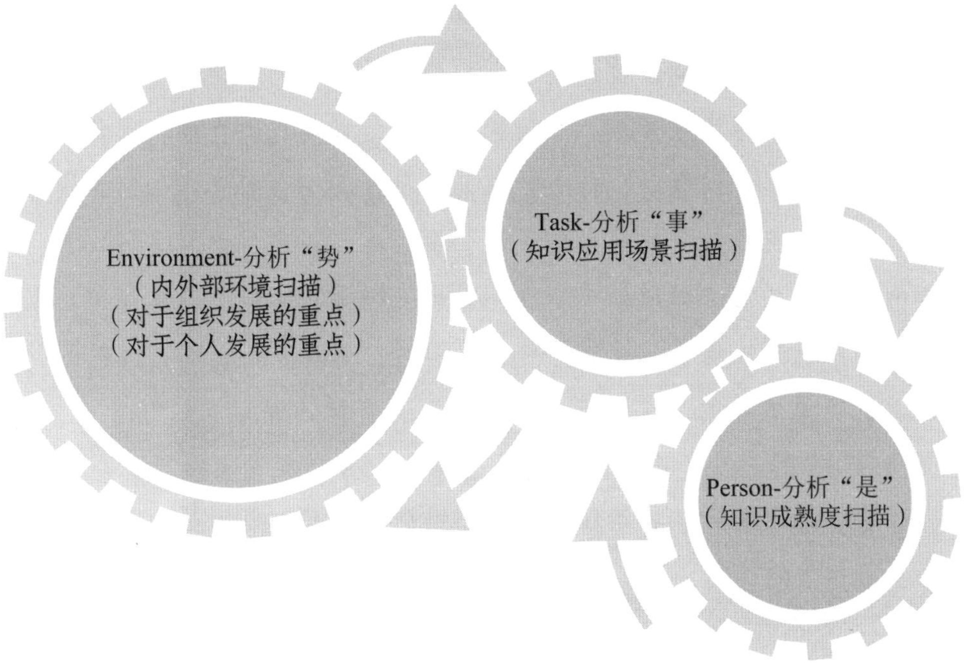

图 1-1-1　ETP 课程价值链模型

具体如何理解呢？我们通过三个例子来进行说明。

案例一：高复购的课“新媒体直播”

2020 年新冠疫情在全球蔓延，各行各业或多或少都受到了不同程度的冲击，在线下卖场不能开放的情况下，很多企业都开始尝试线上直播带货的销售方式，更有传统企业的长远布局者开始研究商业模式创新，培养用户习惯，为后疫情时代的新经营模式做准备。比如房地产行业，大量的房企开启了线上直播卖房业务。众所周知房产属于大型投资，购买人需求差异较大、注重现场观摩体验、各地政策不一、购买条件不同。尽管曾有公司在疫情前就已经搭建过线上卖房的模式，但最后也是不甚理想，没有取得实质性的成果，草草收场。所以虽说直播带货模式在其他吃、穿、用等快消品类型的产品上已经很成熟了，但是对于房产来说这个营销模式还是一个全新的尝试。没有人知道疫情的持续时间，谁能在这个阶段打造自己的私域流量，谁将能在疫情过后更早迎来复苏。如何选择试点、如何定位直播、选什么项目、项目之间如何联动、什么人直播、用什么平台直播、如何寻找客户、脚本如何设计、物料如何设置、现场如何展示、如何进行口播、如何具备镜头感、如何带节奏等一系列问题摆在面前，没有任何一家企业的经验可以借鉴，没有标杆可以学习。好在直播模式是成熟的，知识技能是成熟的，这个阶段只要引入新媒体的课程（直播技巧、图文视频制作等），房产经纪人都抢着学习，并且通过实践后都会被管理者推动输出各种经验总结，常见的现象就是各大房企之间频繁地互相借鉴对方的经验。

Environment- 分析“势”：由新冠疫情这个外部事件，带来的对企业传统经营模式与管理模式的挑战，这就是“合适的时机”。这个过程是对为什么开发这个主题课程的大环境的扫描分析，俗称“借势”，我们经常看到各种风口出现的时候，就会有各类培训课程像雨后春笋一样源源不断地冒出来，就是这个原理。

Task- 分析“事”：房产经纪人要做直播宣讲与新媒体营销，这是他们以往没有做过的新任务。这个任务有哪些技术难题要攻破？这就是“合适的课程”方向。这个过程是对课程内容应用场景的扫描分析，这部分内容是课程中的绝对干货，是检验开发者是不是这个领域真正专家的试金石。

Person- 分析“是”：绝大部分房产经纪人在新媒体这个领域所具备的技能是一片空白的；虽少部分人偶有涉猎，但也仅限于个人爱好。这就是“合适的学习者”。这个过程是对学习者在课程领域具备的知识成熟度的扫描和分析。

案例二：受欢迎的课“如何突破需求收集与分析的瓶颈”

某医疗信息化公司业务覆盖全国，市场占有率稳定在60%左右。医疗政策是决定公司业务发展的一个主要因素，由于各地医疗政策的不同，数据需求处理有一定的差异化，虽然公司有一套处理需求的标准化方法和工具，但是公司提供的产品在数据上或多或少都会有些个性化服务。

最近经常有客户投诉“问题解决不及时”。同时商务、项目交付（技术、数据）之间的相互推诿已经给客户带来了很大的困扰，有些客户已经启用其他备选供应商了，这严重影响了公司的新产品销售。这个新产品是公司依托现有客户群体规模和数据积累的优势开启的第二曲线，由公司领导亲自挂帅参与设计，看到这个情况公司领导觉得整个公司的执行能力和协作能力有待提高。

公司领导找到交付中心的王经理让他开发一门课程，给大家好好培训一下。王经理走访了一圈，发现区域项目部数据员负责收集、审核、分析客户需求，并把需求反馈给总部。总部数据中心负责处理各区域提交上来的客户需求，形成标准化产品的功能并予以落实应用。尽管全国需求量比较大，但让区域数据员苦恼的是辛苦收集的数据被驳回。理由是需求不符合标准、描述不清晰、不合规等，总部无法处理。这些往来交涉的时间导致对客户需求处理的延迟，以致原需求已经变更，客户自然就不满意。同样因为需求描述不清晰，总部要花很大的精力去和区域反复核实，导致工作效率低下。

最终王经理开发的课程主题是“如何突破需求收集与分析的瓶颈”，课程中有一个重点单元是教会大家如何使用他开发的关于需求描述的自动化工具。

Environment- 分析“势”：客户投诉、销售乏力、协同不力。

Task- 分析“事”：核心工作是需求收集与分析。

Person- 分析“是”：不能引导客户澄清需求，不能清晰描述需求……

以上两个案例都是我自己操盘的课程，第三个案例是很多人耳熟能详的 IBM 开发的经典课程“关键时刻”。

案例三：爆款课“关键时刻”

1993 年路易斯·郭士纳担任 IBM 公司的 CEO 之后，希望 IBM 从硬件厂商发展为技术与服务方案提供商，真正做到“以客户为中心”，从而挽回流失的客户扭亏为盈，成为 IT 行业领导者。他希望从分公司各自为政、分散的 IT 系统、协同不顺转变成全球整合业务、共用 IT 平台、协同互助。他希望改变员工忽视客户需求，或自以为是地界定客户需求的现状。

IBM 提出了“关键时刻行为模式”，进而又指导公司的培训部门开发出贯彻关键时刻行为模式的“关键时刻”课程。这一课程最终成了 IBM 内部的经典课程，甚至成了很多同行业公司内部的必修课。

Environment- 分析“势”：公司从硬件制造商向综合解决方案提供商转型，实现组织模式升级。

Task- 分析“事”：核心工作是解决方案式的全面服务客户。

Person- 分析“是”：忽视客户需求……

这三个案例都说明了只有做好 ETP 课程价值链分析，找到课程的精准定位，才能明确课程目标，进而指导课程内容的开发。

1.2 方法：ETP 分析法

具体如何开展 ETP 课程价值链分析呢？

1. Environment- 分析“势”

这个阶段主要的工作是对内外部环境进行扫描。外部发展环境扫描，具体如图 1-2-1 所示。

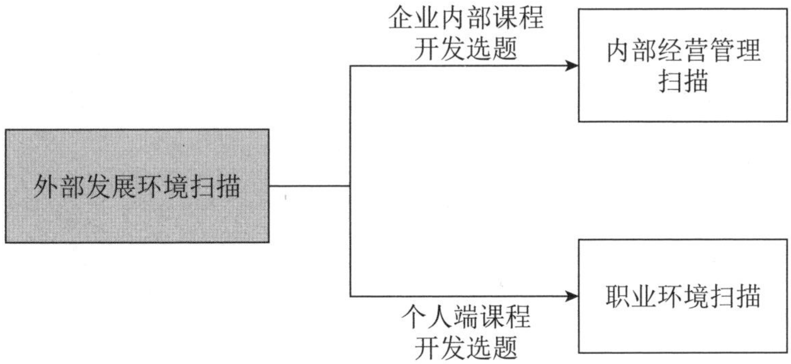

图 1-2-1 外部发展环境扫描

外部发展环境扫描，我推荐借助战略规划领域常用的“PEST 模型分析法”，只不过在课程开发领域该模型的使用会比较简洁。在政治环境（Political）中我选取了“政策趋势”这一条，在经济环境（Economic）中我选取了“市场需求趋势”这一条，在社会环境（Sociocultural）中我选取了“价值观念趋势”这一条，在技术（Technological）中我选取了“技术应用趋势”这一条。

（1）政策趋势（Political）。

关注国家对不同行业、不同领域的政策导向。尤其是你开发课程的目标学员是政府端业务的从业者。我以前在医疗和地产公司负责培训工作的时候，“政策解读与研判”以及“如何调整业务打法以应对政策类”的课程开发是非常重要的，课程对内适合员工，对外适合客户。

（2）市场需求趋势（Economic）。

关注不同行业、不同领域的市场需求演变。你开发课程的目标学员希望学习到的内容是与时俱进的，也就是满足市场的需求、客户的需求。很多企业为了抢占“Z世代”的用户，特意成立了客户研究团队。看看现在国潮品牌，他们员工的知识集中需求点和传统老牌企业员工的知识集中需求点一定是有差异的。这几年中国企业频频出海，满足海外市场的需求，不仅成立海外办事处，还在当地办企业，真金白银地投入研发和生产。与此同时出海类课程开始层出不穷，比如“全球化企业组织管控模式”“全球供应链管理与优化”“全球业务数据安全与隐私保护”等。当然市场需求也会对就业人员的规模带来一定的影响，做专业垂直类个人端课程开发的人员一定要关注这个趋势。

（3）价值观念趋势（Sociocultural）。

关注由人口结构变化、教育水平提升、信息接收渠道多元化等方面带来的社会价值观念的转变。价值观念的趋势深刻影响着个体对待职业的态度、对待工作的态度、对待学习的态度以及对待管理理念的态度。因此近些年，诸如“××年代后职场调研”“××年代后年轻人注意力洞察报告”等聚焦于职场新生代的深度研究不断涌现，旨在揭示并理解这一群体的独特视角与行为模式。在此背景下，以“××年代后新生代员工管理”“××年代后新生代员工如何整顿职场”为代表的课程迅速走红。这些都是课程开发人员应该着重关注的内容。同时，课程开发者还需要时刻紧盯社会热点与焦点问题。这些信息不仅是分析课程定位的重要依据，更是丰富课程内容、提升课程时效性与吸引力的宝贵素材。尤其对于旨在促进认知与价值融合的课程而言，将社会热点融入教学案例，能够极大地增强学习者的代入感与思考深度，助力其形成更为全面、深刻的认知框架与价值体系。

（4）技术应用趋势（Technological）。

关注各个学科领域技术的快速发展，比如信息技术、互联网技术、商业模式技术、管理技术、领导力技术、教学技术、对话技术等，尤其是能够给工作效率带来变革性提升的技术应用。本书介绍的开发课程所借助的生成式人工智能技术，比如在 VUCA 时代所提出的敏捷式领导力、担责领导力等，再比如组织模式创新的平台型组织，这几个技术应用都被开发出了不少的口碑课程，甚至只是使用新技术改造自己的老课程就能取得很好的效果。2018 年区块链技术开始成为风口的时候，我开发了一门针对企业内部讲师提升授课技巧的课程“像区块链技术一样搞培训”，课程借用了区块链技术的三个特点“分布式即弱中心化的思维、共识即参与者的自由与平等、激励即贡献与收获”，映射到培训领域形成了三个原则。

① 让讲师与每一个学习者都成为中心端；

② 让每一个学习者都成为知识的贡献者与知识的收获者；

③ 让每一个学习者都放下防御，放下身份，公平积极自由地参与进来。这门课程的整体设计就是围绕这三大原则在培训中的具体应用展开的。

通过 PEST 分析，课程开发者可以全面了解外部发展环境的各种因素。这些因素不仅有助于提高课程定位的精准性，还有助于提高课程内容的竞争性。

如果你开发课程的使用场景是针对某一类 C 端人群的学习，那么完成外部发展环境扫描后，需要针对目标学员的职业环境进行扫描，如图 1-2-2 所示，可以借助职场价值度（代表潜在学习者的支付能力）与胜任力要求度（代表潜在学习者的学习期待）这两个维度构成的四象限进行扫描，如图 1-2-3 所示，尽可能让课程定位到具有高职场价值、高胜任力要求的维度上，在学习者规模、支付能力和课程竞争力带来的议价能力上获得最佳回报。

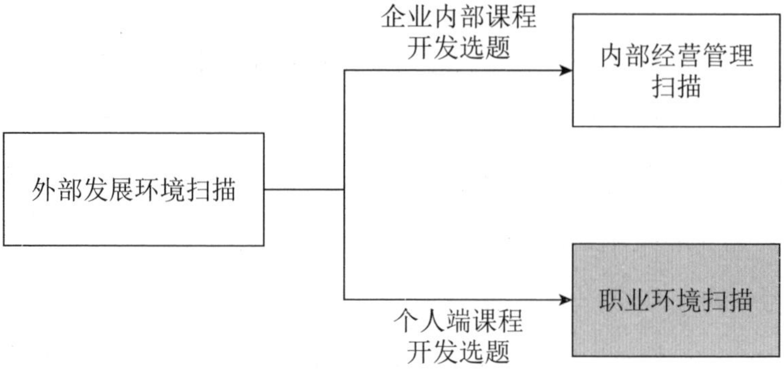

图 1-2-2　职业环境扫描

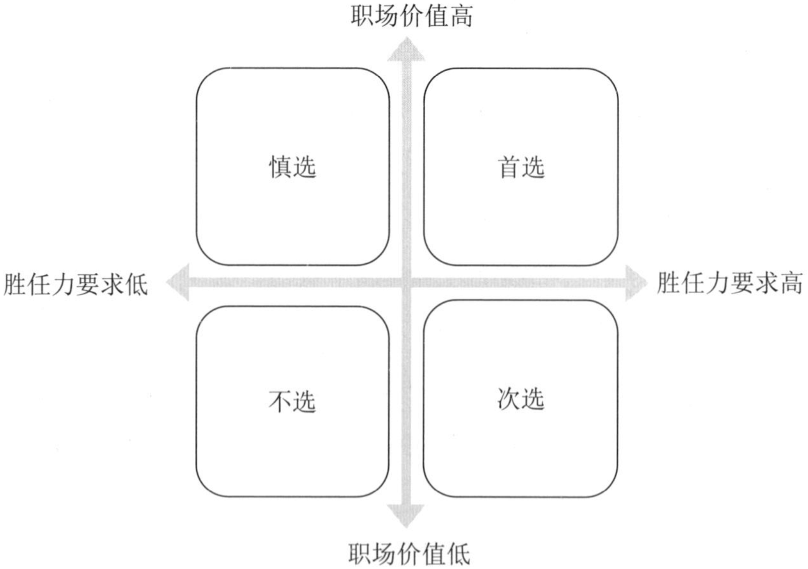

图 1-2-3　职场价值度与胜任力要求度四象限

这个环节中重点是针对企业开发课程需要进行的组织内部经营管理的扫描，如图 1-2-4 所示，用以找到企业的业务价值点和管理价值点。

常见的做法是扫描企业的战略规划与绩效管理，常用的工具是平衡计分卡（BSC）和业务领先模型（BLM）。然而现实的情况是不同性质的企业遇到的业务和管理问题的差异点会非常大，但是从一个物种成长的角度来看，一个企业的成长会经历初创期、发展期、成熟期、转型期四个阶段（当然任何一个企业都有可能在任何一个阶段“死”掉），同时任何一个物种在相同的阶段遇到的问题都会高度一致。为此我选取了以企业发展阶段为脉络的扫描法。在任何一个阶段，组织的任何一个战略要点但凡目标和现状出现差距，都可以成为高价值课程的定位方向。

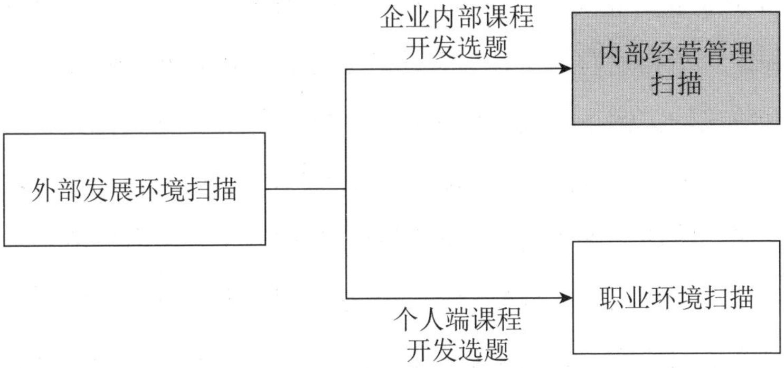

图 1-2-4 内部经营管理扫描

针对企业发展的四个阶段，我分别总结了一些关于经营管理方面需要扫描的关键场景以及课程定位的可能方向。这些关键场景的作用就像信号弹一样，一旦扫描出差距，就可以给课程定位带来巨大的价值，所以一定要关注。

（1）初创期。

企业刚刚进入市场，产品或服务尚未被广泛认可，市场份额较小，项目数量有限。这个阶段的关键场景是“新品上线，获得商业验证”，完成“从 0 到 1”的积累。此阶段你的课程定位需要锚定在“市场、客户、销售、营销”等业务开拓属性的方向上。

（2）发展期。

随着市场对产品的接受度提高，商业模式得到了印证，销售额、市场份额、项目数量开始快速增长，原有用户和项目需要深度运营。这个阶段的关键场景是“项目深化、抢占市场、增加营收；人员扩充、职责不清”，完成“从小到大”的转变。此时第一阶段的课程定位方向变成了基础需求，更有价值且“止渴”的课程定位需要锚定在“团队建设、团队协作、项目管理、风险管理、品牌管理”等人才驱动属性的方向上。

（3）成熟期。

此时企业业务稳定，在市场中占据稳固的地位，客户忠诚度高，员工数量和组织结构相对稳定；但市场趋于饱和，销售额增长放缓，竞争加剧。这个阶段的关键场景是“业务稳定、费率较高；管理低效、大部门协作不顺”，完成“从大到强”的跃升。此时第一阶段的课程定位方向失去了价值，第二阶段的课程定位方向变成了基础需求，更有价值且“止渴”的课程定位需要锚定在“战略管控、经营管理、财务管理、流程管理、质量管理、跨部门协作、企业文化、梯队建设、人才发展”等经营管理属性的方向上。

（4）变革期。

随着竞争加剧、技术进步、市场需求变化等外部因素的影响，企业原有业务市场份额开始下降，利润空间缩小，组织僵化，需要寻找新的增长点或考虑转型。这个阶段的关键场景是“员工流失、客户流失、氛围焦虑、组织失去活力”，完成“从强到久”的重生。此时前两个阶段的课程定位方向失去了价值，第三阶段的课程定位方向变成了基础需求，更有价值且“止渴”的课程定位需要锚定在“战略规划、商业模式、创新思维、变革管理”等组织发展属性的方向上。

Environment- 分析“势”这一环节完成后，接下来就可以进行 ETP

课程价值链分析的第二步。

2. Task- 分析“事”

这个阶段的主要工作是对学习者应用所学的课程内容解决实际工作/生活问题的具体场景的扫描分析。扫描分析出来的内容，直接决定了课程内容的难度系数，也考验了课程开发人员在课程主题领域的实践积累，进而决定了课程内容的核心竞争力。如果这部分内容定位清晰，那么课程带给学习者的将会是认知与启发的大幅度提升，具体的操作方法分为两步。

（1）扫描目标学习者的实际工作任务与场景。

为什么要先扫描工作任务和场景？因为这个时代获取知识的途径已经很便捷了，更多的挑战是如何应用知识。在这里分享一段我的工作经历。

2007 年我大学一毕业就进入企业从事员工培训工作，当时我们请了很多外部老师来给管理层讲课，所有的老师都会讲很多管理理念、管理原则、管理方法以及国内外的一些案例，由于获取信息的渠道较少、成本较高，大部分管理者都是第一次听说这些内容，大家都很珍惜这样的学习机会，再加上老板以身作则每一次都出席培训，所以大家都会津津有味地投入学习。当时大部分管理者给我们提的需求基本上就是想要学习某个管理思想与管理体系，更有甚者我们的一个客户，互联网公司的老板要带领核心团队系统学习制造业的精益管理。而当时我们只要做一些信息收集与传播的工作就很容易满足员工的学习需求。如果再深度投入一些精力把外部的信息进行提炼、归类，然后结合内部的需求进行关联后传播，就很容易获得各级管理者的点费。当时对课程开发人员要求非常专业，往往对内容要有深度研究，而对讲授课程的人往往在授课技巧和个人成就上有较高的要求。我清晰地记得当时为了给销售团队开发课程，看了十本销售领域的书，访谈了30位销售人员，费了九牛二虎之力才把课程开发出来。然而这一切伴随中国企业的成熟与发展，甚至在商业模式等方面的领先已然成为过眼云烟。

2015年，当时我在一家央企供职，有一次在给技术团队的管理者开展“管理者如何做好时间分配”的课程培训后，和他们的CTO进行交流，听他反馈时间管理四象限很简单，内容谁都知道，单独学习没什么实际价值。从这以后，这类的场景在我的职场工作中会时常出现。印象最深的是帮助一个部门从上到下搭建管理者的培训体系，这是部门一把手的核心工作，所以从二级部门到三级部门的负责人都投入了非常大的精力。在和他们密切接触过程中，我发现这些业务管理者对各类管理理念都耳熟能详，能够信手拈来（这要得益于知识付费行业的兴起）。但在和他们一起开发课程的过程中，我发现他们从不过多地执着于这些理念，更多的是提出管理者的具体工作场景是什么样的，自己是否有足够的实践和总结，以及这些管理理念和方法能否支撑自身的实践。他们不会割裂地来看课程内容和工作挑战，开发出能够解决管理者实际工作问题的课程才是他们真正的需求。比如开发“向上管理”的课程，他们更需要的是：如何与老板达成目标共识、接受任务的时候应该如何与老板的期望对齐、遇到风险的时候如何寻求老板的支持、工作汇报的时候如何让老板听懂等，而不需要同理心沟通、非职权影响力等。

这个时代获取信息的渠道很多，成本很低，这就要求课程开发人员要从内容纵深转变成整合架构，而对讲授课程的人往往在最佳实践上有较高的要求。伴随生成式人工智能技术应用的日臻成熟，开发一门课程的效率将呈几何级提升，大大降低开发课程的门槛。比如之前需要付出巨大精力才能完成的信息提炼、分类、关联的工作，AI 分分钟就能搞定。

工作任务是目标学习者在工作中需要承担的事项，它来源于业务流程与岗位职责。

举个例子，假如课程目标学习者是地产公司的投资拓展经理，要想了解这个群体的具体工作，可以有如下操作。

先扫描地产公司的拓展投资流程：市场调研与定位（土地信息获取，市场调研，项目定位）；项目策划与设计（项目勘探，设计方案，投资测算与科研论证）；项目评审与决策（集团评审，投委会决策）；土地获取与合同签订……

再扫描投资拓展岗位的职责：市场调研与信息收集（负责调研目标市场的存量资产情况，收集、筛选、调研商业市场信息，拟定可行性研究和投拓方案）；项目可行性研究（进行项目可行性分析研究，撰写项目可行性调研报告，制定项目拓展策略）；项目拓展与谈判（参与项目的立项决策、土地储备、土地谈判、土地招拍挂等工作，负责合作方案的拟定，进行商业合作项目谈判、签约等具体工作，完成区域市场开拓任务，达成项目落地）；政府关系维护（建立和维护与政府部门、行业主管部门及相关单位的关系，跟进公司的战略合作关系）……

场景是完成任务的环境条件，它来源于业务模式与作业环境。

举个例子，销售人员的核心工作是卖出自家的产品，快消品的店面卖货环境是与顾客面对面的交流，直播卖货环境是通过网络平台。广告招商的卖货环境是电话交流，全网营销的卖货环境是面对大客户的顾问式销售。同样是经营一家饭店，在景区附近进行经营和在小区附近进行经营也是完全不一样的。

完成某项任务可能面对不同的环境，环境的差异会影响任务完成的难度，更重要的是会导致应对策略和方法的不同。如何把工作任务的具体场景梳理出来呢？我总结了划分场景的四个方面，如图 1–2–5 所示。

目标人群的角色：比如管理 80 后和管理新生代。

活动范围与空间：比如国内经营和出海经营。

借助工具与渠道：比如直销和渠道商，线上销售和线下销售。

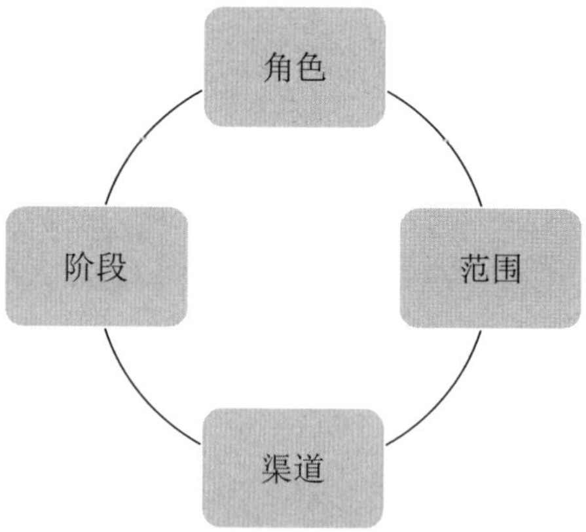

图 1-2-5　划分场景的四个方面

发展阶段与程度：比如管理职能部门的总监和管理整个业务线的总经理。

以上四个方面并不一定要全部使用，通常选取一到两个方面进行扫描分析就足以了，至于选取哪方面，还是需要从业务模式和作业环境出发寻找重要且典型的场景。

其实单纯的扫描工作任务和场景这一步并没有价值，它的核心价值在于为第二步的输出搭好了“地基”。

（2）找到实际工作任务场景中的挑战点与关键点（见图 1-2-6）。

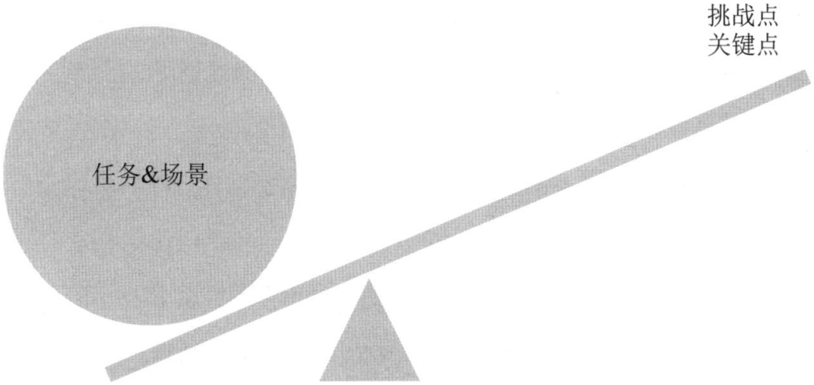

图 1-2-6　找到实际工作任务场景中的挑战点和关键点

所谓挑战点是完成任务的技术难点，对专业性和经验要求较高，技术难点的攻破程度将会决定整个任务的达成效果。

举个例子，我喜欢给孩子做拔丝苹果吃，但是每次都在油炒糖这个点上很失败，结果我家孩子称之为“黑暗拔丝苹果”，每次都劝我以后不要再做了。油炒糖就是做拔丝苹果这道菜的技术难点，要想做好这道菜就要突破这个挑战点。

例如大客户项目交付的挑战点在于如何影响不同的干系人，以及如何获得重要干系人的支持，而不是产品交付本身。

所谓关键点是完成任务的核心环节，对系统思考找到高杠杆点要求较高，核心环节的完成质量将对整个任务的其他环节起到全面带动作用，它决定了任务达成的效率。

举个例子，庖丁解牛的故事大家都听过，他将自己解牛的经历分成三段。开始宰牛时，看到的是完整的牛；三年之后，对牛整体结构已完全了解，眼中不再有完整的牛；现在，他宰牛时不用眼睛去看，而是凭精神去接触牛身，顺着牛的自然纹理和结构进行解剖。解牛这件事的技术难点是顺着牛的自然纹理和结构如何避开筋骨交错的地方。关键环节是先从牛的腹部开始，腹部是牛相对柔软且易于操作的部分，从这里开始可以逐渐熟悉牛身的结构和纹理，这一步骤有助于为后续更复杂的分割工作打下基础。

例如企业中层管理者的核心工作任务是目标管理（得到上级目标，制定本级目标，分解下级目标，然后完成它们），这项任务的核心环节是业务规划，业务规划做得好与坏直接决定了后续环节的效率。

再比如大客户销售的关键环节在于如何准确地诊断客户需求，我清晰地记得有一次和一家非常知名的咨询公司进行需求沟通，他们公司的品牌首屈一指，产品遥遥领先，但他们却一直在介绍自家产品的好处，而忽视了我们的需求，那么结果也就可想而知了。以往“你”若端着，“我”便朝拜的时代已经过去，现如今早已成为“你”若端着，“我”便无感。

作为课程开发人员，需要关注四个信号（见图 1-2-7），只要这四个信号出现其中任何一个，那么这个环节极有可能是挑战点或是关键点。

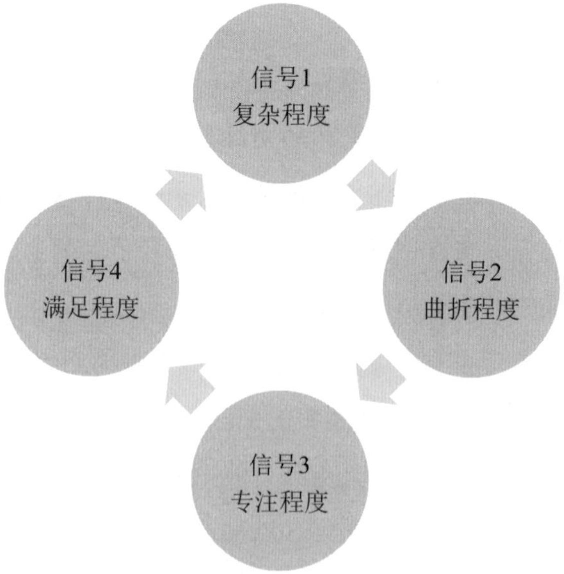

图 1-2-7　课程开发人员关注的四个信号

信号 1：任务与场景非常复杂，执行的过程非常繁杂。

信号 2：高手处理起来都需要大费周章，经历曲折的过程，通过自己披荆斩棘才能通关。

信号 3：高手解决的过程都会极度的专注，进入心流状态，不眠不休还斗志昂然。

信号 4：高手解决问题后，都会有很大的成就感和满足感。

综上所述，挑战点和关键点是专家对目标学习者的工作任务与场景的分析与评价，这部分内容往往是目标学习者意识不到的盲区，或者是畏难情绪区，抑或是不知所措区。这需要使用更多的专家视角才能找到。挑战点与关键点找对与否将决定课程内容的制高点。

Task- 分析“事”这一环节完成后，接下来就可以进行 ETP 课程价值链分析的第三步。

3. Person- 分析“是”

这个阶段的主要工作是对学习者应用所学课程内容解决具体任务场景时的表现的扫描分析，我称之为学习者知识成熟度扫描分析。如果说 Task- 分析“事”是对学习者盲区 / 畏难区 / 不知所措区的挑战点分析，那么 Person- 分析“是”就是对学习者错误行为 / 低效行为的痛点分析。这两步保证了所开发课程内容针对目标学习者有效性的上限和下限如图 1-2-8 所示。

有一次我们举办了一场“组织管理”方面的主题培训，为了获取课程的效果，培训结束后我做了问卷和重点访谈跟进，结果平时工作表现优异的一部分人觉得课程对他们帮助特别大，而平时工作表现不是特别突出的一部分人则觉得课程对他们毫无帮助，导致课程口碑差异很大。这就是课程内容上限能够吸引一部分学习者，而内容下限却没能吸引另外一部分学习者。

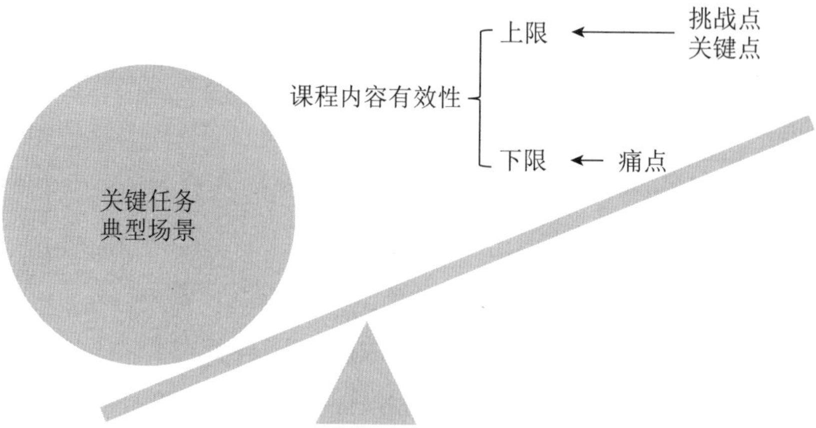

图 1-2-8　开发课程内容有效性的上限和下限

还有一次我们举办了一场关于“面试”方面的主题培训，同样的调研过程，可是结果却和上面那个培训完全相反：平时工作表现优异的一部分人觉得课程对他们毫无帮助，平时工作表现不是特别突出的一部分人觉得课程对他们帮助特别大，课程口碑差异也很大。这就是课程内容下限能够吸引一部分学习者，而内容上限却没能吸引另外一部分学习者。

课程作为产品和其他消费品的属性是一样的，只有找到适合学习者（客户）的内容（需求）范围，才能达成课程目标（市场占有目标），也才能产生好的课程口碑（产品口碑）。这一过程具体的操作方法分为两步。

（1）识别合适的目标学习者。

我把学习者分为四类，称为 GCST 学习者准备度模型，如图 1-2-9 所示。

成长型学习者（Grow）：学习者的实际工作任务完成得很好，相关知识技能掌握得也还不错。同时希望自己变得更好，希望自己具备上级老板的能力，乐于提升认知，接受新观点、新思想、新方法。

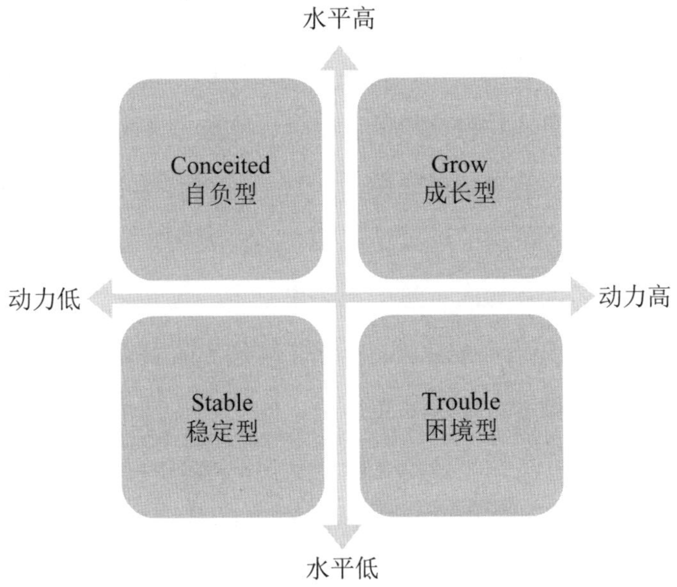

图 1-2-9　GCST 学习者准备度模型

自负型学习者（Conceited）：学习者认为自己的实际工作任务完成得非常好，相关知识技能掌握得非常扎实，远超过别人。同时学习者喜欢充当老师，习惯批判他人，不愿意刷新认知、不愿意接受新思想和新方法。

稳定型学习者（Stable）：学习者的实际工作任务完成得一般，相关知识技能掌握得也一般。但是自己没有提升的想法，没有更好的期望，好与不好都无所谓，学与不学也无所谓。

困境型学习者（Trouble）：学习者在实际工作任务中遇到了问题，掌握的相关知识技能无法帮助自己摆脱困境，希望通过学习可以快速帮助自己缩小差距，改变现状。

课程开发人员需要识别出困境型学习者和成长型学习者，通过对他们的扫描分析找到课程定位的方向。

（2）扫描目标学习者的痛点。

所谓痛点是指目标学习者在执行任务的过程中高频出现的错误行为

表现和低效行为表现。这些行为导致了任务完成的时效与质量不理想。

还以做拔丝苹果为例，新手很容易犯的错误，比如苹果切块后直接裹糊，未进行盐水浸泡，导致苹果氧化变色，吃起来不脆甜；面糊太稀或太稠，导致挂不住浆；使用冰糖熬糖浆，导致拔丝效果不佳；火候过大或过小，熬糖时间过长或过短，导致糖浆颜色不佳或拔丝效果不佳……

假设您是一名置业顾问，这一天店里来了一位客户，向您咨询买房子的事情。按照先要进行了解需求的程序，您想先了解客户的购买能力，于是您向客户先后询问了“是贷款买房吗、购房预算是多少、每个月的收入是多少”等问题，可是客户并没有做出任何明确的回答。简短的沟通后，这位客户快速离开了，之后您听说这位客户在友商那里购买了您项目上的房子。这就是置业顾问在分析客户需求这项任务上，会出现的一个典型错误行为“在还没有建立信任的基础上就询问敏感问题”，其背后的认知是“交易大于客户服务”，导致的结果就是“客户的流失”。同时结合上一个步骤 Task- 分析“事”，客户需求分析是影响交易的重要环节，此项活动的挑战点在于“把握客户购房不同阶段的不同需求，通过提问挖掘并引导客户的深层次需求”。

假如您是研发部门的经理，最近为了改善产品研发管理，您决定重新制定一份开发规范。让谁来负责呢？环顾一圈后您选择了入职不到 3 个月的小刘，并简单告诉他要完成的任务是什么。一个月后您想起了这件事情并向小刘询问工作进度，小刘说还需要一点时间，又过了半个月当您看到小刘交上来的规范后，发现和自己设想的完全不一样。最终还是由您自己重新制定了一份规范。这就是管理者在派发工作这项任务上，会出现的典型错误行为（对任务不做规划、对下属的评估单一、不做跟进）和典型的低效行为（沟通交流过于随意、辅导以单向输出为主、自己救火）。其背后的认知是“管理就是把工作派下去，下属可以自我驱动完成”，导致的结果就是“任务无法完成、完成的质量不合格，最终由管理者自己买单”。同时结合上一个步骤 Task– 分析“事”，派发工作的挑战点在于“面对不同状态的员工，如何采用不同的派发策略”。

作为课程开发人员，需要关注三个信号（见图 1-2-10），只要这三个信号出现其中任何一个，那么这个环节极有可能是目标学习者的痛点。

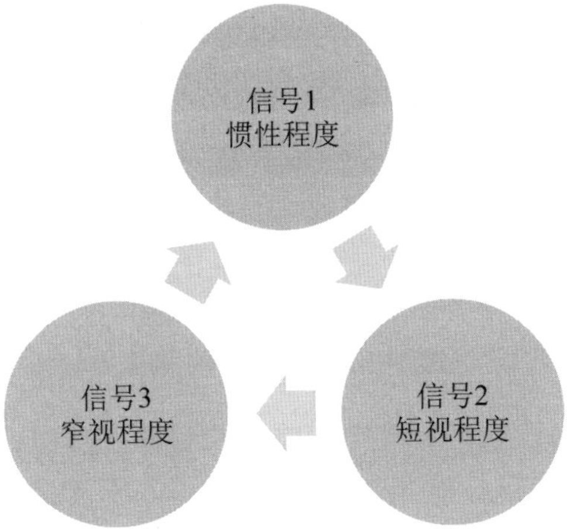

图 1-2-10 课程开发人员需要关注三个信号

信号 1：看不到或无视环境条件的变化，过度依靠以往的操作方法来解决问题。

信号 2：看问题的视野很短，无法从长远的视角看待事物的发展，导致看似解决了当下的问题，但其实是为日后埋下了一颗“雷”。

信号 3：看问题的眼界很窄，无法从全局的视角看待事物的互联互通，导致看似工作很高效，但其实整体的工作反而非常低效。

综上所述，痛点是课程开发人员对目标学习者的分析。如果作为课程开发者的你同时还是开发主题的领域专家，那么 Task– 分析“事”，完全可以凭借自己的经验搞定。但 Person– 分析“是”必须使用学习者视角才能找到，信号也只是个参考，更多还需要对学习者的工作观察以及使用问卷和访谈调研才能获取真实有效的痛点，最终形成课程的用户画像（见图 1-2-11）。而用户画像又会决定课程的核心目标和课程的关键内容。

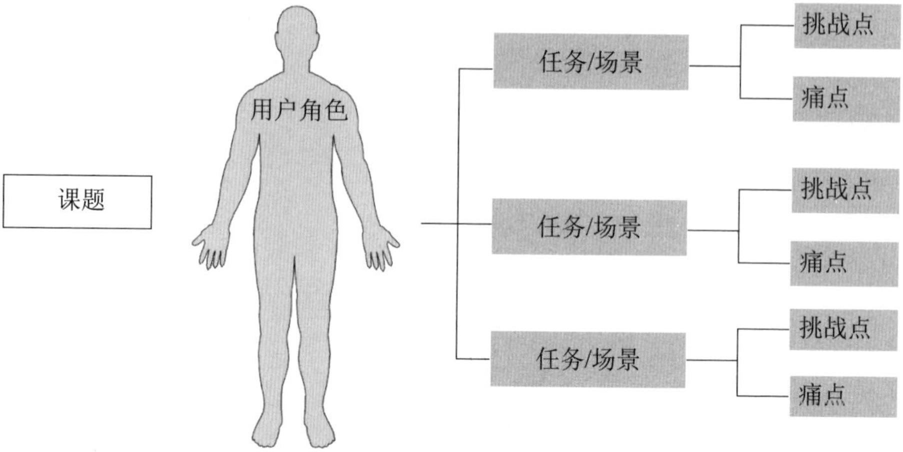

图 1-2-11　课程用户画像

ETP 分析法，通过 Environment- 分析“势”找到课程的终极价值点，通过 Task- 分析“事”和 Person- 分析“是”找到课程最有价值的内容方向。

Environment- 分析“势”知识图谱（见图 1-2-12）：课程定位分析第一步。

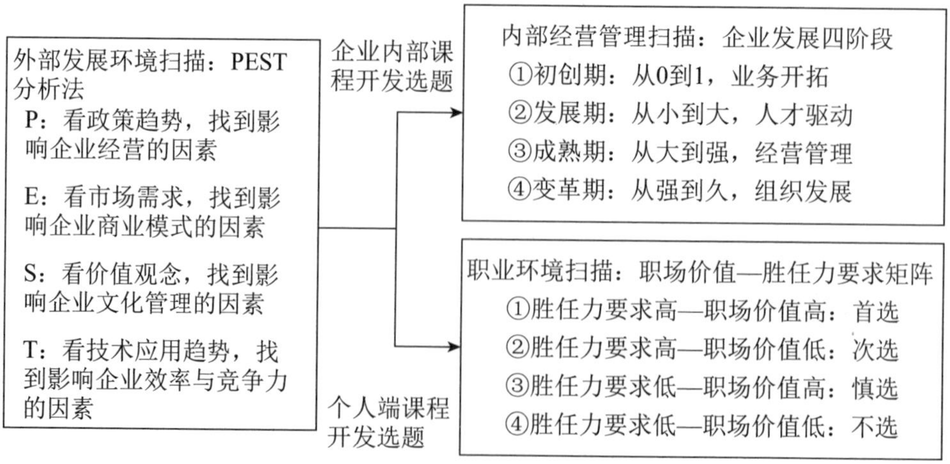

图 1-2-12　Environment- 分析“势”知识图谱

Task–分析“事”知识图谱（见图1-2-13）：课程定位分析第二步。

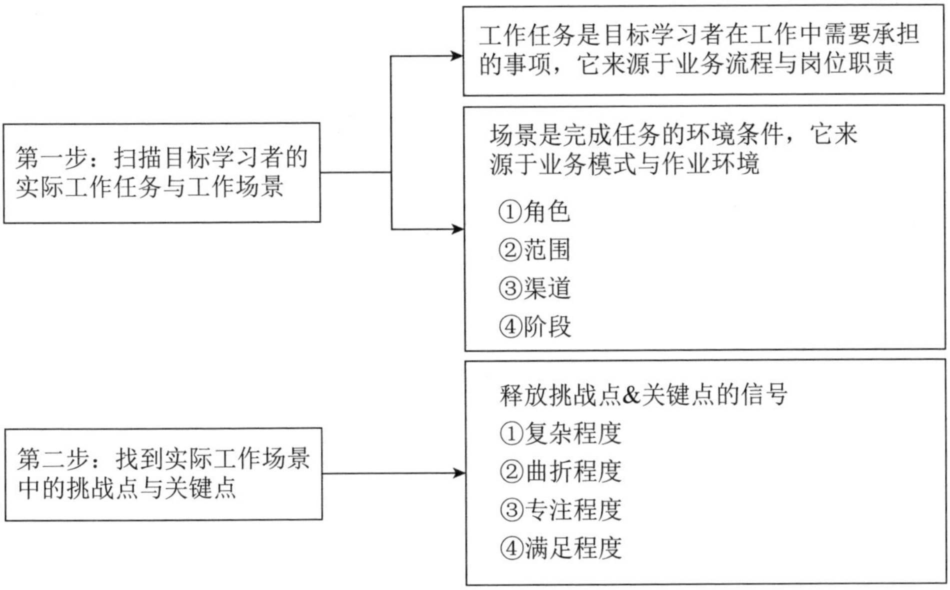

图 1-2-13　Task-分析“事”知识图谱

Person–分析“是”知识图谱（见图1-2-14）：课程定位分析第三步。

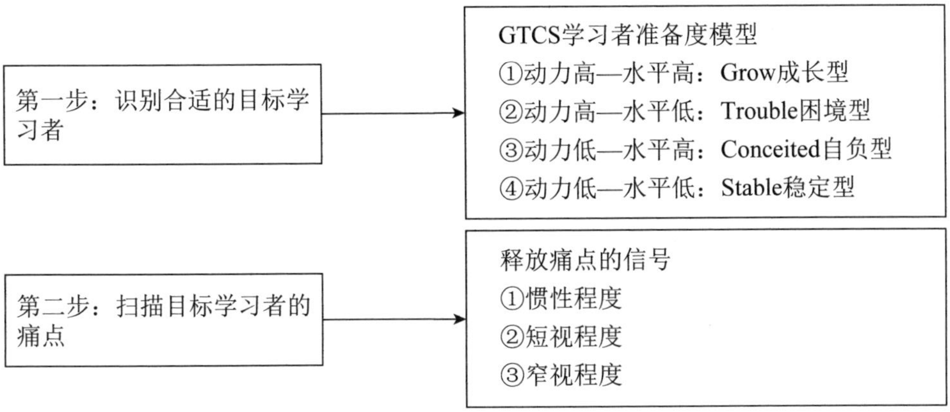

图 1-2-14　Person-分析“是”知识图谱

课程开发人员完成 ETP 分析后，需要把分析的结论呈现在课程推介上从而清晰地体现出课程定位。什么是课程推介？课程推介有什么作用？

由于我在甲方从事培训工作，所以微信上有很多培训公司的朋友经常会给我各种类型的课程，询问我感不感兴趣。我平时也会去各类学习平台找某个主题课程，当检索某个关键词后，会涌现出大量的课程。正所谓乱花渐欲迷人眼，你会选择哪门课程呢？很明显哪门课程抓住了你的眼球，让你产生了兴趣，你就会先去看一看。在目标学习者正式听课学习前，他们需要通过课程介绍来了解课程，能不能在上课前就吸引他们，课程介绍起到了至关重要的作用。

一个完整的课程介绍由十大元素构成，如图 1–2–15 所示。

图 1-2-15　课程介绍的十大元素

例如给某公司定制的“课程开发”主题的课程介绍如表 1–2–1 所示。

表 1-2-1　“课程开发”主题的课程介绍

课程名称	以绩效为导向的课程设计与开发
课程对象	内部讲师 / 课程开发者 / 知识贡献者 / 业务专家
课程时长	2 天

续表

课程背景	① A 公司经历了 10 年的发展已经进入了业务稳定期，形成了一套自己的管理理念、原则和方法，行业通用的内容已经无法满足内部人才培养与绩效提升的需求。 ② 业务快速发展，组织健康成长，离不开高绩效专业人员的组织贡献。开发课程进行大范围的培训是企业知识传承的一个重要方法。 ③ 目前这些管理 / 业务专家开发出来的内容不像是课程，更像是经验分享；PPT 除了开发人自己，其他人员看不懂，无法复制讲师；培训现场往往是讲师站在自己的角度，灌输大量的知识给学习者，学习者听不进、听不懂、学不会、回到工作岗位后也没有太多改变，造成了"培训无用论"
课程收益	① 推动企业知识管理建设与内部讲师建设工作。 ② 选拔出一批能总结方法论的管理 / 业务干将。 ③ 降低课程开发的学习成本与课程维护的成本
课程目标	① 能够解释课程设计与开发的流程和原理。 ② 能够运用课程设计与开发的方法开发一门课程。 ③ 能够建立以学习者为中心进行教学的思维模式
课程特色	扎实的理论基础（经典的五星教学理论）+ 大量的实践转化（千门课程开发提炼工具）+ 训战结合保障效果（现场产出成果）
教学方法	讲授 + 视频 + 案例分析 + 体验活动 + 成果评审
课程大纲	① 什么是好课程； ② 搭建课程结构； ③ 经验萃取与案例撰写； ……
讲师介绍	××× 老师，20 年培训从业经验，主导与辅导过 1000+ 课程开发

而 ETP 分析呈现在课程推介上直接对应的就是课程背景、课程收益和课程目标这三部分（课程内容要服务于课程目标，教学方法要服务于课程内容）如图 1-2-16 所示。这三部分内容将直接决定课程是否吸引目标学习群体的眼球，但凡能够吸引眼球的课程无一例外都是 ETP 分析做得极为出色。

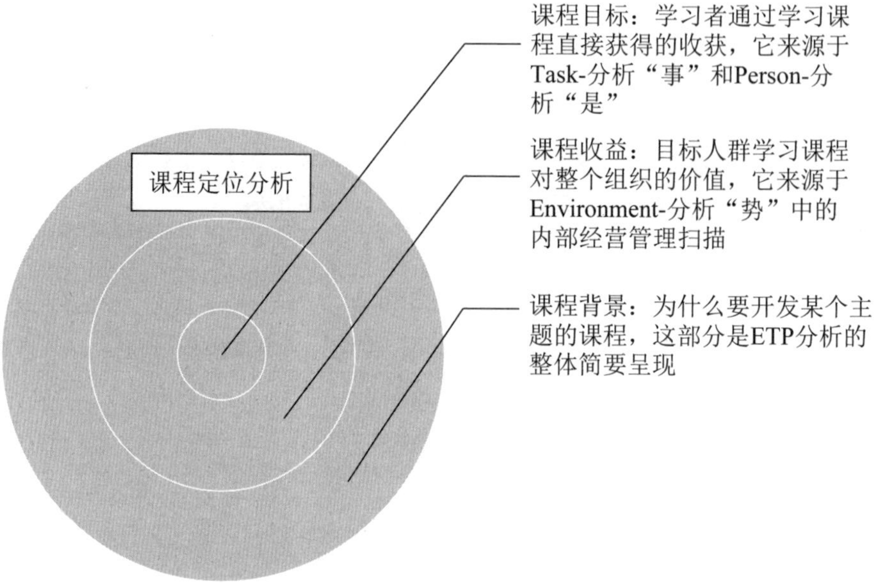

图 1-2-16　课程定位分析三部分（课程背景、课程收益和课程目标）

第二章 搭建课程逻辑

2.1 认知：课程的三螺旋

德云社总教习高峰曾说：“观众听包袱、听笑点。我们不听包袱，听的是结构、是表达、是他们怎么处理关键包袱的节骨眼。”逻辑是创作语言类艺术作品的灵魂。

同样，课程的灵魂往往来源于创作者赋予它的独特逻辑。教育心理学中的“认知负荷理论”认为，教学的目的是要增加长期记忆中的知识，要达成此目标，就必须考虑人类的认知在处理新信息时，其短期记忆的容量是相当有限的。认知负荷分为三种类型，具体如下。

① 外部认知负荷：主要是由教材的资料呈现或信息组织等方面设计不当，导致占用学习者短期记忆资源。

② 内部认知负荷：主要来自教材内容本身，当学习者的起点专业知识无法支撑所要学习内容的复杂度与难度时，导致占用学习者短期记忆资源。

③ 有效认知负荷：通过教学设计来吸引学习者专注在学习内容的认知过程中，教学设计虽然会增加学习者的负荷，但可以帮助学习者建立旧知与新知的关联，促进对新知的理解与吸收。

那么如何有效率地呈现知识，从而降低短期记忆的负荷量，促使知识从短期记忆存入长期记忆？课程逻辑起到了至关重要的作用：混乱的逻辑只会增加学习者的外部认知负荷；顺畅的逻辑则会降低学习者的内部认知负荷；有美感的逻辑则会提升学习者的有效认知负荷。

当然搭建流畅的课程逻辑绝不是一蹴而就的。我曾经辅导一家企业的20位业务专家开发专业类课程，集团领导非常重视这次课程开发的成果产出，光课程评审就进行了8次。前3次评审聚焦于课程内容的价值性、针对性、适用性、准确性、详略性上；后5次评审则都是在课程内容的基础上不断调整课程的逻辑。

课程内容和课程逻辑是相辅相成的，严格来说二者的开发并没有绝对的前后关系。单薄的课程内容无法构建丰富的课程逻辑。再丰富的课程内容如果课程逻辑构建不当，就会导致教学不流畅，讲师教得磕磕绊绊，学习者学得断断续续，教与学都不能酣畅淋漓，学习效果肯定会大打折扣。

要想构建出顺畅的甚至是有美感的课程逻辑，需要先找到课程是由哪些逻辑线构成的。要想找到课程是由哪些逻辑线构成的，需要先知道正式的课程学习可以给学习者带来什么。

成年人学习的目的在于改变自己，改变自己的核心在于形成正循环的持续行动。认知心理学的研究认为“人格是由认知、行为、情绪组成的一套相对稳定的动力机制，认知产生相应的情绪，情绪导致相应的行为，行为作用于现实，现实又强化最初的认知，形成螺旋式的闭环”。所以如果要改变一个人，就要对“认知、行为、情绪”这三个要素中的至少两个进行干预，才有可能形成改变。以下是几种常见的学习形式在这三个要素上的具体表现。

“阅读图书”作为一种学习形式，往往只能影响“认知”这个要素，导致学习者一看就会、一做就废。这也是为什么人们常说读了那么多书，却依然过不好这一生。

“模仿行为”作为一种学习形式，往往只能影响“行为”这个要素，一旦情景变化，学习者就立马失效且失去行动的信心。很多管理者与我分享他们对下属的带教过程起到的作用并不大，进一步了解发现，但凡作用不大其根本原因都是因为带教过程只对行为进行了纠偏，并没有考虑下属认知的提升和情绪的满足。一旦缺乏监控，学习者的行为表现就会失去自主性。

“参访标杆”作为一种学习形式，往往只能影响“情绪”这个要素，比如看到组织内榜样人物工作的高光时刻，自己备受鼓舞，立志要开始改变自己的工作状态，然后就变成了常立志。比如看到别人通过健身而拥有了苗条的身材，自己就办了一张健身卡，然后因为身体太累，告诉自己没必要变得很苗条，最后只坚持了一周。再比如参访业内标杆企业后，感觉人家做得很好，要是有一天自己的企业也能做成这个样子，那该多好啊！但自己企业的实际情况不一样，于是安慰自己慢慢来吧。

另外美国教育技术专家埃德加·戴尔的研究成果“经验之塔”理论告诉我们（见图 2-1-1），一个人学习的经验分为“做的经验、观察的经验和抽象的经验”。单独获得任何一个经验都不足以支撑改变。只有当一个人通过学习在某个领域获得这三个经验的时候，才能够长期稳定地胜任某项工作。这也是通过学习获得改变的最终状态。依据此理论分析，上述三种学习形式在获得经验上的表现如何？

很明显，通过“阅读图书”只可以获得抽象的概念经验，通过“参访标杆”只可以获得观察的感知经验，通过“模仿行为”只可以获得操作的体验经验。

课程作为一种更加典型的学习方式的载体，很多人认为课程和以上三种学习方式是类似的，可以干预的是“认知”要素，可以获得的是“抽象的经验”。在他们看来课程只需要把自己的知识梳理出来，用金字塔的结构呈现清晰就可以了。

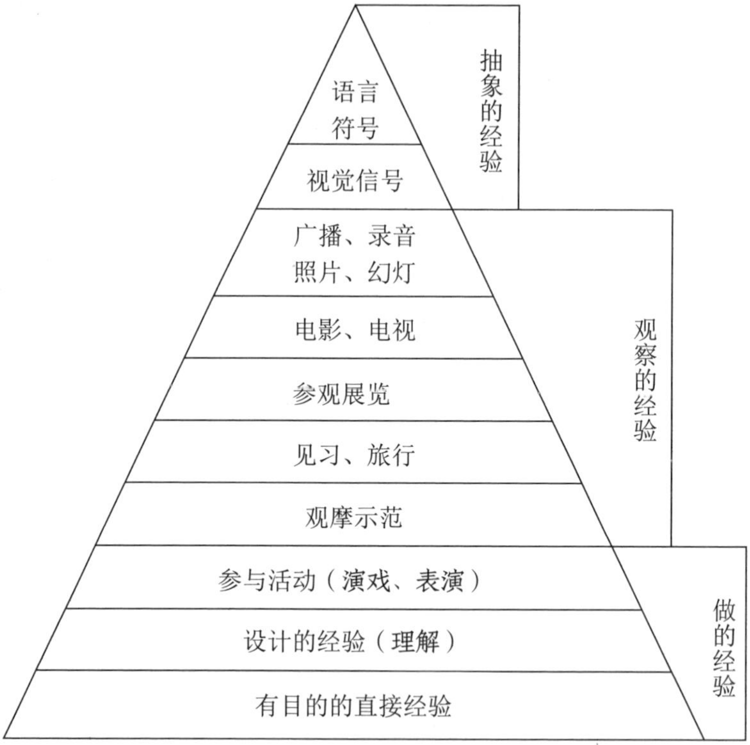

图 2-1-1 “经验之塔”理论

为什么需要对课程进行设计和开发呢？我认为一门好口碑的课程必须要考虑学习者的“认知—情绪—行为”这三个要素，必须让学习者获得“概念的—感知的—体验的”这三种经验。这才是通过正式的课程学习带给学习者的收获。

基于此，我认为课程的逻辑线由知识、行动、情境形成的三螺旋形态构成（见图 2-1-2）。

Y（课程逻辑线）=F（知识线、行动线、情境线）

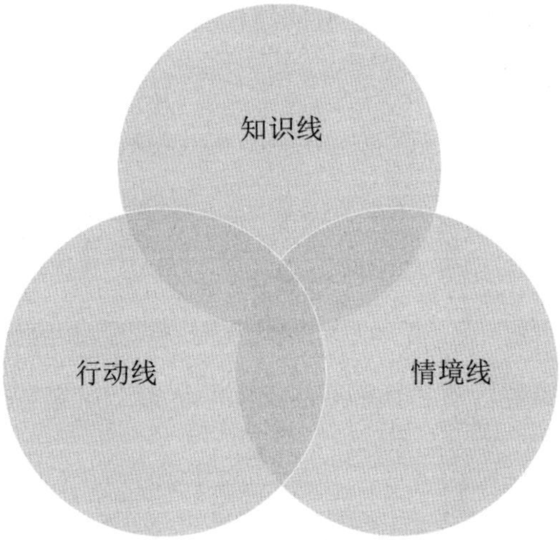

图 2-1-2 课程逻辑线三螺旋形态

① 知识线：课程内容呈现的结构，目的是通过循序渐进地传递知识，助力学习者理解知识。这是课程的核心主线，是课程的“地基”，突出理性逻辑。

② 情境线：课程内容应用的场景案例呈现的结构，目的是通过激发过往经验，刺激学习者体悟新知，助力其吸收知识。这是课程的辅助明线，是学习的加速器，突出感性逻辑。

③ 行动线：课程内容学习成效的结构，目的是通过由扶到放的练习与应用，助力学习者转化知识。这是课程的辅助暗线，是学习的检测仪，突出效果逻辑。

课程逻辑是由这三条逻辑线构成的，这三条逻辑线不是毫不相关的平行线，而是交错融合在一起，构成了一个学习增长的飞轮系统。

达到逻辑合格的课程，构建好知识逻辑线即可；达到逻辑良好的课程，在知识逻辑线的基础上，构建好行动逻辑线即可；达到逻辑优秀的课程，这三条逻辑线缺一不可；达到逻辑有美感的课程，这三条逻辑线必须融会贯通形成独特的课程逻辑才行。

下面列举几个主题课程的逻辑构建。“时间管理”课程逻辑的构建如图 2-1-3 所示。

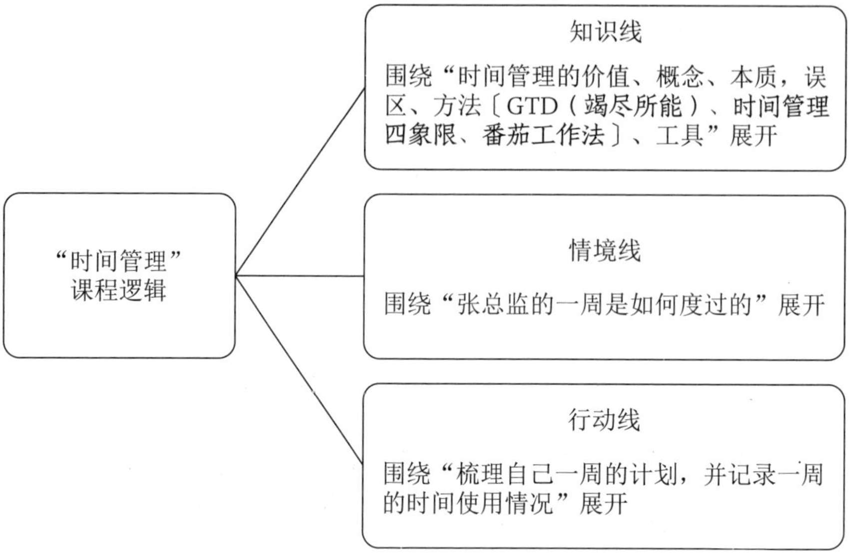

图 2-1-3 “时间管理”课程逻辑构建

“大客户销售”课程逻辑的构建如图 2-1-4 所示。

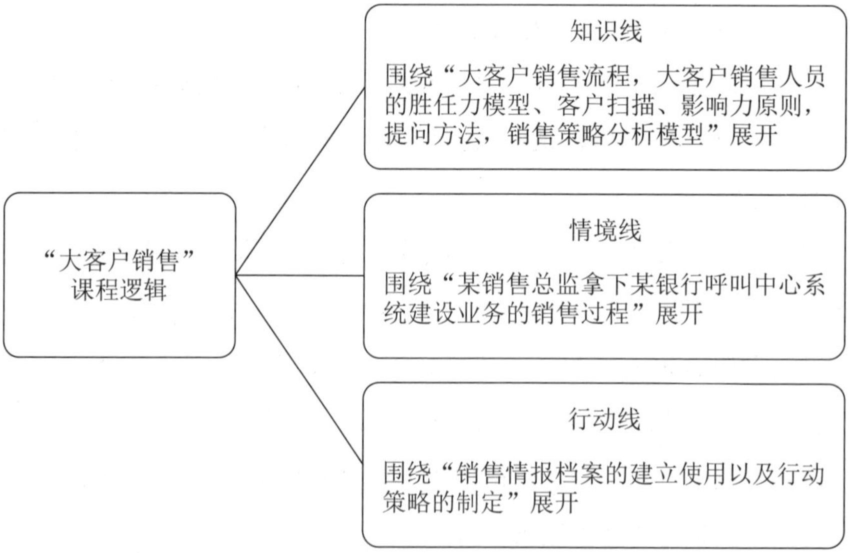

图 2-1-4 “大客户销售”课程逻辑构建

例如“关键时刻”课程逻辑的构建如图 2–1–5 所示。

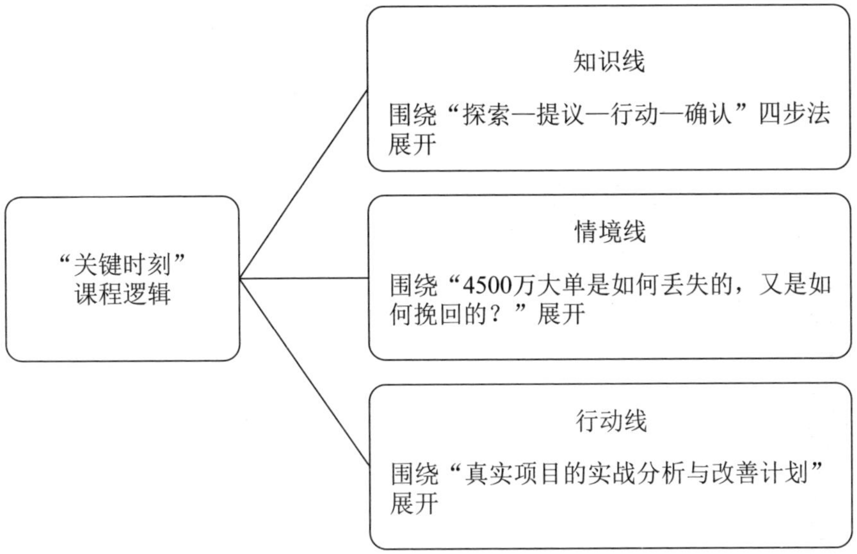

图 2-1-5 “关键时刻”课程逻辑构建

再举个更加复杂的例子，“如何委派任务”课程逻辑的构建如图 2–1–6 所示。

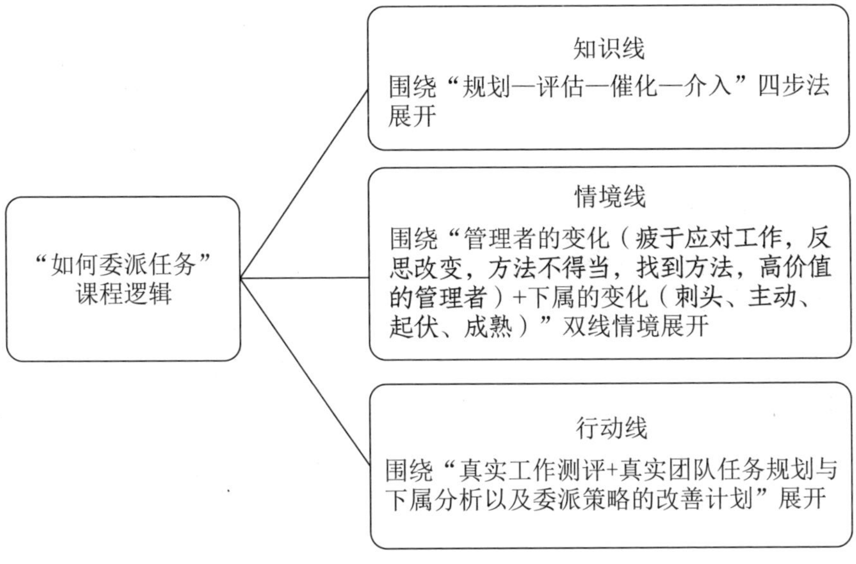

图 2-1-6 “如何委派任务”课程逻辑构建

这三条逻辑线融合到一起就形成了“如何委派任务”这门课程独有的逻辑如图 2–1–7 所示。

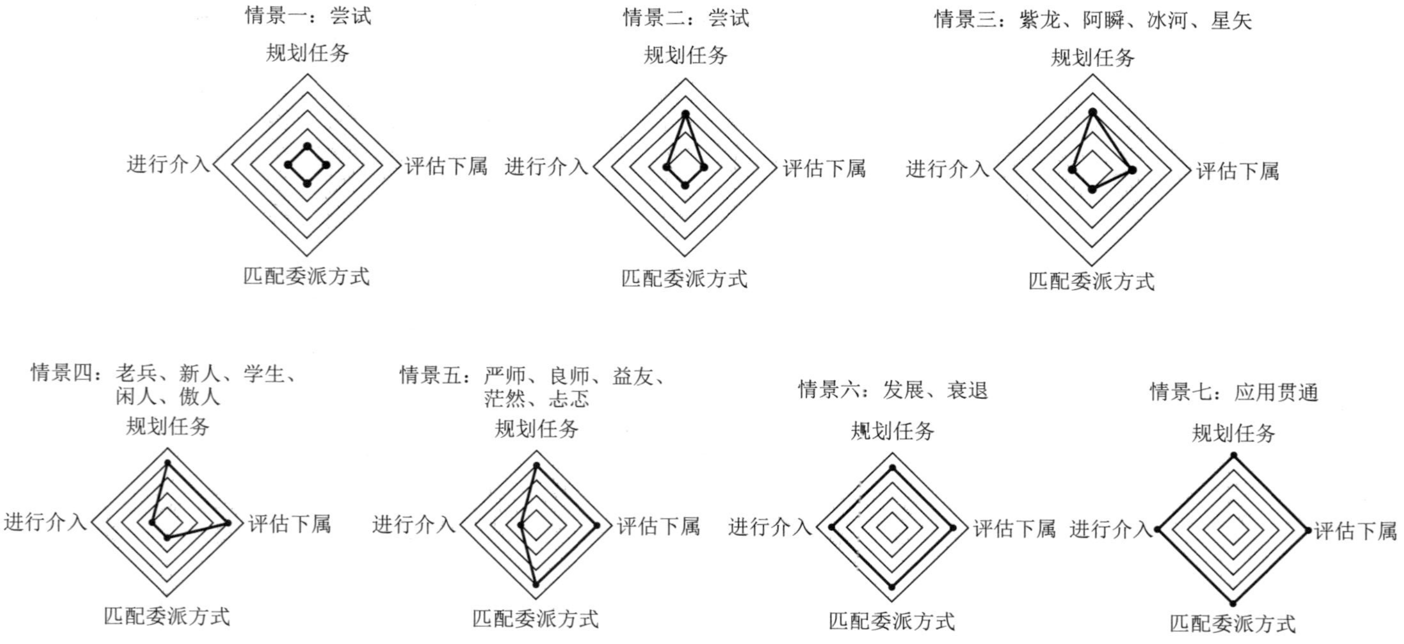

图 2-1-7　“如何委派任务”独有的逻辑

2.2 方法：WWHIS 极简构造法

知识线依赖课程内容的萃取与提炼，情境线和行动线依赖教学策略的设计，三者的融合需要不断地适配调教。一个有美感的课程逻辑不是单纯靠设计出来的，还需要通过实施交付不断地打磨，这个过程必然要投入较大的精力。单纯从知识线的角度出发，有没有相对简洁的方法来构建课程的逻辑呢？

美国教育心理学博士伯尼斯·麦卡锡在自然学习设计中提出了“学习循环圈”的运作模式（见图 2-2-1），这一模式遵循了大脑运作的自然规律，围绕人对知识进行加工的认知过程，设计了完整的学习历程。

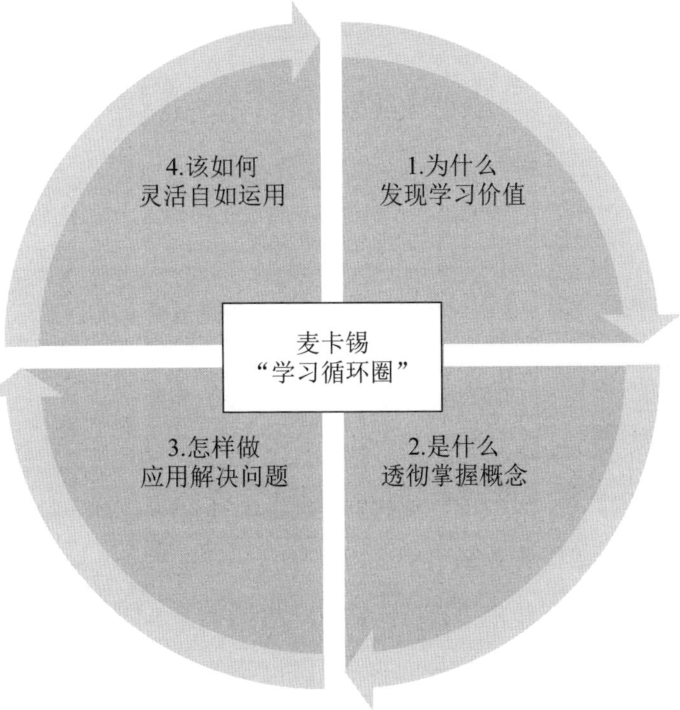

图 2-2-1 麦卡锡“学习循环图”

我借鉴了麦卡锡的“学习循环圈”理论，经实践改良后，创立了“WWHIS 结构”作为课程逻辑的 MVP（课程的最小可行性逻辑），“WWHIS 结构”又被称为课程的极简逻辑形态。这也是用来区分一份资料到底是课程，还是其他类型学习资料（经验总结、信息汇总等）的最低判断标准。WWHIS 结构如表 2-2-1 所示。

表 2-2-1　WWHIS 结构

Why：开场	课程导入　课程目标　课程目录
What：基础内容	内容一　内容二　内容三
How：核心内容	模块一　内容一　内容二　内容N 模块二　内容一　内容二　内容N 模块N　内容一　内容二　内容N
If：灵活应用	案例一　案例二　案例三
Summary：结尾	课程总结　学习测验

1. Why：课程的开场

通过介绍课程的价值与意义、作用与重要性，向学习者说明为什么需要学习。课程开场包括三部分内容如图 2-2-2 所示。

图 2-2-2　课程开场三部分内容

课程目标和课程目录很容易理解，这里重点介绍一下课程导入。课程导入我总结了四大价值视角（见图 2-2-3），当从这四个视角导入课程的时候，学习的价值信号就很容易释放给学习者。

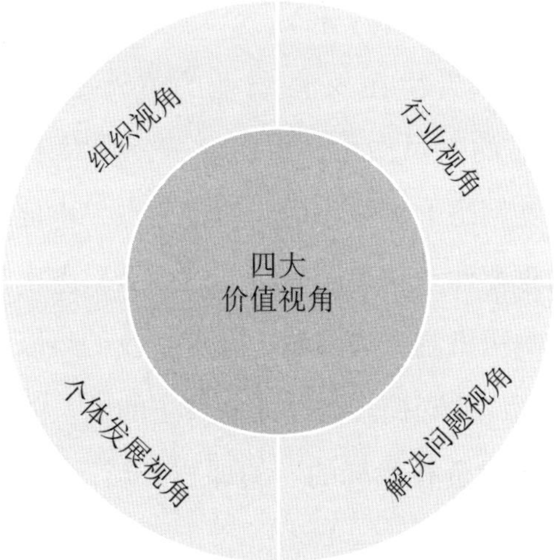

图 2-2-3　课程导入的四大价值视角

（1）行业视角。

从组织所属行业的近期热点事件进行导入。不限于政策的变化、商业模式的演进、技术发展的趋势、市场成长的趋势、用户习惯的变化、友商的动态与热门事件等。

在“人力资源成本管理”的课程开篇，通过分享公司的三大对标企业最近三年的人力成本管理策略来进行导入。

内容：近期，随着全球经济的波动与数字化转型的加速，人力资源成本管理成了企业竞争力的关键一环。行业内的三大领军企业X公司、Y集团和Z企业，它们在过去三年中，通过创新的人力成本控制策略（如灵活用工、智能化招聘流程优化以及基于数据分析的绩效管理体系），不仅有效控制了成本，还实现了员工满意度与业务增长的双赢。今天，我们就来深入探讨这些策略背后的逻辑与实践，为您的企业提供可借鉴的路径。

在“生产安全”的课程开篇，通过分享今年行业中因为安全事故在网络上闹得沸沸扬扬的事件来进行导入。

内容：今年，一起发生在××行业的重大安全事故震惊了整个业界，不仅导致了严重的人员伤亡，更引发了公众对于生产安全的深切关注。这起事件迅速在网络上发酵，成为舆论焦点，也促使企业重新审视生产安全管理体系的重要性。从根源分析，该事故暴露出企业在安全培训、设备维护以及应急响应机制上的漏洞。今天，我们将以此为鉴，深入剖析生产安全的各个方面，共同探索构建无懈可击的安全防护网。

在“如何识别并投资技术标的”的课程开篇，通过分享最近10年的技术演进路线来进行导入。

内容：回望过去的十年，技术的飞速发展不仅重塑了人们的生活，更引领了资本市场的投资风向。从移动互联网的爆发，到人工智能的崛起，再到区块链技术的兴起，每一次技术革新都孕育着新的投资机会。今天，我们将沿着这条波澜壮阔的技术演进之路，逐一剖析这些技术背后的商业逻辑、市场潜力以及投资风险，帮助您掌握并识别投资技术标的的关键技巧，把握未来的财富机遇。

（2）组织视角。

从组织内部的重大事件进行导入。不限于战略目标调整、经营策略要求、业务模式升级、组织模式演变、文化价值刷新等。

在“解决方案式销售”的课程开篇，通过分享公司业务模式从满足客户单一需求的产品销售到帮助客户诊断问题并提供整体解决方案的销售模式升级背景来进行导入。

内容：在快速变化的市场环境中，仅仅满足客户单一需求的产品销售已不足以支撑公司的长远发展。为了更好地适应市场变化，提升客户满意度和忠诚度，我们决定进行一次销售模式的革命性升级。从过去的“产品导向”转变为“客户导向”，从单一的产品销售转变为提供量身定制的整体解决方案。这一转变的背后是我们对市场趋势的深刻洞察，以及对客户需求的精准把握。今天，我们将深入探讨解决方案式销售的核心策略与实践技巧，共同开启公司销售模式的新篇章。

在“数字化转型策略”的课程开篇，通过分享公司为了提升管理效率和组织能力，开展智能化组织的转型背景来进行导入。

内容：随着行业数字化加速转型，公司决定全面拥抱数字化技术，实现从传统业务模式向智能化、数据驱动型企业转型。首先分析当前市场环境和竞争对手的数字化进展，展示数字化转型的紧迫性；然后回顾公司在数字化方面的尝试与成效，包括成功案例与面临的挑战；最后阐述数字化转型的战略目标、关键领域（如客户体验、运营效率、产品创新）和预期收益。

在“导师赋能”的课程开篇，通过分享公司的人才内生战略以及出台的相应政策，展示近三年公司新生代员工的数量占比、留存数据、成长数据、重要贡献等方面来进行导入。

内容：在人才竞争日益激烈的今天，我们深知只有拥有强大的后备力量，才能确保公司的持续发展和竞争优势。因此我们制定并实施了人才内生战略，旨在通过内部培养，打造一支高素质、高潜力、高忠诚度的员工队伍。近三年来，我们见证了新生代员工的迅速成长，他们不仅数量占比显著增加，留存率也持续攀升，更在多个关键岗位上发挥了重要作用，为公司的发展注入了新的活力。今天，我们将深入探讨导师赋能的核心价值与实践路径，共同推动公司人才内生战略的深入实施，为公司的长远发展奠定坚实的人才基础。

（3）个体发展视角。

从个体能力提升与职业发展的好处进行导入，不限于绩效改善、工作效率提升、个人品牌塑造、转岗 / 晋升的平稳转身等。

在“如何做好项目的总结汇报”的课程开篇，通过分享一个好的总结汇报，可以给项目团队带来良好的品牌认知与资源获取来进行导入。

内容：当你站在项目总结汇报的舞台上，一份精心准备、条理清晰的总结汇报不仅赢得了团队成员的高度认可，还吸引了上级领导和外部合作伙伴的广泛关注。这份汇报不仅是对项目成果的完美展示，更是对项目团队专业能力和高效执行力的有力证明。一个好的总结汇报，能够显著提升团队的品牌认知，为团队带来更多的合作机会和资源倾斜。今天，我们就来深入探讨如何做到这一点，让每一次汇报都成为团队成长的加速器。

在“初任管理者的五项修炼”的课程开篇，通过分享高成熟度管理者的能力画像与健康团队的各项体检指标来进行导入。

内容：在职业生涯的征途中，从一名优秀的执行者转变为一名出色的管理者，是许多职场人士梦寐以求的成长路径。但这条路并非坦途，它需要一系列的能力提升和心态转变。想象一下，一位高成熟度的管理者就像一辆性能卓越的赛车，拥有强大的引擎（决策能力）、精准的导航系统（战略规划）、稳定的悬挂系统（团队管理）、高效的制动系统（风险控制）以及灵敏的感应装置（市场洞察）。同时，他所带领的团队就像一辆经过全面体检的赛车，各项性能指标均处于最优状态。今天，我们将一起探索这五项修炼，帮助你从执行者平稳过渡到管理者的角色，带领团队向着更高的目标冲刺。

在“变革管理”的课程开篇，通过分享一个成功变革的案例带给变革团队的正向影响力来进行导入。

内容：在快速变化的商业环境中，变革已经成为常态。而成功的变革管理，不仅能够帮助企业突破瓶颈，实现转型升级，还能为参与变革的团队成员带来前所未有的成长和机遇。想象一下，一个曾经深陷困境的企业，在经历了一场精心策划的变革后，不仅业绩实现了质的飞跃，员工士气高涨，团队凝聚力空前增强，还赢得了市场和客户的广泛赞誉。这场变革不仅拯救了企业，更让每一位参与其中的人，无论是他们的领导力、团队协作能力还是适应变化的能力，都得到了极大的提升。今天，我们就来揭开变革管理的神秘面纱，学习如何引领团队穿越变革的浪潮，共同创造更加辉煌的未来。

（4）解决问题视角。

从个体在工作过程中遇到的典型难题与痛点进行导入，不限于交付质量问题、产出数量问题、工作效率问题、资源消耗问题等。

在读高三的时候，我们班换了一个退休返聘的数学老师，他给我们上第一堂课时就说：“我知道大家的数学成绩在全年级中是比较差的，前几年我一直参与编制高考数学题，知道考生在考试中常犯的错误是什么……”那一刻他直接赢得了所有同学的关注。

在“如何高效开会”的课程开篇，通过分享过往开会投入大量时间和人力，而开会的效率和效果却触目惊心来进行导入。

内容：大家是否参加过这样的会议——会议室里人头攒动，议程满满，但会议结束时，却感觉一无所获，甚至对接下来的工作方向更加迷茫。上半年我们投入开会的时间是 × 小时，每个人每次开会要占据自身 30% 的时间，折算成金钱共投入 × 元。我们投入了大量的时间和精力，却换来了低效的决策和模糊的结果。这种开会不开工，开工不开会的现象，不仅浪费了宝贵的资源，还挫伤了团队的士气。今天，我们就来深入探讨如何高效开会，让每一次会议都成为推动项目进展、激发团队智慧的宝贵机会。

在“高效时间管理”的课程开篇，通过分享工作中面对大量的工作任务搞得自己精疲力竭，但又没能取得良好的工作成果的场景来进行导入。

内容：想象一下，你每天都有一堆任务等着完成，从回复邮件到撰写报告，从参加会议到处理客户投诉，感觉就像在无尽的跑道上奔跑，却永远看不到终点。你是否也曾有过这样的感受：明明已经很努力了，但产出却总是不尽如人意？今天，我们将一起探索那些高效人士的秘密武器，学习如何优化时间管理，提升个人生产力。

行业、组织、个人发展、解决问题这四个视角，哪个进行课程导入的效果最佳呢？这取决于课程主题属性和目标学习者属性。当课程主题方向为系统思维或冰山下底层逻辑，学习者群体偏资深从业者，那么从行业和组织的视角导入效果更好。当课程主题方向为冰山上的方法技能，学习者群体偏初级从业者，那么从个人发展和解决问题的视角导入效果更好。

以上是对极简逻辑形态“WWHIS 结构”的第一个环节“Why”的详细说明，接下来介绍第二个环节“What”。

2. What：课程的基础内容

通过呈现学习者对课程主题领域的常见误区，以及课程所包含的核心理念、概念、原理、流程、模型、全景图等来拉齐学习者的学习起点认知，为学习后面的核心内容打下基础。

（1）误区：目标学习者过往对课程主题领域的常见错误认知与行为、无效与低效的方法经验。

在“管理者如何做好过程沟通”的课程中，新晋管理者对于反馈有五个常见的误区。

①“重结果”而“轻过程”。

②反馈过于有攻击性。

③只反馈“不好”的，没有反馈“好”的。

④害怕面对冲突，不愿意进行反馈。

⑤只反馈“好”的，没有反馈“不好”的。

（2）概念/定义：对一些名词术语的解释，揭示了事物的特征与本质属性，以区别其他类别事物。

在“管理者如何做好过程沟通”的课程中，需要先澄清反馈的概念，它是一种基于观察和经验的意见，可以帮下属多角度了解自己，从而培育管理者与下属之间的信任感。

（3）原理/原则：要想达成预期的结果，需要满足的条件和遵循的原则，揭示了事物为什么会发生，具有普遍意义的基本规律。

在“管理者如何做好过程沟通”的课程中，有效反馈要遵循三个原则。

①安全的氛围是有效反馈的前提条件。

②真诚地面对下属。

③反馈的目的是赋能。

在“目标管理”的课程中，目标要满足“SMART”原则：具体的（Specific）、可衡量的（Measurable）、可达成的（Achievable）、相关的（Relevant）、时限（Time-bound）。

（4）理念：课程所倡导的核心思想，所有的内容都是在底层的假设和内在价值观念上生长起来的。

它是学习者把所学知识在工作场景中进行持续刻意练习的内在驱动力与价值信念。

在“超越合作”的课程中，最核心的理念是“着眼长期关系，来处理当前事情”。

在“情境领导”的课程中，最核心的理念是“行为的有效和态度的成功”。

（5）流程图：事物运行的程序。

在“财务报销”课程中的报销流程图。

在“如何招聘”课程中的招聘流程图。

（6）模型：对某个实际问题或客观事物的规律进行抽象总结后用一种形象化的方式表达出来。

在“非物质激励”的课程中，会使用马斯洛的需求层次理论模型，如图 2-2-4 所示。

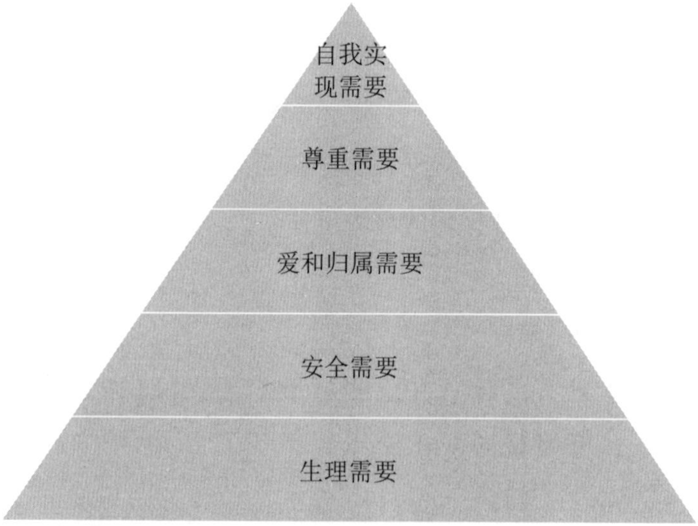

图 2-2-4　马斯洛需求层次理论模型

在“金牌面试官”的课程中，会使用冰山模型如图 2–2–5 所示。

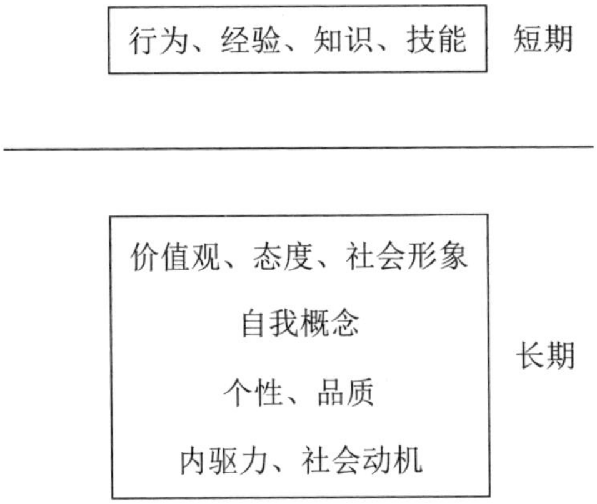

图 2-2-5　冰山模型

（7）全景图：事情发展的整体历程或事物关键要素的整体呈现。

在“如何设计商业模式”的课程中，会呈现商业模式画布的整体内容，如图 2–2–6 所示。

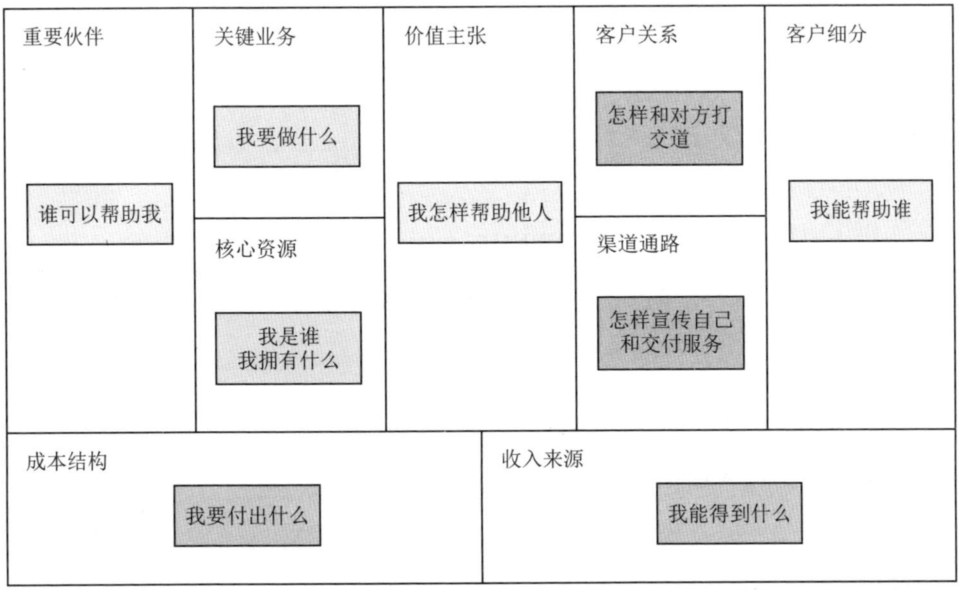

图 2-2-6　商业模式画布

在“目标管理”的课程中，会呈现目标管理的全景图，如图 2-2-7 所示。

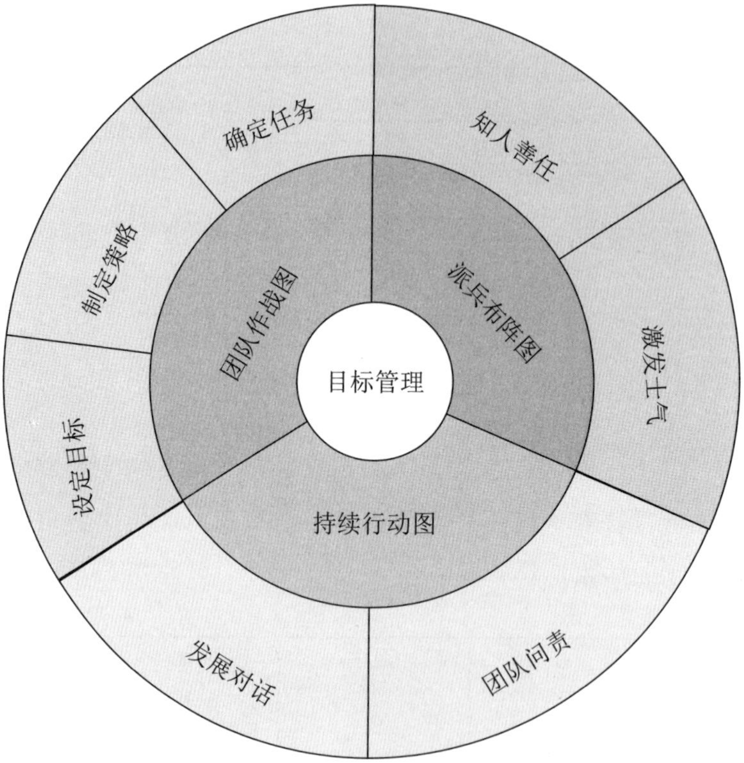

图 2-2-7　目标管理全景图

以上是对极简逻辑形态“WWHIS 结构”的第二个环节“What”的详细说明，接下来介绍第三个环节“How”，这个环节也是课程最重要的核心内容。

3. How：课程的核心内容

通过呈现课程所包含的核心方法、策略、思维、技巧、工具、例子、数据、信息、误区 / 难点 / 重点 / 要点 / 注意事项等，来向学习者详细说明和展示课程的重点内容。

这部分是整个课程的重中之重，如果是一天的课程容量，它往往会由3 ~ 5个模块的内容构成。这里重点论述的是模块之间需要遵循的逻辑层次关系。

我把课程核心模块的逻辑层次关系称为“时空”结构，它包括时间结构和空间结构。这种结构由两种关系和三条路径共同构成。

时间结构揭示的是顺序、因果和前提要素，它们是一种串联关系。史书的编年体形式就是这类关系的典型。

如果课程的核心内容可以用任务/步骤路径进行拆解，那么就可以使用串联关系。

（1）任务/步骤路径。

提炼出完成任务或解决问题的过程、流程与步骤。举例说明“提炼任务/步骤”如表2-2-2所示。

表2-2-2　举例说明“提炼任务/步骤”

课程“精益管理”的核心内容	课程“如何招投标”的核心内容
①定义问题 ②测量偏差 ③分析原因 ④改善措施 ⑤控制监测	①获取资格 ②制作标书 ③现场讲标 ④……

空间结构揭示的是属性、功能和组合要素，它们是一种并联关系。史书的国别体形式就是这类关系的典型。

如果课程的核心内容可以用主题/要素路径或场景/问题路径进行拆解，那么就可以使用并联关系。

（2）主题/要素路径。

提炼出完成任务或解决问题的核心观点与关键要素。举例说明“提炼

主题 / 要素”如表 2–2–3 所示。

表 2-2-3　举例说明“提炼主题 / 要素”

课程“成为合格的产品经理”的核心内容	课程“成为合格的总经理”的核心内容
① 商业思维 ② 用户思维 ③ 技术思维 ④ 竞争思维 ⑤ ……	① 经营意识 ② 合作沟通 ③ 组织发展 ④ 战略解码 ⑤ ……

（3）场景 / 问题路径。

提炼出完成任务或解决问题需要面对的不同场景或问题划分。举例说明“提炼场景 / 问题”如表 2–2–4 所示。

表 2-2-4　举例说明“提炼场景 / 问题”

课程“如何做好向下管理”的核心内容	课程“如何做好结构化”的核心内容
① 如何处理员工之间的冲突 ② 如何提升下属的管理能力 ③ 如何做好绩效面谈 ④ 如何促进团队融合 ⑤ ……	① 表达的逻辑 ② 思考的逻辑 ③ 演示的逻辑 ④ 解决问题的逻辑 ⑤ ……

总的来说课程核心内容的属性决定了主要的逻辑形态，课程核心内容的复杂程度决定了逻辑层次关系。

一门 2 小时以内时长的课程，其核心内容往往是单一逻辑的，会由以上两种关系的三条路径中的一条构成。一门 2 小时以上时长的课程，其核心内容会形成多层次逻辑，会由以上两种关系的三条路径组合而成。

除了“时空”结构的两种关系和三条路径，课程核心内容的结构还需要遵循“金字塔原理”中的以上统下、归类分组和 MECE 这三条原则，具体如下。

以上统下：每一层的观点或结论应该对上一层提供直接的支持，保持连贯和一致。

归类分组：将类似的观点归类、合并、分组，确保每一组观点属于同一逻辑范畴，便于理解和记忆。

MECE：相互独立，完全穷尽。组织信息时，各个部分之间既没有重叠也没有遗漏。

一家风险投资机构为了帮助前端的投资经理能够更好地理解并考察技术类项目，技术部门开发了一系列技术类普及的课程，以下是一门大数据课程大纲的节选，如图 2-2-8 所示。

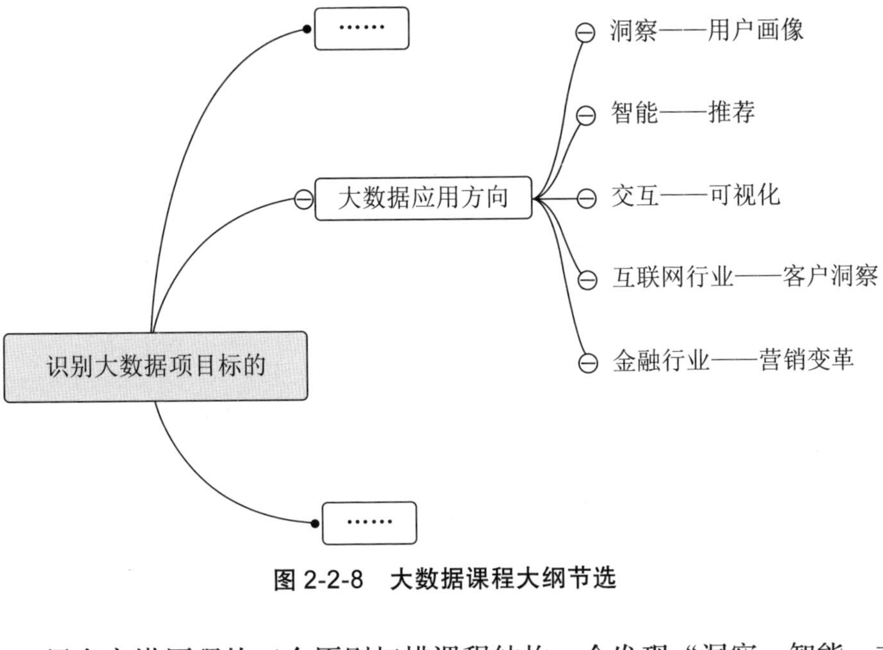

图 2-2-8 大数据课程大纲节选

用金字塔原理的三个原则扫描课程结构，会发现“洞察、智能、交互”是一个属性范畴，“互联网行业、金融行业”是另一个属性范畴。后面两项内容可以定义成前面三项内容的应用层面，大数据课程大纲调整如图 2-2-9 所示。

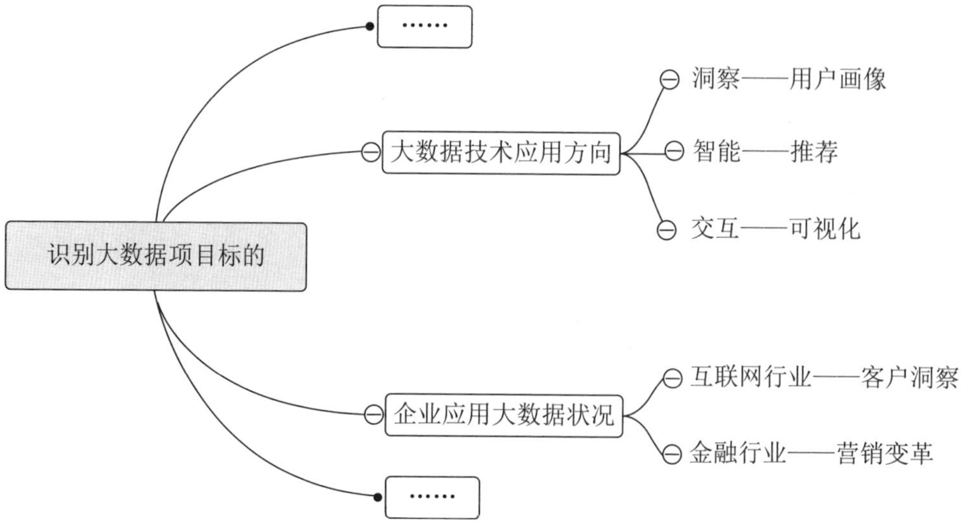

图 2-2-9　大数据课程大纲调整

再举个例子，某智能车公司给新入职的应届生开发的“自动驾驶”课程如图 2-2-10 所示。

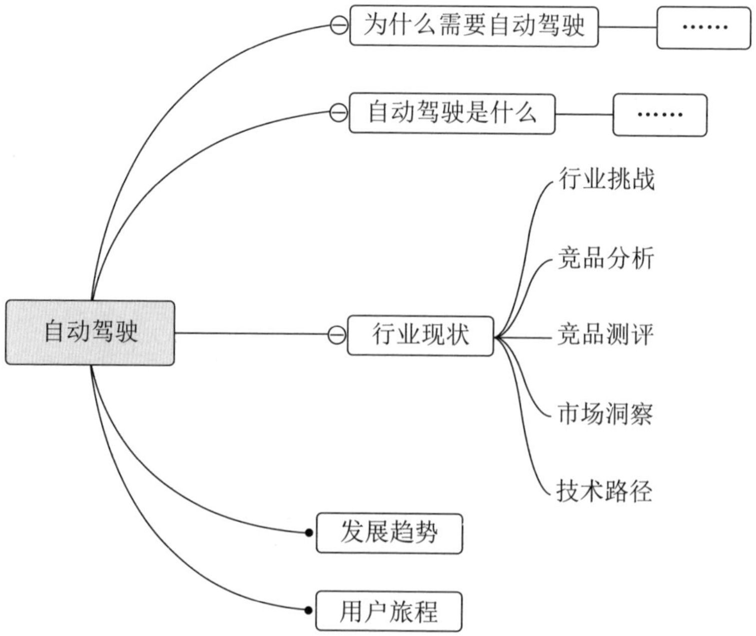

图 2-2-10　“自动驾驶”课程

用金字塔理论的三个原则扫描课程结构，会发现“发展趋势”应该属于行业现状。另外需要先有市场洞察、技术路径后有行业挑战和发展趋势，然后才会衍生出各家公司的差异化战略，也就是竞品分析与测评。“自动驾驶”课程调整如图 2-2-11 所示。

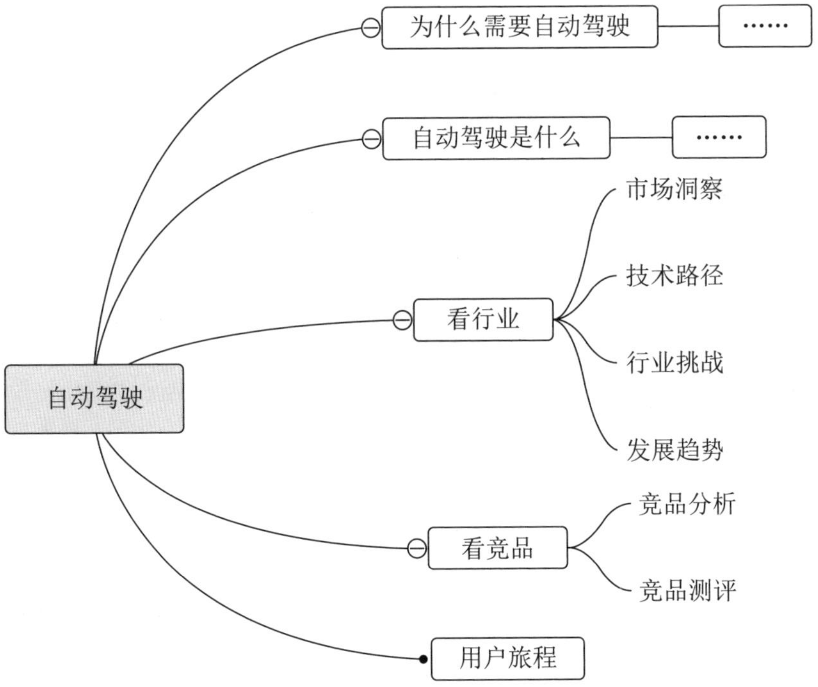

图 2-2-11 “自动驾驶”课程调整

以上是对极简逻辑形态“WWHIS 结构”的第三个核心环节“How”的详细说明，接下来介绍最后两个环节“If”和“Summary”。

4. If：课程的延展内容

通过呈现课程所教授方法的应用边界，以及当边界条件发生变化时的注意事项、应对策略和延展案例，来向学习者说明如何举一反三，灵活应用。

这部分内容通常会通过“应用案例和注意事项”的形式展现。相比每个模块内的例子，此环节的应用案例具有全面性和复杂性。

全面性：具有完整的知识考察，也就是要能够涵盖课程所有的核心知识点。如果模块内是分步展示，那么此环节则需要整体展示。

复杂性：条件的变化，变量的增多，带来更加模糊的复杂性。

比如给管理者开发的“绩效沟通”的课程，在“If”这个环节特意说明了，和不图上进的躺平者、钻牛角尖的偏执狂、情绪激动的“炸药包”这三类比较难缠的人进行沟通的目标和注意事项如表 2-2-5 所示。

表 2-2-5 “If”环节三类人沟通的目标和注意事项

沟通对象	沟通目标	注意事项
不图上进的躺平者	传递市场认知信息，建立危机感； 帮助其思考未来的价值定位； 找到切实可行的下一步行动方案	不着急直接抛出自己的判断； 对话的核心是放眼未来，淡化对当下绩效的一些疑问
钻牛角尖的偏执狂	建立多个维度的事实信息； 组织业务、市场环境的变化信息，对未来的预测	注重日常的有效反馈，留下有效数据记录； 耐心沟通，尽可能说服对方以更开放的方式看待事物
情绪激动的“炸药包”	控制你的情绪； 明确传递你的判断和意见	注重日常建立自己的信任和领导权威； 如有冲突，冷静下来再谈；分段沟通

这三类人属于出现概率较低、重要性较低，但是难度较大。虽然不是教学的重点，但是因为人的要素发生了变化，导致复杂性上升，所以需要给学习者进行相应的提示。

再比如给大客户经理开发的“如何挖掘客户需求”的课程，“If”环节的案例如下。

背景：某信息化数据公司给客户 A 提供了一套软件数据产品，在运行的一年期间内系统表现良好，又到了每月和客户汇报各项数据分析结果以及研讨需求的会议时间了，客户经理张帆已经收到信息说是客户的主管刚刚更换为一名从省级下派来的更年轻的人。

会上客户说：我想通过更加快捷的手段迅速控制不合理医保费用支出，希望你们帮助实现对不合理住院患者的实时监控，一旦发现立刻通过系统发送消息给稽核科相关负责人员，以便我们及时处理。

虽说案例的场景依然是课程前面提到的由客户召开的需求沟通会，但是因为增加了“客户的分管领导是省级下派的一名新上任的年轻人”这一要素，导致案例的复杂度大幅提高，对技能的应用自然也有了更高的要求。

5. Summary：课程的结尾

此环节的目的在于帮助学习者树立信心和建立自我可控的学习能力，从而运用所学，进而通过实践来改善工作方法。它包括两部分内容课程总结和学习测验。

（1）课程总结。

课程总结是对课程内容进行提炼总结，突出记忆点，来强化学习者对核心内容的记忆。一个好的课程总结需要充分发挥“近因效应”，能够让课程中的知识在学习者的头脑里留下深刻的印象。课程总结四元素如图 2-2-12 所示。

1）强调重点，提炼金句：构建知识逻辑的高光回顾。

将课程精髓凝练成一系列金句，每一句都直击知识核心，形成紧密相连的知识逻辑链。通过这些金句，学习者能够迅速把握课程的重点，构建起完整的知识框架。

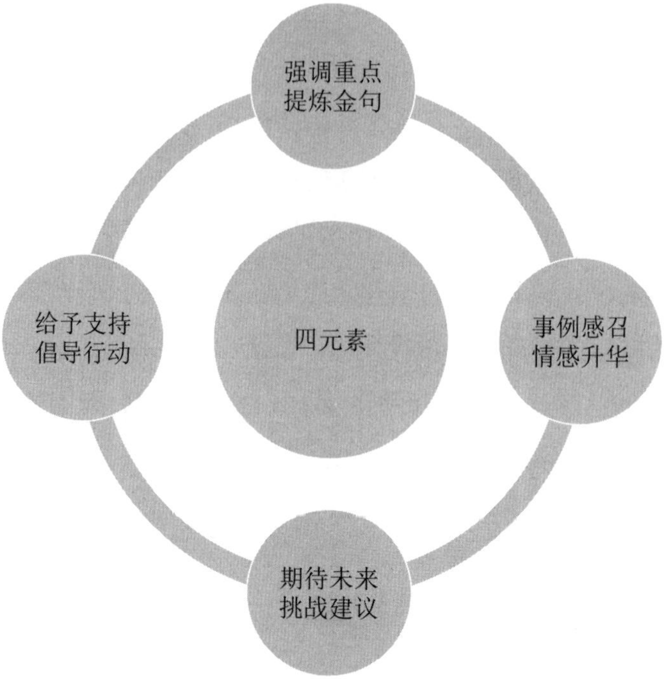

图 2-2-12　课程总结四元素

例如“目标导向，策略先行，行动制胜”“数据驱动决策，洞察引领未来”“洞察牵引战略，战略牵引业务，业务牵引组织”“课程开发以解决现实问题为起点，经验萃取以解构任务路径为依据；教学设计以区分学习属性为前提；转化应用以提炼工具方法为核心；学习效果以学习者深度改变为终点”。

2）事例感召，情感升华：以故事为桥，让知识深入人心。

精选贴近实际、感人至深的故事，将知识点融入其中，让学习者在情感的共鸣中深刻理解并内化知识。通过故事中的经验教训，启发学习者思考，实现借事寓理，让知识不再是冷冰冰的理论，而是充满温度和生命力的智慧。

例如在“如何做好职业转换”的课程结尾，培训老师会通过分享“长颈鹿为什么不会发声”的故事，来强调转换成功的关键是避免“路径依赖”。在一堂“产品的经营和管理”的课程中，培训老师在结尾分享了自己曾经作为产品经理和代工厂进行谈判，既保持了产品的工艺领先性，又把价格打到了传统工艺的价格的故事，来强化产品经理必须要有商业经营的意识。

3）期待未来，挑战建议：预见挑战，提供应对策略。

针对实践课程内容中可能遇到的挑战和问题，进行前瞻性的分析，并提出具体的应对策略和建议。鼓励学习者保持积极乐观的心态，勇于面对挑战，不断突破自我。同时，强调持续学习和自我提升的重要性，为未来的成功奠定坚实的基础。

4）给予支持，倡导行动：提供全方位的学习资源与支持。

为学习者提供丰富多样的学习工具和资源，包括实用的操作指南、拓展阅读资料、学习渠道等，帮助学习者在实践中深化理解，提升技能。同时，倡导学习者积极行动起来，将所学知识应用于实际工作中，不断实践、反思和改进，实现个人和组织的共同成长。

（2）学习测验。

学习测验是通过对学习者进行测验考核，来提升学习者对核心内容的把握与应用的信心。学习测验包括四个元素，如图 2-2-13 所示。

① 考试：通过让学习者做试题，来检测学习者对所学内容的记忆与理解程度。

② 讲解：通过学习者自己讲解所学内容，来检测学习者对内容的理解程度。

③ 演练：通过学习者操练所学内容，来检测学习者对内容的运用程度。

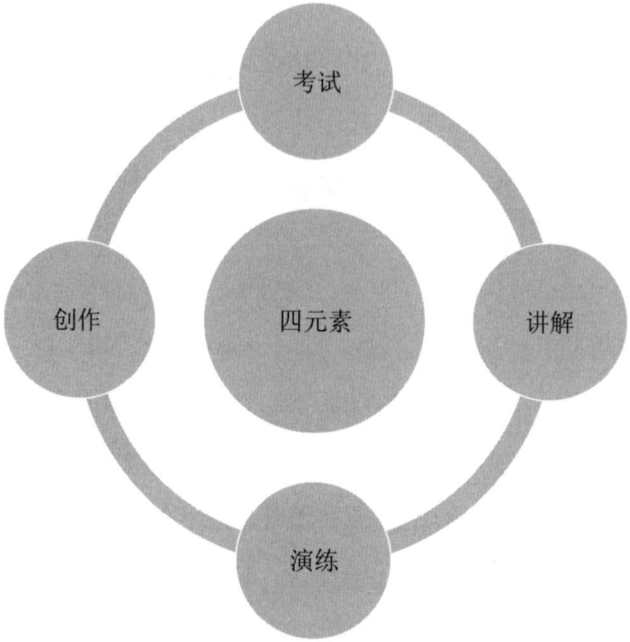

图 2-2-13　学习测验四元素

④ 创作：通过学习者创造作品 / 案例，来检测学习者对内容的融会贯通，举一反三的创新程度。

从考试到创作，代表了从低级别到高级别学习的过程。当然，这四类学习测验的方式要想真正地激发学习者的应用信心，都需要一个很重要的环节作为支撑，那就是“反馈”。

了解了“WWHIS”的内容之后，接下来是总结和应用，WWHIS 课程的极简逻辑形态如图 2-2-14 所示，WWHIS 应用案例如图 2-2-15 至图 2-2-19 所示。

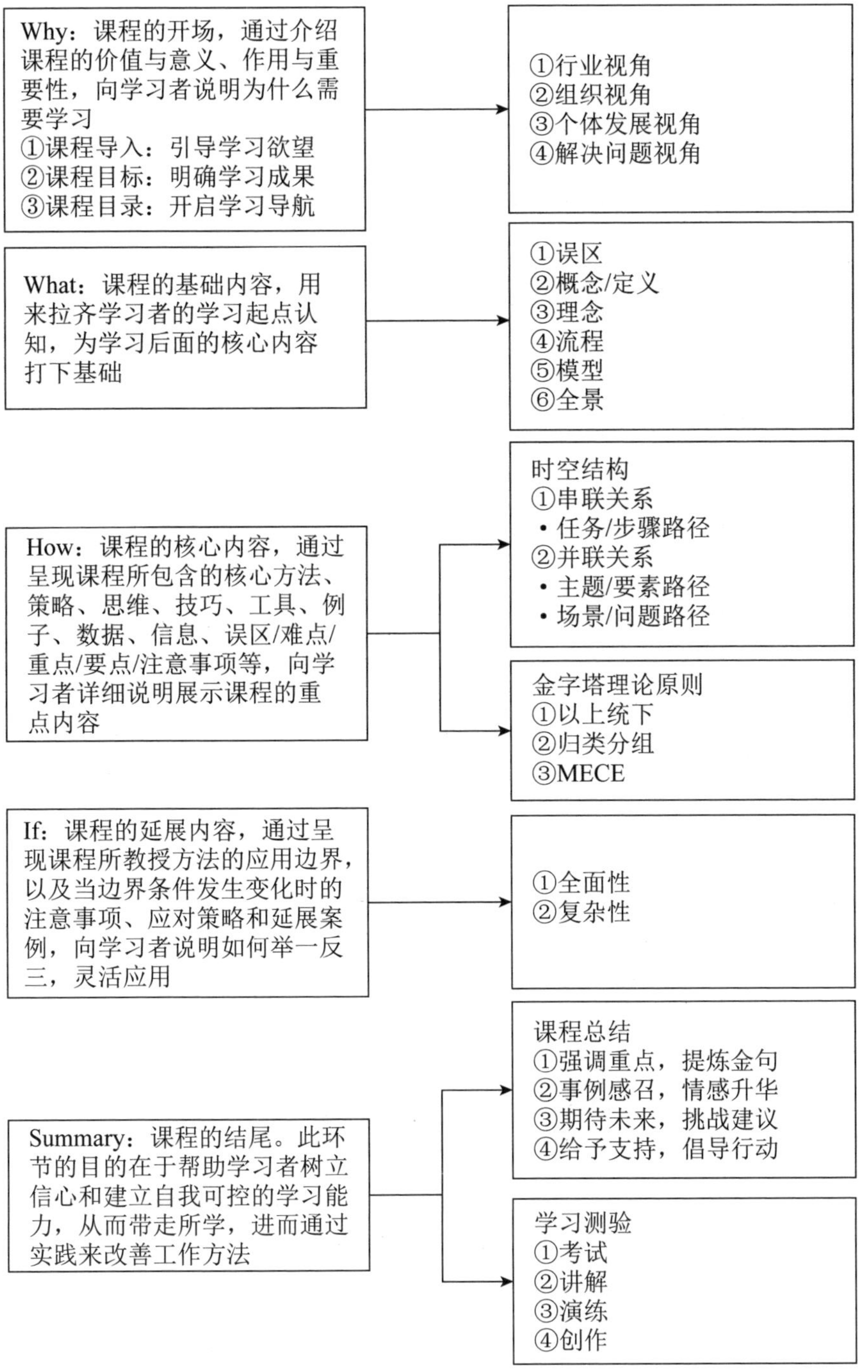

图 2-2-14 WWHIS 课程的极简逻辑形态

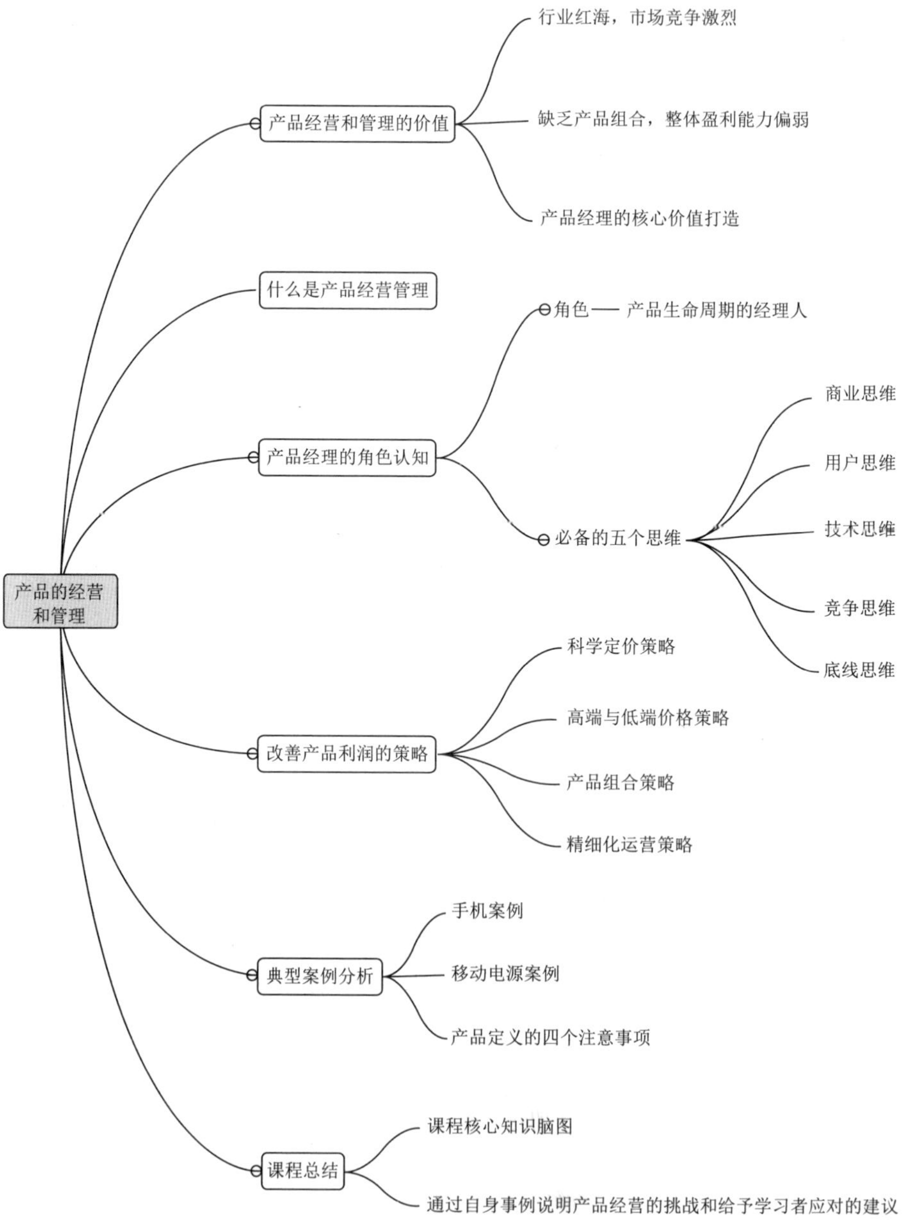

图 2-2-15　WWHIS 应用案例（1）

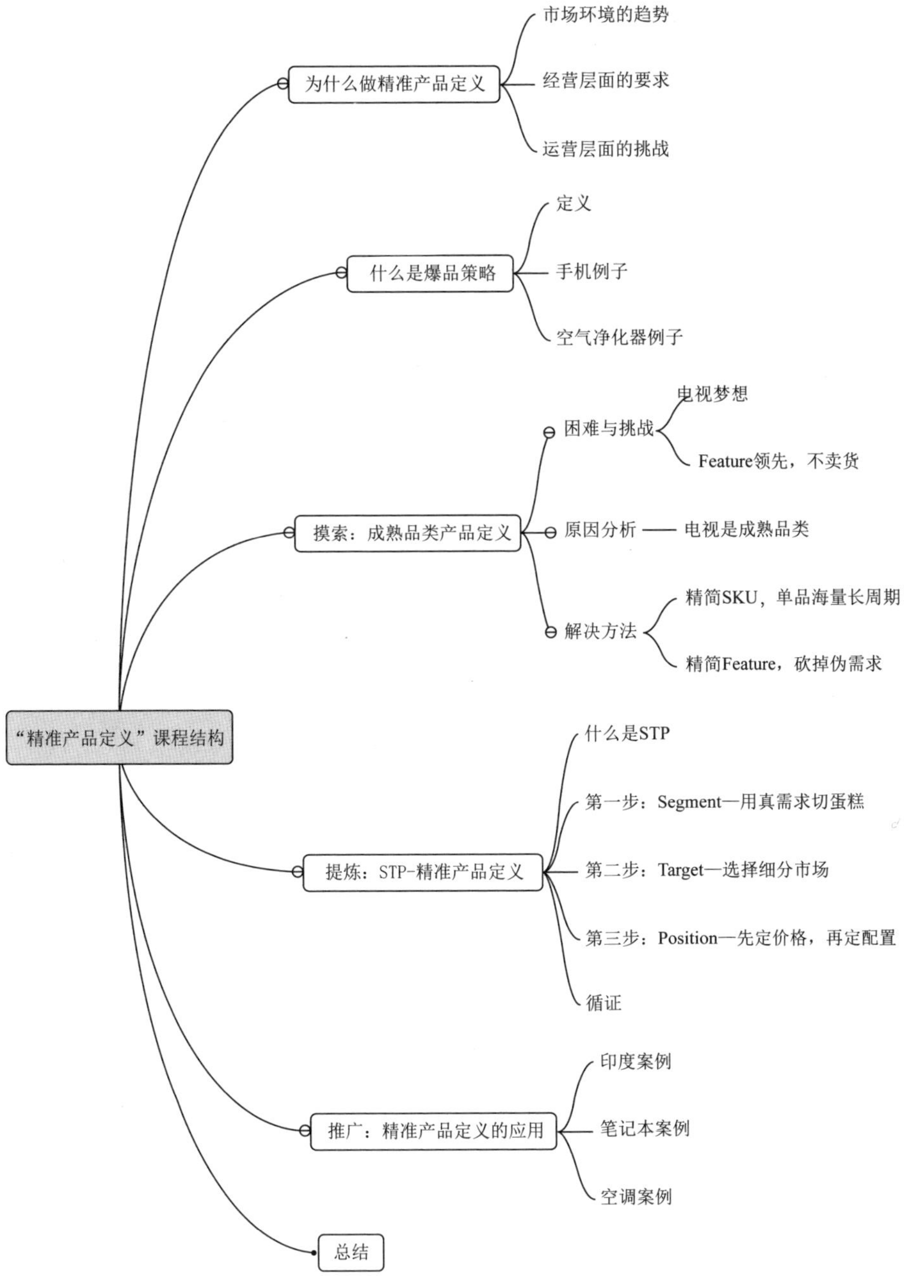

图 2-2-16 WWHIS 应用案例（2）

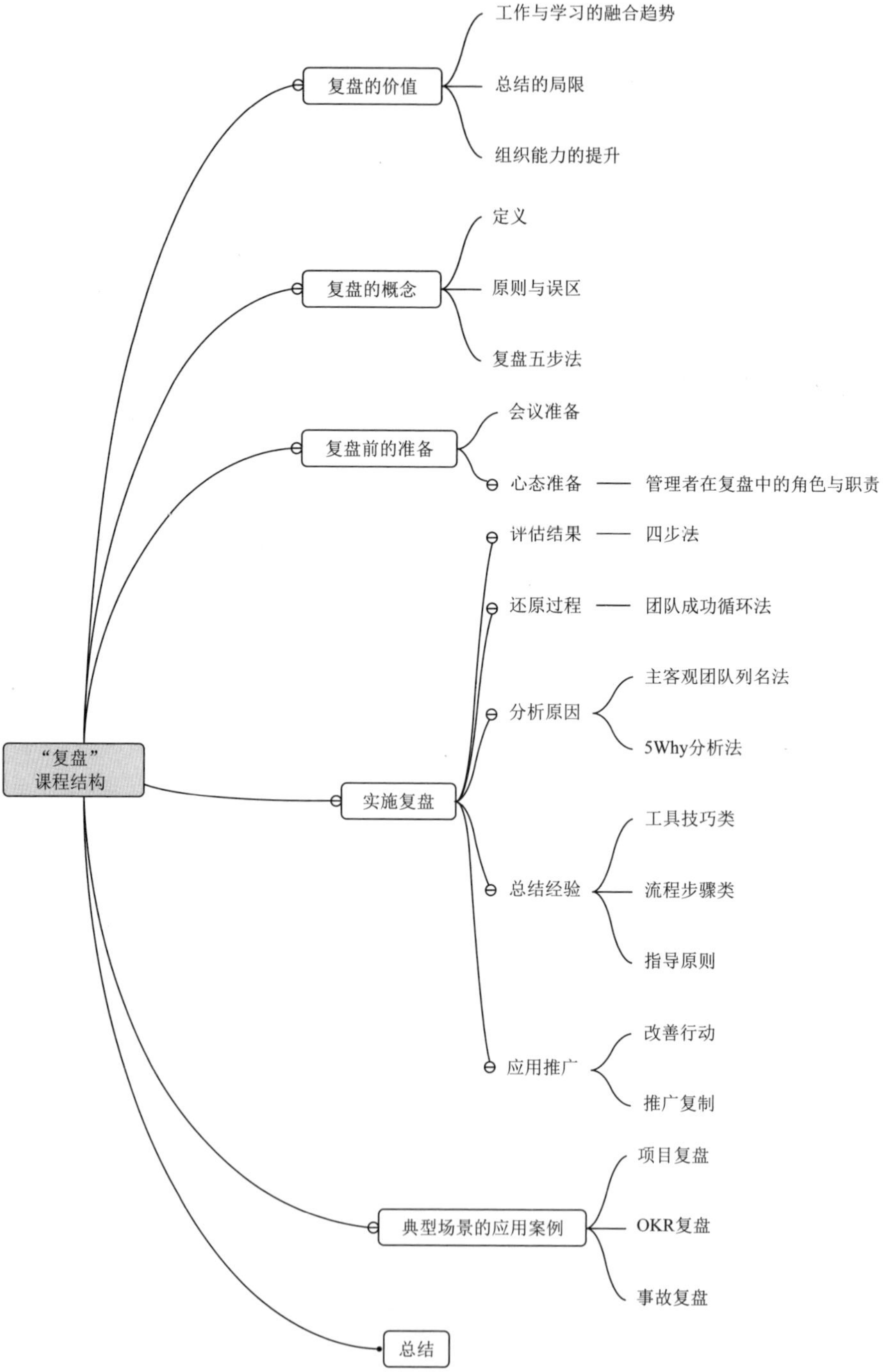

图 2-2-17　WWHIS 应用案例（3）

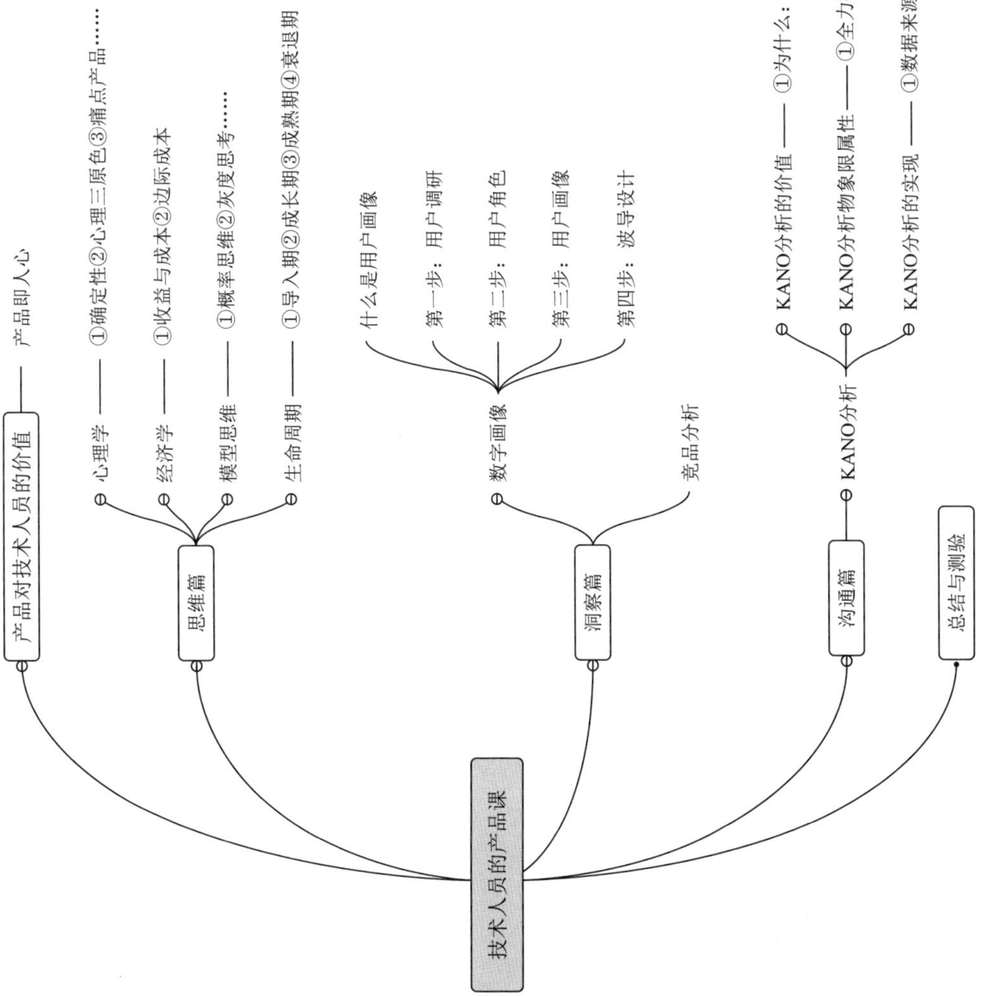

图 2-2-18 WWHIS 应用案例（4）

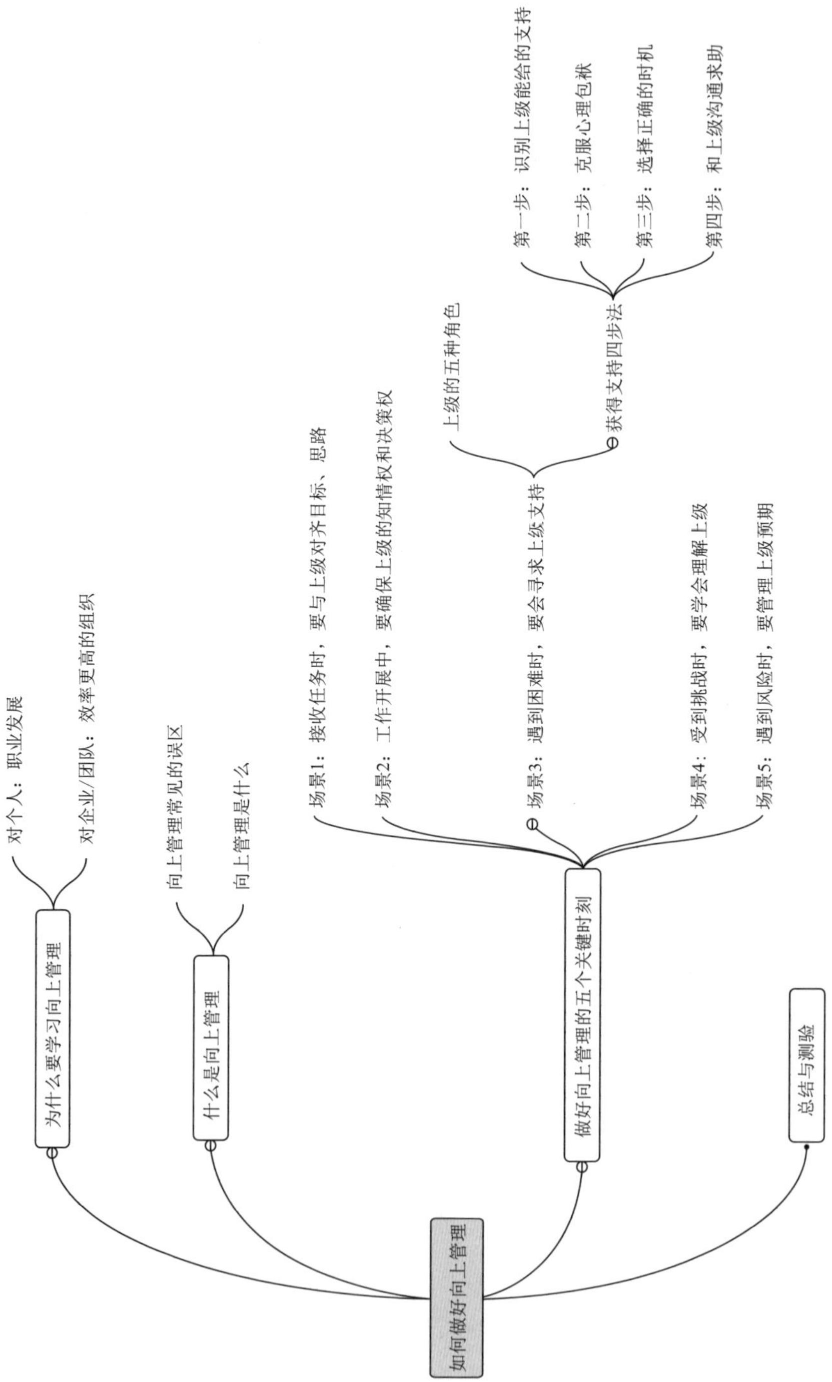

图 2-2-19　WWHIS 应用案例（5）

第三章
开发课程内容

3.1 认知：课程的内容图谱

某公司的组织发展部给各业务部门主抓员工管理工作的干部，举办了一场“企业思想管理建设”的课程。课后经过调研，发现学习者对课程内容的口碑呈现两极分化状态，一部分人认为课程内容非常有启发，能起到醍醐灌顶的作用；一部分人认为课程内容和实际工作差异较大，不能直接用于具体实践。再经过分析发现给课程带来正向口碑的人群，基本上是业务的高管同时兼基层管理工作，没有给课程带来正向口碑的人群，基本上是从事员工管理工作落地的中层执行者。抛开学习者自身的角度，单纯从课程内容来看，这个现象是由知识结构的不健全性造成的，我称之为课程内容的功能失调。

如果把“学习”比喻成一段旅途，那么作为课程内核的“内容”就构成了每一个景点的风景。大量的课程内容，要么是高度抽象的理论堆积，要么是极度具象的经验之谈，这两类内容只是旅途上的两个景点而已，并不足以构成整个风景线。不完整的风景只能带来遗憾与不满足，而完整的风景则能够带来全身心的愉悦体验。

不谋全局者不足谋一域。要想保护生物的多样性，需要按照“界、门、纲、目、科、属、种”的分类对生物进行了解。要想提高垃圾的资源价值，需要按照“回收物、厨余垃圾、有害垃圾、其他垃圾”的分类对垃圾进行了解。要想进行精准营销，需要按照消费者在网络上的购物、学习、社交、观影等娱乐属性进行了解。

要想避免课程内容的功能失调，找到完整的风景线，形成体系化的内容，让学习者学有所得，就需要按照知识的类别和层次关系进行指导内容的开发。

知识是如何分类分层的呢？在教育领域的历史长河中，很多著名学者对知识的分类都给出过经典的划分。我经过调研发现，在企业课程设计与开发的实践应用中，实用度与传播度较高的主要有六种知识划分法如图 3-1-1 所示。

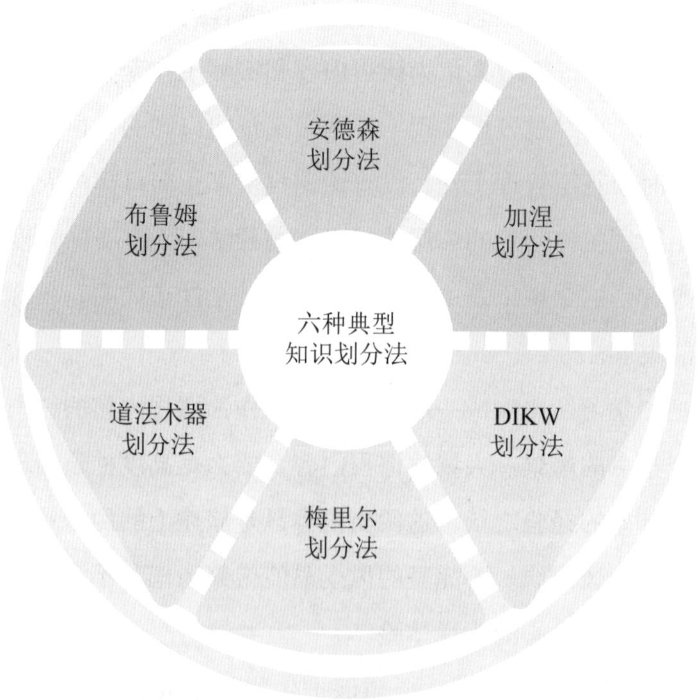

图 3-1-1　六种知识划分法

布鲁姆、安德森、加涅这三种划分方法是围绕在知识的类别属性上展开的。DIKW、梅里尔、道法术器这三种划分方法是围绕在知识的层次支撑关系上展开的。

本杰明·布鲁姆把内容划分为知识、技能、态度三大类别，如表3-1-1所示。

表 3-1-1　布鲁姆划分三大类内容

类别属性	定义	示例
知识	完成任务/解决问题所需知道的信息体系（术语、政策、概念、规则等），强调的是识别和回忆	管理 PDCA 蔬菜营养成分
技能	结构化的运用知识完成任务的技巧熟练程度（可测量的结果），强调的是如何做，与标准之间的比较	辅导五步法 烹饪健康餐
态度	对任务的偏好与判断（比如喜欢或不喜欢），并作出特定选择（比如积极的或消极的），以某种状态行动（比如勤奋、认真、礼貌、批判、抵抗），这些行为是一种价值观（信念、偏好）和品质（特质、素质）的体现	保守/冒险 民主/独裁 合作共赢 倡导健康饮食

约翰·安德森把内容划分为事实性知识、概念性知识、程序性知识、反省认知知识四大类别，如表3-1-2所示。

表 3-1-2　安德森划分四大类内容

类别属性	定义	示例
事实性知识	完成工作或解决问题所必须知道的基本要素，这些要素是分散孤立的	产品三大卖点 案例三要素
概念性知识	完成工作或解决问题所必须理解的观点，这些观点是被组织的信息，揭示了信息之间的关联	顾问式营销 案例教学
程序性知识	完成常规工作或解决常规问题需要执行的固定步骤，以及综合运用各种知识完成非常规工作或解决新颖问题	销售 FABE 教学五步法

续表

类别属性	定义	示例
反省认知知识	通过反思对自身进行认知，从而调控思维过程，进而来提升完成工作或解决问题的效率	反思问题 自我认知

罗伯特·米尔斯·加涅把内容划分为言语信息、动作技能、智慧技能、认知策略、态度这五大类别，如表 3-1-3 所示。

表 3-1-3　加涅划分五大类内容

类别属性	定义	示例
言语信息	同安德森划分的“事实性知识”	
动作技能	一系列单个动作反应组成的复杂行为表现，反映在身体的运动速度、精确度、力量和连续性上	驾驶汽车 操作设备 使用系统 尽职调查
智慧技能	在从未遇到过的众多信息或事情中获取关键信息，分析问题，创建模式并解决问题（要想获取创造性解决问题的技能，需要具备运用规则/原理的技能；要想获取运用原理的技能，需要具备辨别概念的技能；要想获取辨别概念的技能，需要具备区分差异的技能）	制定五年规划 设计定制化方案 投资决策 危机公关 分析数据
认知策略（元认知）	同安德森划分的“反省认知知识”	
态度	同布鲁姆划分的“态度”	

DIKW 来源于知识管理的实践模型，其对知识的定义为“知识是数据和信息的结合，加上专家的技能和经验，从而产生用于帮助决策的价值资产”。DIKW 划分为四个层次内容，如表 3-1-4 所示。

戴维·梅里尔围绕解决问题的过程，把内容划分为“是什么、有什么、哪一类、发生了什么、如何做”这五大层次，如表 3-1-5 所示。

表 3-1-4 DIKW 划分四层次内容

层次属性	定义	示例
智慧	基于已有的知识而形成的对事物的深刻认识与洞察，体现为卓越的判断力和远见	一年中因超速被处罚超过 3 次的人，发生车祸的概率较其他人高出 30%，符合此标签的参保人，续保费用至少上升 20%
知识	提炼信息之间的联系，可以指导任务的执行和管理，进行决策和解决问题	黑色车超速了
信息	加工处理后具有逻辑关系的数据，是对数据的解释，对接收者具有意义	黑色车时速 150 公里，红色车时速 100 公里
数据	原始材料、未被加工的数据、属性、事实，没有任何意义	黑色、150、红色、100

表 3-1-5 梅里尔划分五层次

层次属性	定义	示例
是什么	某个物体、事件、结构、属性	联系表、手机参数
有什么	某个实体、活动、数据、事实	
哪一类	辨别和理解某一类物体、某个术语、某个属性、某个范畴、某个定义	口诀化的五个类型
发生了什么	某个情境下要想达成某个结果需要哪些条件，遵循哪些规律，采取某一项策略的原因是什么	设定目标的 SMART 法则
如何做	通过一系列的行为动作以达成某个任务或解决某个问题	萃取经验的六步

道法术器划分法是中国的古老智慧，它分为四个层次内容如表 3-1-6 所示。

如果把你所听、所见、所学的课程拿出来进行拆解，会发现其知识的构造基本上都是由这六种知识的划分来构成的（只不过大部分课程的内容是功能失调的）。

表 3-1-6　道法术器划分法四层次内容

层次属性	定义	示例
道	方向、思想、观念，规律、原理，事物的本质	有尊严的服务者
法	战略、策略，指导行动的方向和原则，道的具体表现和实现方式	内部合作机制
术	具体的谋略、战术、技巧是实现道和法的手段	员工要深耕每一个社区
器	工具、资源、技术、设备是实现术的基础设施	智能问答系统

通过使用以下划分法大量开发课程和进行学习评估的实践，我发现课程内容“是否有干货”的同时“是否成体系”是决定当代职场的学习者“买单”且形成“好口碑”的两个核心要素。所以课程内容既要分类又要分层，分类决定了课程内容的全面性，分层决定了课程内容的实用性。故不宜用孤立封闭的视角看待六种知识划分法。

要想进行有效的分类和分层，我认为课程内容的开发必须要经历解构最佳实践和重构理论知识的过程，解构的是创造价值的经验，重构的是守护价值的方法。课程内容开发原理如图 3-1-2 所示。

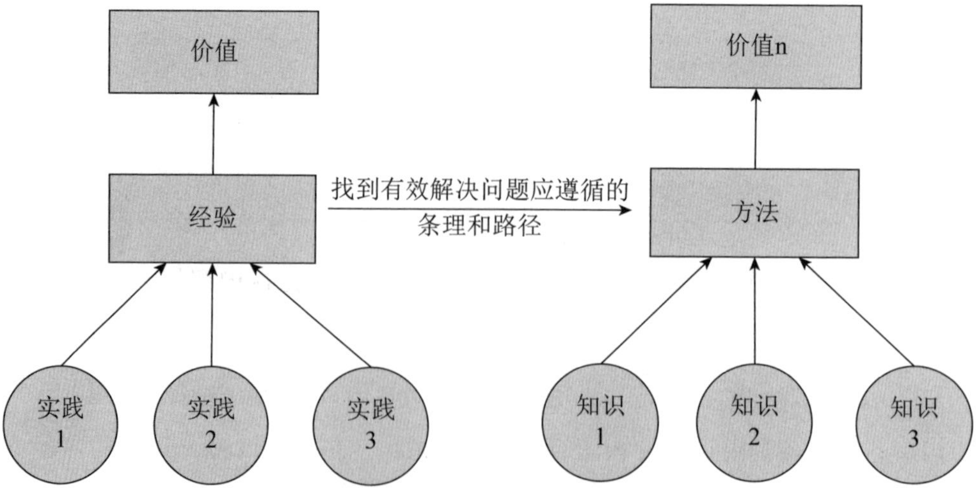

图 3-1-2　课程内容开发原理

基于我们的实践与认知，借助对六类知识划分法进行的整合，本书提出了通过三层共八类知识来构建课程的内容图谱（见图 3-1-3）。

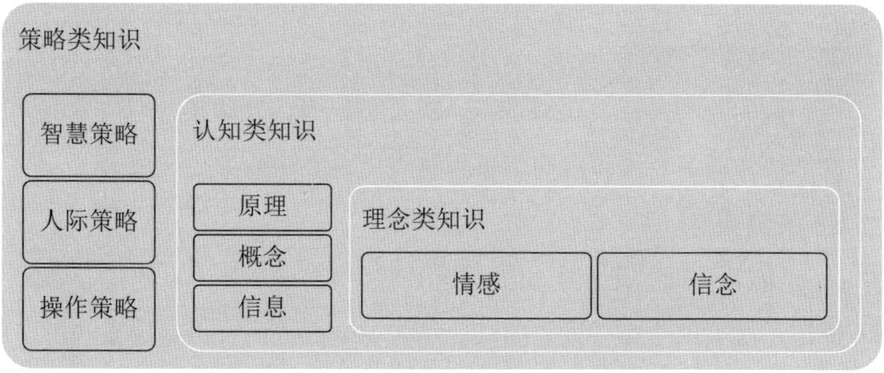

图 3-1-3　三层八类知识构建课程内容图谱

（1）顶层—策略类知识。

真实工作场景中，完成任务与解决问题所显现出来的有效行为，比如工作方法、工作流程、执行步骤、操作技巧等。依照实际工作属性的差异，又分为三种类型的知识（见图 3-1-4）。

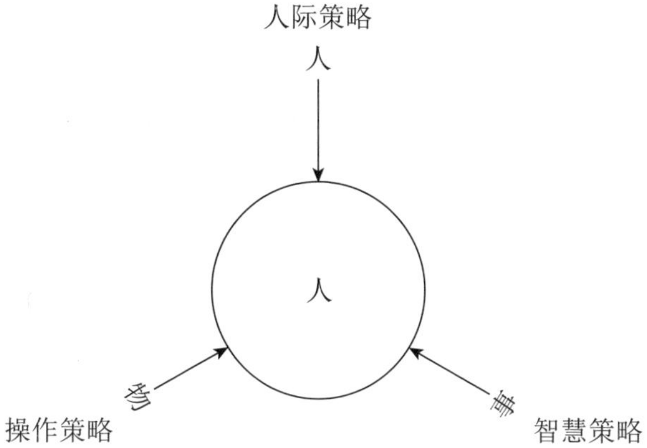

图 3-1-4　策略类知识

1）操作策略。

人与物的互动过程，比如操作一台设备、使用某个系统 / 工具、组织一场会议、接待群体访客等。课程内容以呈现操作流程的方式展现。

2）人际策略。

人与人的互动过程，比如进行一次商务谈判、处理某个客户投诉、进行一次绩效沟通等。课程内容以呈现情境应对方法的方式展现。

3）智慧策略。

人与事的互动过程，比如给某客户设计解决方案、规划某业务的战略、进行一次组织变革、设定团队的绩效等。课程内容以呈现系统思考原则的方式展现。

（2）中间层—认知类知识。

为了完成真实工作场景中的任务、解决真实的问题而需要理解与记忆的相关内容。依照实际工作需要调用的性质差异，又分为三种类型的知识（见图 3-1-5）。

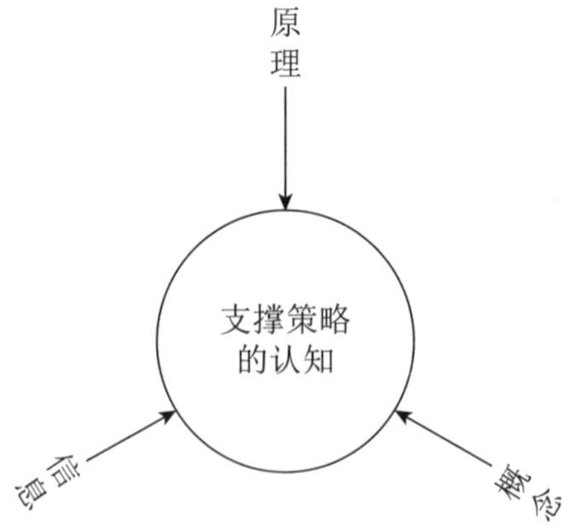

图 3-1-5　认知类知识

1）原理。

选择策略的原因，实施策略需要具备的条件，策略有效运行需要遵循的规律。比如维修发动机需要遵循发动机的工作原理；给团队成员评价绩效需要遵循绩效评估的原则。

2）概念。

应用策略背后需要理解的相关专业术语的定义范畴。比如使用 IPD 来管理产品开发，需要理解什么是 IPD；使用同理心沟通策略，需要理解什么是同理心，什么不是同理心。

3）信息。

应用策略背后需要知道的相关情况。比如应用设定目标的策略，需要知道过往目标达成情况、公司政策要求情况、行业友商的目标设定情况；给客户设计培训解决方案，需要知道客户过往培训体系建设的情况，支撑公司战略定位的培训期望与目标是什么。

（3）底层—理念类知识。

为了完成真实工作场景中的任务、解决真实的问题而需要具备的价值观。策略的习得与认知的提升可以短期提升工作表现，而理念的建设则可以带来长期稳定的表现。依照开展工作的心理过程，理念类知识分为两种类型如图 3–1–6 所示。

图 3-1-6　理念类知识

1）情感。

由个人的某种情感/特质而导致的对选择策略的偏好。比如维护客户关系，E（性格开朗）人偏好通过“社交活动”进行维护，I（性格内敛）人偏好通过“把事做好”进行维护。

2）信念。

由个人信奉的价值观念而导致的对选择策略的偏好。比如在解放战争中，国军秉承了“现代战争”的理念，选择了“占领城市”的策略。我军秉承了“以人为本”的理念，选择了“通过运动战，歼灭敌人有生力量”的策略。

以上就是本书用来指导开发课程内容的三层八类知识，这三层八类知识构成了课程的内容图谱。接下来展示三个通过三层八类知识来构建课程内容图谱的例子。

案例1：2021年上海大学管理学院聘请大润发超市平型关店清管员浦赛红担任新生校外导师，并在大一学生迎新会上分享了她的工作经验。浦赛红的职务是有害生物防治专员，她的主要工作之一是灭蚊，她制作的《蚊虫作息表》广为流传。

我用三层八类知识来拆解“如何灭蚊”的内容图谱，见表3-1-7所示。

表3-1-7 “如何灭蚊”的内容图谱

策略	操作策略：四招消灭蚊虫（预防、驱避、杀灭、环境防治），杀蚊妙招
认知	原理：为什么用洗洁精+蜜糖…… 概念：蚊虫成长四阶段…… 信息：蚊虫习性作息表……
理念	浦赛红和蚊虫打了13年的交道，在平凡的岗位上做不平凡的事情，体现了自我钻研、不断创新的精神

案例2：某投资机构为了全力推广智能投资平台，面向各行业大范围招聘投资助理与投资经理，以便快速大量寻找项目并验证数据。为了帮助新同事快速成长，公司组织数位投资总监依照投资流程共同开发了一系列课程，其中一门课程为“如何识别技术型项目的投资价值”，课程的内容如表3-1-8所示。

表3-1-8 “如何识别技术型项目的投资价值”课程内容

策略	智慧策略：寻找技术源流—验证领先程度—判断壁垒高度—分析领先持续性
认知	原理：20/80法则、第一性原理…… 概念：反向工程、边际成本…… 信息：行业专家库、技术索引表……
理念	技术领先

案例3：某地产公司组织公司的置业顾问、权证、运营、管家等有强协作性质的岗位人员，共同学习课程“关键时刻”，课程的内容如表3-1-9所示。

表3-1-9 “关键时刻”课程内容

策略	人际策略：探索—提议—行动—确认
认知	原理：双赢思维，提出行动需要遵循的5项原则…… 概念：显性期望、隐性期望、积极倾听…… 信息：承诺性事项的类别清单、客户认可的信号表现……
理念	以客户为中心

只有依照三层八类知识开发出健全的课程内容图谱，才能保证给学习者一段完整的学习旅途。

在课程内容完整的基础上，再结合目标学习者构成与需求侧重点，进一步调整内容图谱各部分的详略，之后就可以正式进入课程内容的开发了。这个过程好比当整个旅途要参观的景点都规划好后，就可以针对每个景点做详细的“打卡”计划了。因为每个景点的风景不一样，所以设计的“打卡”方式也会有差异。但一个精心设计的“打卡”计划，过程一定丰富多彩，回忆时总有某个印象深入脑海。开发课程内容也是一样的，针对不同属性的知识需要进行不同的加工，只有通过有规律地填充素材让知识饱满且易于理解，才能真正形成可以用于交付的课程。

这个规律是什么呢？我认为，当传递知识的时候，需要从两方面对知识进行论述，一是生动具体的细节性描述，二是简洁精练的总结性描述。

下面我来介绍这两种描述的操作方法：GET 扩展内容法和 MR 精炼内容法。

3.2　方法 1：GET 扩展内容法

课程内容的具象化开发包含三大模块。图解（Graph），以可视化图表拆解逻辑关系和程序步骤，使学习者更易理解；工具（Tool），提供实操方法论，将支撑核心技能的内容转化为可实操工具；例证（Example），其本质是将学习内容与学习者经验相连接，通过不同类型实例来帮助学习者实现知识的整合与应用，如图 3–2–1 所示。

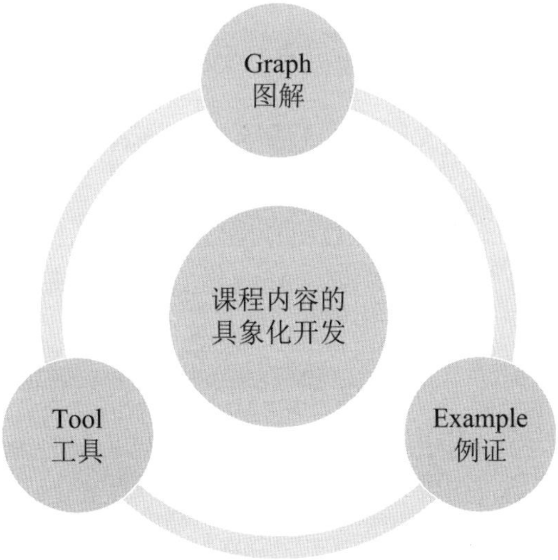

图 3-2-1　课程内容具象化开发

1．Graph：图解

课程中的有些内容，需要学习者在实际工作中回忆并提取运用，或在众多数据中检索并识别关键信息。

图解的目的是通过“借图说事”来促进学习者对内容的理解和记忆。常见的图解开发形式有图表和类比。

（1）图表：把相关内容按照类别属性整合成一张意思明确且易于记忆的图像。图的作用是把内容展现得更加生动，表的作用是把信息展现得更加直观。

去潮汕牛肉火锅店吃火锅的时候，早期往往是服务员帮客户涮肉，同时还会把牛不同部位肉的特点向客户进行介绍。后来每张桌上都会放一张呈现牛的不同部位需要涮多久的图片，用来指引客户涮肉。这就是一个很好的知识图解。

某公司开发的商务礼仪课程，有介绍仪容仪表、形体规范的内容，如表 3–2–1 所示，此时就可以借助员工的形象来开发相关的知识图解。

表 3-2-1　仪容仪表、形体规范内容表

头部	① 发长过肩，需束发（马尾或发髻） ② 发色可选择黑色、棕色等深色 ③ 头发整洁
面部	① 职业淡妆 ② 面部清洁有精神
手部	① 指甲长度不超过指尖 2 毫米；无污垢 ② 指甲油颜色为无色或不涂
鞋袜	① 夏装肉色长筒丝袜或裤袜 ② 秋冬装深色棉袜 ③ 黑色皮鞋（前不露脚趾、后不露脚跟） ④ 鞋面整洁、无装饰物
工牌	① 胸前工牌或脖挂工牌 ② 夏装右侧佩戴 ③ 秋冬装左侧佩戴 ④ 穿着大衣时，工牌在外左侧佩戴
配饰	① 工服配套丝巾 ② 无耳坠等夸张饰品

续表

工服	① 尺码合身 ② 熨烫整齐干净 ③ 夏装裙长在膝盖上下 2 厘米处 ④ 衬衣下摆扎进下装内 ⑤ 秋冬装西裤长度在鞋帮处 ⑥ 夏装与秋冬装不能混搭

在“经验萃取”的课程中，有一个关于经验获取途径的知识点——戴尔的经验之塔，这个知识点就可以开发成金字塔图形。

某公司开发的“跨部门沟通”的课程，介绍了某个业务的主导部门会与哪些部门在哪些方面进行合作，此时就可以借助业务生命周期与关联部门的协同矩阵来开发相关的知识图解，如表 3-2-2 所示。

表 3-2-2 业务生命周期与关联部门协同矩阵

		项目营销组	项目工程组	市场发展部	计划财务部	工程技术部前期介入中心	工程技术部设备管理中心	管家部	运营部运营组	片区片长	集团法律事务部
自有	交付期	√	√			√				√	
	磨合期						√			√	
	稳定期						√		√	√	
	老业主			√			√	√	√	√	
外拓	全委			√	√		√	√		√	
	顾问			√	√						
事务性工作					√					√	√

某公司开发的“走进汽车世界”的课程，通过汽车图片和不同类型汽车的具体参数对比表，如表 3-2-3 所示，来介绍通过性静态参数。

表 3-2-3　不同类型汽车的通过性静态参数对比

分类	总布置条目	单位	Model 3	P7	比亚迪汉	Taycan	宝马 530e
通过性	接近角（空载）	*	15.6	14.2	14.2	10.8	16.6
	离去角（空载）	*	17.9	15.7	17.1	15.2	17.3
	最小离地间隙（空载）	mm	140	132	151	125	150

（2）类比：把课程中专业内容的特征 / 原理抽离出来，借助简单、易懂、普适及学习者熟知的类似事物进行解释说明，以引起学习者的联想，使其在脑海中形成更加形象生动的画面，从而加深对专业内容的理解。

从 2019 年全国各地陆续推广垃圾分类开始，经过多年的宣传和运营，很多人对垃圾的类别已经不陌生了，但是有时候依然不知道该把垃圾丢在哪个垃圾桶里。有人用猪做了一个类比，比如“猪可以吃的”“猪都不要吃的”“猪吃了会死的”，这就是一个很好的知识图解。

某投资公司给投资经理开发的“如何识别技术型项目标的”课程，需要介绍云计算的三种模式“IaaS、PaaS、SaaS”。这三个知识点的图解就可以借助“做饭”来做类比，如表 3-2-4 所示。

表 3-2-4　云计算三种模式与做饭类比

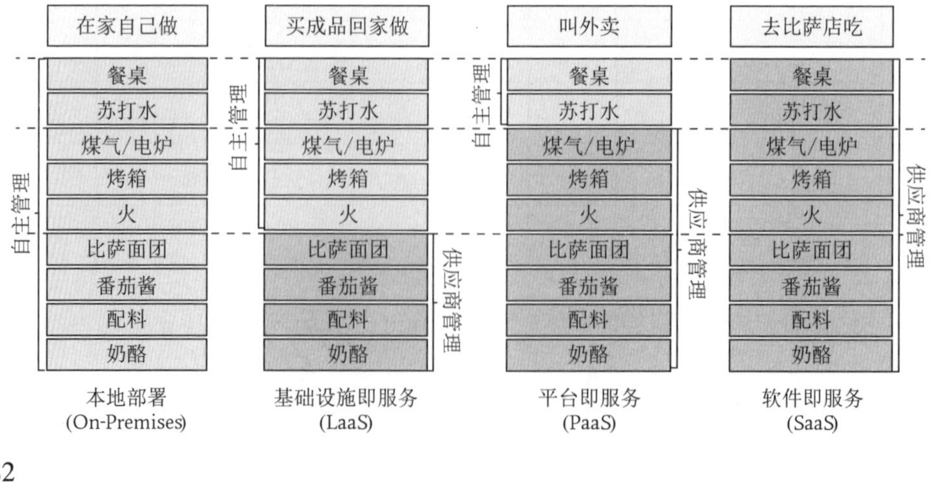

某公司开发的“CDN 技术原理”课程，需要介绍 CDN（Content Delivery Network）的工作原理，这个知识的图解就可以借助“看电影”来做类比，如图 3-2-2 所示。

图 3-2-2 用“看电影”类比 CDN

2. Example：例证

如果让你对参加过的课程给出一些建议，你会给什么建议？在过往收集的学习者课程建议统计中，“给出更多的例子”位居榜首。为什么学习者这么关注例子？

学习的目的是应用、是解决问题、是满足立竿见影的使用需求。例子相对理论更容易被借鉴，而模仿作为一种学习方式，是人类与生俱来的天性。就像大部分篮球爱好者的投篮动作并不源于专业学习，而是通过对篮球明星投篮动作的模仿而习得的。

课程的重点内容，需要学习者充分理解，并与自身的经验进行深度链接和整合。例证的目的是通过“借事寓理”来促进学习者对知识的吸收和转化。不同的内容，例子的作用不一样；不同类型的例子，开发方法不一样。常见的例证开发形式有说明实例、示范样例、分析案例、启发事例。

（1）说明实例。

我把对课程内容的重要观点与概念进行解释说明的例子称为说明实例。说明实例是对论点 / 概念的支撑，其核心在于突出论点 / 概念的特征以区别类似的事物。在搭建课程逻辑的核心内容环节，如果选择的是主题 / 要素路径，往往会重点开发说明实例。

在“打造高效执行团队”的课程中，为了说明三分战略七分执行的观点，我们选择了志愿军三所里阻击战作为支撑的说明实例。

在“走进汽车世界”的课程中，为了说明整车动力布置，我们选择三张发动机位置的图片作为直观的说明实例。

在“沟通赢得人际关系”的课程中，我们介绍了四种回应方式，分别是批判式回应、建议式回应、探索式回应、同理心回应。要区分这四类回应方式，最好使用同一场景下的说明实例，如表 3-2-5 所示。

表 3-2-5　同一场景下四种回应方式的说明实例

回应方式	说明实例场景： 你的好朋友风风火火地找到你，说道：“气死我了，我的车位又被 ×× 那个家伙给占了！”
批判式回应： 常常否定他人，自以为是地衡量别人	你的回应： 我还以为多大的事，不就是车位被占了吗，瞧给你气的，至于吗
建议式回应： 常常会迁就对方感受，根据自己的经验提供忠告	你的回应： 把你的车停在他车前面，堵住他
探索式回应： 对事情刨根问底，会给对方带来厌烦的感受	你的回应： 什么时候占的？现在还在吗？用你的充电桩了吗
同理心回应： 体察他人情感，将心比心，把他人换成自己	你的回应： 哎！现在停车特别难，尤其是晚上加班后回家，只想尽快休息，一旦车位被占了，又得耽误好久的时间，每次都会耗费很大的精力，我能感受你的心情

上面提到的“CDN 技术原理”，除了借助“看电影”的类比图解，还需要展示 CDN 原理的说明实例。采用“定义 + 说明实例 + 类比”的结构，可以把重要观点 / 概念属性的知识，形成具象化的开发。

开发说明实例的关键点：一定要精准体现支撑观点 / 概念的核心特征，从而让学习者能够精准识别概念 / 接收观点。为了避免和相似概念混淆，可以开发相似概念的说明实例用以进行对比。

（2）示范样例。

本书把对课程内容的核心技能进行展示说明的例子称为示范样例。人类的学习从模仿开始，对高手行为策略的模仿是最简单且有效的学习方式。示范样例通过展示有效的行为动作来说明行为的策略成分、操作的要点、有效的标准以及注意事项。在搭建课程逻辑的核心内容环节，如果选择的是任务 / 步骤路径，往往会重点开发示范样例。

一个示范样例由“完整演示”和“分步介绍”两部分构成。

如果是操作策略（人与物互动过程），涉及的物理工具较为复杂，可以制作用于演示的视频或图文。如果是人际策略（人与人互动过程），可以制作用于演示的视频，也可以在培训现场直接进行演示。但无论采用哪一种形式，都需要先把示范样例的内容开发出来。如何开发示范样例呢？

开发示范样例的 AKA 模型如图 3–2–3 所示。

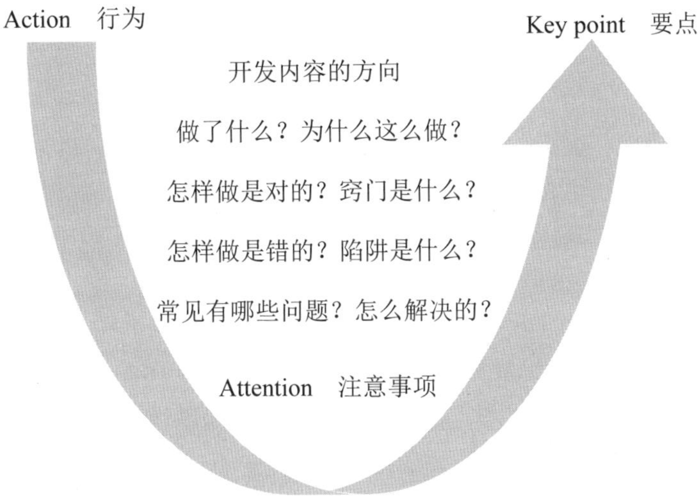

图 3-2-3 AKA 模型

行为指的是展现出来的正确的行为动作，要点指的是每个行为动作的操作要点，注意事项指的是每个行为动作常见的错误与典型问题的应对策略。

比如在新冠疫情暴发的早期，类似“如何预防新冠肺炎”的课程主题备受关注。勤洗手、会洗手是课程中一个重要的知识模块，此部分需要对七步洗手法进行示范演示（见图 3-2-4）。

七步洗手法
1. 洗手掌 2. 洗背侧指缝 3. 洗掌侧指缝 4. 洗指背 5. 洗拇指 6. 洗指尖 7. 洗手腕・手臂

行为策略	要点说明	注意事项
洗手掌	掌心相对揉搓	1. 全程：30~60秒 2. 揉搓双手：15~30秒 3. 流动水冲洗：15~30秒
洗背侧指缝	手指交叉，掌心对手背，交换进行	
洗掌侧指缝	掌心相对，双手交叉沿指缝揉搓	
洗指背	弯曲手指关节在掌心揉搓	
……	……	

图 3-2-4　七步洗手法示范演示

再比如某公司给基层管理者开发的“如何给下属委派任务”的课程，经过专家的实践总结形成了委派任务四步法，委派任务四步法示范演示如图 3–2–5 所示。

开发示范样例的关键点一定要突出正确行为的策略，强调错误行为的后果，从而让学习者能够掌握核心操作要点和技巧。为了避免错误的行为，最好能够开发错误的示范样例，用以同正确的示范样例进行对比。

示范样例

分步介绍

行为策略	要点说明	注意事项
描述价值	1. 项目能解决哪些问题，达成什么目标，对于组织、团队的意义 2. 任务能解决什么问题，达成什么目标，对于个人的意义	切忌太多、太过宏观
定义成果	1. 定量描述：明确的可测量指标（数量、质量、时间、成本） 2. 定性描述：显性可见的事件	切忌只给大方向
设定范围	协同分工职责清晰	切忌多人负责一件事
明确支持	人、财、物、信息、教练辅导	切忌让接受任务者感受不到信任和责任

完整演示

现场演示
- 任务：把A项目的复盘与总结报告制作委派给下属
- 老师：扮演上级
- 学员：扮演下属
- 内容：小张你把“ABC”这个项目进行复盘并形成总结报告，这个项目非常成功，老板们对此非常满意，为了能把这个项目的经验输出给其他项目组，老板让咱们对这个项目做个复盘，形成可以复制的方法。这个项目你从头跟到尾，比较熟悉，另外你也借此机会锻炼一下组织协调和总结能力。预计在12月10号的项目会上进行分享，你先把项目相关人召集一下在下周五组织一个复盘会议，然后由你来撰写总结报告。我这有个关于复盘会议组织的流程，先发你看一下，另外老赵主持复盘会议比较多，你去和他请教一下细节问题，明天有个结构化培训，你申请报名学习一下。另外复盘会议开始前三天和我汇报一下会议流程，正式分享前5天先和我汇报一下报告，回头倒推一下时间，给我上个日历。你看还需要了解哪些信息？整体的节奏和计划你再和我说一下

图 3-2-5　委派任务四步法示范演示

（3）分析案例。

什么是分析案例？先看一个“烹饪香肠”的小故事。

有个叫轩轩的小朋友从小就喜欢吃奶奶烹饪的香肠，妈妈为此特意去找奶奶学了香肠的烹饪方法。有一天妈妈在烹饪香肠，轩轩问道：“妈妈，为什么您每次都把香肠的两边给切掉呢？”妈妈回答：“我看奶奶每次都是这么操作的。我想一定是香肠的两边不好吃吧！”过几天奶奶来了，看到妈妈烹饪香肠的时候把香肠的两边给切掉了，非常不解地问道：“香肠两边不能吃吗？切掉了多浪费啊！”妈妈听完疑惑地问道：“我这是和您学的啊！您每次不都是把香肠的两边都切掉嘛！”奶奶听完哈哈大笑道：“那是因为香肠太长了，我那儿的锅有点小，所以才把两边都切掉。”

这位妈妈学习烹饪香肠的过程属于对行为原模原样的模仿。单纯的学习行为对于操作策略效果会比较好，对于人际策略会有一定的效果，但是对于智慧策略能起的作用就相当有限了。因为智慧策略面对的情境往往是动态的，结构较为复杂、变量因素较多。假如某个场景的边界条件或内在因素发生变化，而当事人却按照既定的行为策略来处理，那结果就可想而知了。知其然，不知其所以然的学习会导致面对复杂任务时出现“东施效颦”“邯郸学步”的窘境。

分析案例需要面对复杂情境的决策，所以与支撑某个技能的示范样例是不同的；分析案例需要理解底层思考的过程，所以与支撑某个观点的说明实例是不同的。

本书把对课程内容的底层认知进行分析说明的例子称为分析案例。分析案例往往聚集在某种复杂的情境中，通过解释问题分析的逻辑与展示问题解决的过程，来调动学习者的洞察力、判断力、分析力、思考力与创造力。学习者可以对案例的情境进行决策，可以提出解决问题的方法，可以对案例的方法进行评价，最终提升深度理解知识与创造性运用知识的能力。在搭建课程逻辑的核心内容环节，如果选择的是场景 / 问题路径，往往会重点开发分析案例。

本书推荐使用 STARE 模型（见图 3-2-6）来开发分析案例，具体有如下 5 点。

图 3-2-6 STARE 模型

1）Situation（案例背景）：包括内外部环境背景、事件背景、人物背景。

① 外部环境背景：政策、文化、经济、行业、技术、市场、友商、客户、供应链等。

② 内部环境背景：商业模式、业务目标、项目进度、技术路线、组

织能力、人才结构、团队状态、流程标准等。

③ 事件与人物背景：事件起因、时间地点、人物特点与彼此关系等。

2）Task（目标与问题）。

任务的目标是什么？面临哪些问题？有哪些挑战需要突破？有哪些障碍需要清除？

3）Action（决策与行动）。

思考与分析问题，找到达成目标的路径与方法。制订行动计划，具体执行的过程反馈。此环节除了展现最终的行动外，还要还原思考的过程。

4）Result（作用与结果）。

目标是否达成，问题是否解决？决策与行动最终发挥了什么作用，带来的结果是什么，产生了哪些影响？

5）Evaluation（评价与总结）。

针对案例的解决方案进行总结，梳理出可供借鉴的理论、可供参考的方法策略以及可供使用的工具等。

某公司开发的“代理商管理”的课程，针对如何应对代理商要求降低折扣点开发了一个分析案例（见表 3-2-6）。

表 3-2-6　某公司针对代理商要求降低折扣点开发的分析案例

S	C 公司在华东市场与其代理商 A 已经合作了一年，在这一年时间里该代理商的门店取得了很不错的销售表现，月均 ×× 万元
T	为了获得更多的利润空间，A 代理商老板李总向 C 公司业务经理老张提出需要降低折扣 ××%
A	老张：“李总，我很理解您的想法和要求。我们公司有规定的折扣政策，现在您已经享受最好的折扣条件，调整折扣的话，我肯定违反了公司内部的供应系统折扣规定。其实我们公司在其他资源上给您投入很多，转换成金额的话，远远超过 ××%，而且这些资源投入大大提升您的销售能力，这样才能真正提高您的利润，包括我们柜台道具投入超过 ×× 万元，还有我个人的差旅拜访，沟通培训等。” 李总：“我还是坚持要求更多的利润空间，这样我才能更有动力去卖你们的产品。”

续表

A	老张："好的，明白您的考虑，折扣实在无法调整，假设随便能调整的话，哪一天您发现其他店折扣比您低，您也会很生气。不过我有一个建议，咱们设定一个销售目标，我向公司申请费用返点。买 ×× 只，返 ×× 点。"
R	双方达成协议，半年后门店销售额同比提升 ××%，客户投诉率下降 ××%
E	① 理念：寻求全局最优 ② 原则：同城折扣统一（利于规避门店间矛盾及维护品牌形象，保证客户的利润空间） 方法：先处理心情，再处理事情 ③ 拆解投入资源：可通过品牌资源提供等价的费用支持，包括形象道具 / 培训沟通等，来进行沟通，让对方理解品牌立场 ④ 有条件的置换：在面对资源可置换的条件下，可以考虑进行带目标性的返点；带目标性的返点，可以为客户设置挑战性销售目标，投放广告营销资源，介绍开拓门店等条件

某公司开发的"社区配送业务管理"课程，针对在疫情期间如何开展蔬菜配送开发了一个分析案例（见表 3-2-7）。

表 3-2-7　某公司针对疫情期间蔬菜配送开发的分析案例

S	疫情期间，蔬菜配送成了小区居民的重要需求。面对这一紧迫情况，某物业公司迅速响应，决定启动社区配送业务，以满足居民的基本生活需求
T	目标是在 3 个月内，为 10 个项目、7000 户居民提供稳定、高效的蔬菜配送服务。面临的挑战包括如何确保供应的稳定性和及时性，以及如何在短时间内建立起一套完善的配送体系
A	**思考过程：** 明确需求与定位：首先，团队明确社区配送业务的核心目标是满足居民的基本生活需求，特别是蔬菜等生鲜食品的供应。因此，需要确保供应的菜品新鲜、品种丰富，且配送时效要短。 资源评估与整合：考虑到业务的紧急性和规模性，团队开始评估内部和外部资源。内部资源包括项目团队、管家团队等；外部资源则涉及供应商、物流等。 风险识别与应对：在启动业务前，团队还识别了可能面临的风险，如供应商断货、配送时效不达标等，并制定了相应的应对措施。 **行动过程：** 获得支持：与地总、项目经理进行深入沟通，明确业务指标和优选供应商的重要性，以获得他们的支持和配合

续表

A	市场调研：对城市供应商、周边小店以及其他物业公司销售数据等方面进行全面调研，以了解市场情况和竞争态势。 了解需求：通过管家团队收集项目业主对生鲜蔬菜水果的品类和时效需求，确保供应的针对性和有效性。 选择供方：经过严格筛选和评估，选择能够覆盖全市范围、满足配送时效需求、菜品新鲜、货源充足且满足结算条件的供应商。为确保时效和正常供应，决定在每个城市选择一个主要供应商。 项目配合：开售前，与项目团队召开交底会，明确各自职责和协同流程。同时，通过管家团队在朋友圈和私发业主信息中宣传配送业务，协助业主下单。 配送服务：建立完整的配送流程，包括每天截单后管家与负责人核对订单、菜品到货后的消毒和核对、配送上门等。同时，附上温馨提示小卡片，提升服务体验
R	作为新业务，社区配送业务在订单量和订单金额上均取得了超预期的成果。业主和主营团队纷纷表达了好评，认为业务满足了他们的基本生活需求，且服务体验良好
E	道（理念）：善待客户，始终将居民的需求放在首位，确保提供高质量的服务。 法（原则）：深耕社区，通过深入了解居民需求和市场情况，不断优化服务流程和提升服务质量。 术（策略）： ① 拉通指标获取关键人支持，确保业务在内部得到顺利推进。 ② 进行市场调查获取竞对信息，为业务决策提供依据。 ③ 满足客户紧急需求，确保业务的及时性和有效性。 ④ 采用一城一个供方的策略，确保供应的稳定性和及时性。 ⑤ 通过项目会推动协同，确保各部门之间的紧密配合和高效协作。 器（工具）：利用项目推进表等工具进行任务分解和进度跟踪，确保业务按计划顺利推进

开发分析案例的关键点一定要突出决策依据、推导逻辑与具体的策略，让学习者有机会思考案例中的当事人遇到了什么问题，用了什么方法，做了哪些事情，方法有效果的原因是什么，从而理解方法背后的底层逻辑，促成活学活用。

（4）启发事例。

本书把对课程内容的深层理念进行价值说明的例子称为启发事例。启发事例通过突出当事人面对多种选择的可能性，做出了符合课程所倡导的理念的抉择，最终达成任务并获得了内在的满足感和愉悦感的过程，来升华课程核心理念的价值与意义。在搭建课程逻辑的核心内容环节，如果选择的是主题 / 要素路径，启发事例也是重点开发的内容。

本书推荐使用 SCORE 模型来开发启发事例（见图 3-2-7）。

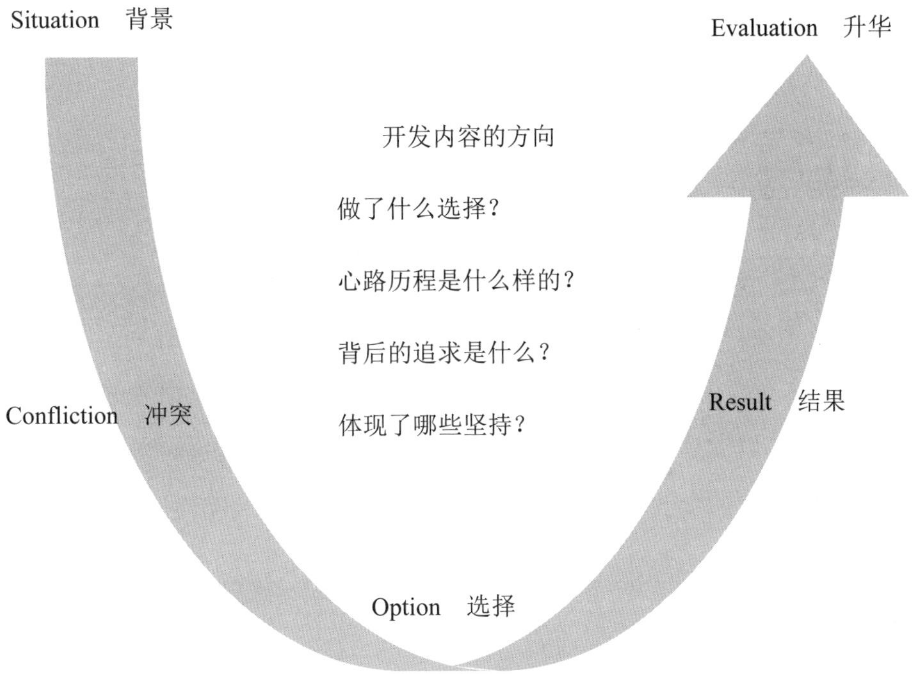

图 3-2-7 SCORE 模型

1）Situation（背景）。

事例发生的场景范围描述，全面而简洁地介绍时间、地点、人物、事件等相关信息。

2）Confliction（冲突）。

当事人在执行任务的过程中遇到的冲突，描述细节，突出情绪。

3）Option（选择）。

选择是核心理念的体现，当事人在面对压力的时候，面对多种选择，内心的真实感受与思考是怎样的，以及克服困难后的决策行为是怎样的。

4）Result（结果）。

当事人的选择带来的结果是什么，外在的反馈是什么，内在的感受是什么。

5）Evaluation（升华）。

事例带来的启发，剥离出其中隐藏的道理，升华核心理念的意义与价值。

举个例子：2016年华为的销售收入挑战目标定为818亿美元，推行军事化管理的华为希望把他们对技术深刻的理解能力与前线将士的战场掌控能力结合在一起，持续创新形成一股铁流，在机会窗开启的时间扑上去，撕开市场，纵向发展，横向扩张，最终在全新时代领先且获得胜利。华为派出了2000名有着15～20年研发经验的高级专家及干部奔赴海外战场。华为根据四个年轻人在尼日利亚、巴基斯坦、法国、巴西奋斗的真实故事拍摄了一个视频。四个年轻人的启发事例及SCORE模型如表3-2-8所示。

表3-2-8 四个年轻人的启发事例及SCORE模型

启发事例	SCORE
开发客户的销售经理 2003年，华为员工李军被派到尼日利亚做销售。环境陌生，语言不通，没有人脉。他试图谈合作，却一次次地被拒绝，有时连公司的门都进不去，甚至被当地人嘲笑："华为？中国？我从来没听说过！" 不言放弃的人总会遇到机会。不经意间，李军得知当地项目负责人的女儿举行婚礼的消息。婚礼当天，不顾天气恶劣、汽车抛锚，到达婚礼现场的李军脸上混着泥和雨水，带来了最真挚的新婚祝福。不管感动对方的是真挚的祝福还是李军的坚持不懈，最终项目成功完成。 2003年，尼日利亚手机用户不到200万，而到2015年，就突破了1.3亿！这背后，是无数个像李军这样的华为员工的坚持与努力	S：新市场、环境陌生、没有关系、语言不通。 C：销售产品被拒绝。 O：不放弃、不断寻找突破口，通过婚礼祝福与客户建立关系。 R：成功签订合约，尼日利亚手机用户数从2013年的200万人激增到2015年1.3亿人。 E：不放弃的人总会寻找到机会，而真诚是最好的敲门砖

续表

启发事例	SCORE
实施交付的项目总监 2005 年，公司某 top 级项目陷入僵局。项目实施进展缓慢，基站建设问题重重，客户已经完全失去耐心，对方很有可能永久终止与华为的合作。孙继被任命为项目总监，力图挽回局面！ 去往基站的路上遭遇交通拥堵，为了尽快到达基站，他甚至徒步 40 公里！拼命工作的精神感动了与他一起工作的员工！坚持不懈的努力对应着丰硕的成果，孙继团队解决了客户问题，守住了客户对华为的信任，也赢得了员工们的心！能拼命，才是最强劲的动力	S：项目陷入僵局，项目进展缓慢。 C：客户失去了耐心，再不解决问题将会中止合作。 O：为了抢时间，解决问题，放弃休息，甚至步行 40 公里到达基站。 R：成功解决问题，成功挽留客户，赢得了员工的心。 E：以客户为中心，才能赢得客户的信任；以身作则，才能影响他人
设计基站 RRU 的设计师 Bruce 是华为的一名设计师。2013 年的软银峰会，Bruce 和他的团队受命做一个小基站的设计工作。组委会没有设定任何标准，但 Bruce 认为没有标准就是最高的标准。 面临前所未有的挑战，有恐高症的 Bruce 亲自爬上楼顶测试使用的场景，只为体会塔上安装的难处，力求更加人性化的设计！ 最终，Bruce 团队的设计斩获国际著名奖项——德国 IF 国际设计大奖。Bruce 说：客户满意，设计才有价值	S：团队受命做一个小基站 RRU 的设计，组委会没有制定任何标准。 C：团队设计的方案总是达不到标准，下午四点需要向领导做汇报。 O：为了让设计更加人性化，减少安装的难处，不惧恐高症爬上楼顶测试使用场景。 R：设计成果获得了德国 IF 国际设计大奖。 E：追求卓越，以客户为中心；客户满意，设计才有价值
寻找退税证据的法务专员 Carlos 是华为的一名法务专员，身边出色的人太多，他不爱表现，显得毫不起眼。直到有一天，Carlos 发现 INSS 里规定社保税可以抵扣，他深知，公司已经花了太多“冤枉钱”。 Carlos 放弃休假，花费 2 个多月的时间在堆积成山的仓库资料中找到 150 多份退税证据。因为 Carlos 的努力，2007—2012 年，华为总计从巴西税务部门退回了 3000 万美元税款，约合人民币 2 亿元。 每个暗淡的个体里，都可能隐藏着强大的光芒。任何一个“路人甲”，都可以成为一颗闪耀的星星，照亮夜空	S：发现 INSS 规定社保税可以抵扣，而公司一直没有抵扣，花了太多“冤枉钱”。 C：需要从堆积成山的资料里查阅大量数据。 O：放弃私人的时间，查阅资料寻找证据。 R：2 个月的时间里找到了 150 多份退税证据，退回公司 3000 万美元税款，团队为他庆祝。 E：追求卓越从小事做起

开发启发事例的关键点是一定要突出面对抉择的心理过程，从而让学习者感受到底层理念的力量。为了强化理念的价值与意义，除了体现个体内在感受的正反馈，最好能够搭配组织对于个体抉择的正反馈。

3. Tool：工具

什么是工具？

建筑大师理查德·巴克敏斯特·富勒曾说过："你无法改变人的思考方式，但可以提供工具，通过使用工具来引导思考方式的改变。"从现实工作的角度来看，工具是促进某一任务达成的手段，可以提升工作的效率和稳定性。从学习成长的角度来看，工具是经验显性化的手段，可以促进学习者提升认知和升级思维模式。

课程中开发工具的目的是通过"借物传意"来促进学习者对课程内容的融会贯通。把课程中用于支撑核心技能应用的恰当内容开发成工具，可以帮助学习者在实际工作中作为应用所学的抓手。一个由业务最佳实践形成的工具是有机会融入业务流程中的，从而提升业务运作效率。比如贝壳找房"签单小诸葛"，以大数据智能分析预判客户核心关注问题与潜在交易风险点，提前为经纪人准备应对锦囊，以"签单押题"和"模拟带看"帮助经纪人聊得更"准"、签单更"稳"。所以在开发课程的时候如果能开发出高效的工具，对于整个业务来说价值是巨大的。

如何把课程中的内容开发成工具呢？

首先要了解工具服务的场景有哪些？一项工作的开展是有基本逻辑的，本书使用的是 ADDIE（分析、设计、开发、实施、评估）的推进逻辑，基于此在信息收集、分析决策、计划制定、方案设计与评价、开发管理、执行跟进、检查评估等环节可以形成相应的工具。

举个例子：假如你的女儿正在和一个男孩谈恋爱。作为父亲，你想要了解一下男孩的情况，这时候你就可以借助信息收集清单（主要内容是收集信息的维度和获取信息的渠道）进行全面的了解。基于获取的信息，你可以通过“乘龙快婿”评估表（主要内容是评估维度、等级和权重）对男孩做出判断。假如你不满意，但是你的女儿非常满意，那接下来你就可以使用个人发展计划（主要内容是教练谈话清单和改进计划表）帮扶男孩成长。在帮扶男孩成长的过程中，你需要借助复盘的工具（主要内容是复盘模板）和男孩进行阶段性的总结，以确保男孩的成长不偏离目标。考察男孩流程如图 3-2-8 所示。

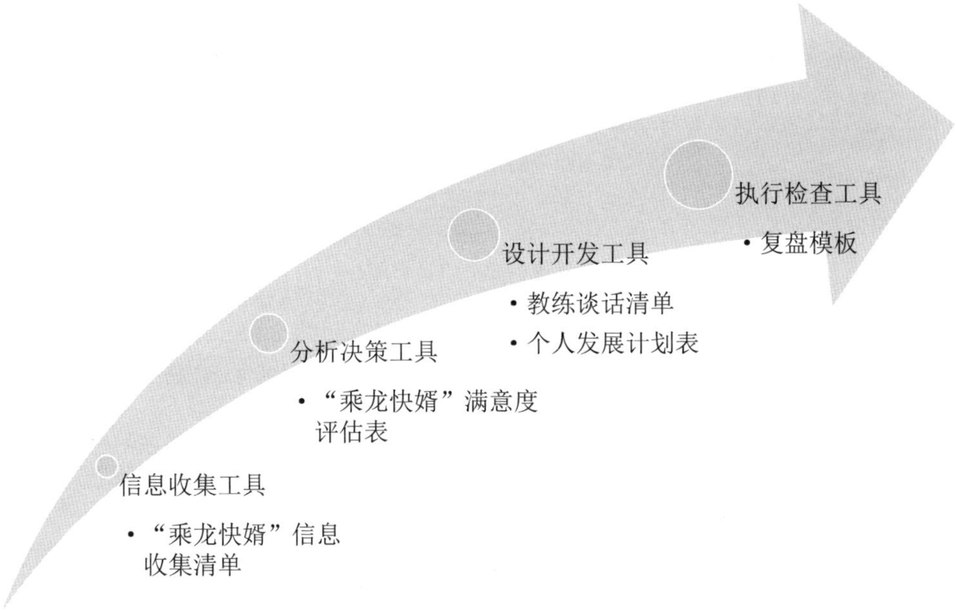

图 3-2-8 考察男孩流程

其次要了解课程开发中的典型工具有哪些？本书总结了课程开发的 9 种典型工具（见表 3-2-9）：清单、流程图、情境策略、模板、话术 / 脚本 / 剧本、工作表、速查表、故障排查表 / 问题解决指引、标准。

比如在“如何辅导业务专家开发课程”中，开发了一个针对不同主题属性的课程结构模板工具（PPT 模板 + 参考样例，见图 3-2-9）。专家们可以结合所开发课程主题的属性，依照此模板设计课程的结构。

表 3-2-9　课程开发的 9 种典型工具

清单	① 列出需要收集 / 完成的所有要素。 ② 用于决策的依据、准备的判断、过程的控制
流程图（跟进表）	① 描述完成特定任务需要进行的关键步骤、决策点及其相互关系。 ② 用于执行过程的提示
情境策略（决策树、多维多分矩阵等）	① 提供制定对策所需的条件。 ② 用于梳理不同选项及其关联性，相应对策
模板（报告、方案）	① 展示期望的工作成果。 ② 用于参考、比照、临摹、仿效
话术 / 脚本 / 剧本	① 展示有效沟通的语言对策。 ② 用于参考、仿效
工作表	① 提供预先设置好的公式 / 逻辑关系的电子表格 / 程序。 ② 用于填写 / 计算
速查表	① 列出完成任务可能用到的相关信息、情形及其组合。 ② 用于检索、备查、提取
故障排查表 / 问题解决指引	① 提供面对变式问题的界定和应对策略。 ② 用于要素变化导致场景变化的对策
标准（评估决策表）	① 结合目标列出需要检查的关键变量，明确变量之间的关系并建立评价制度。 ② 用于检查评估的判断

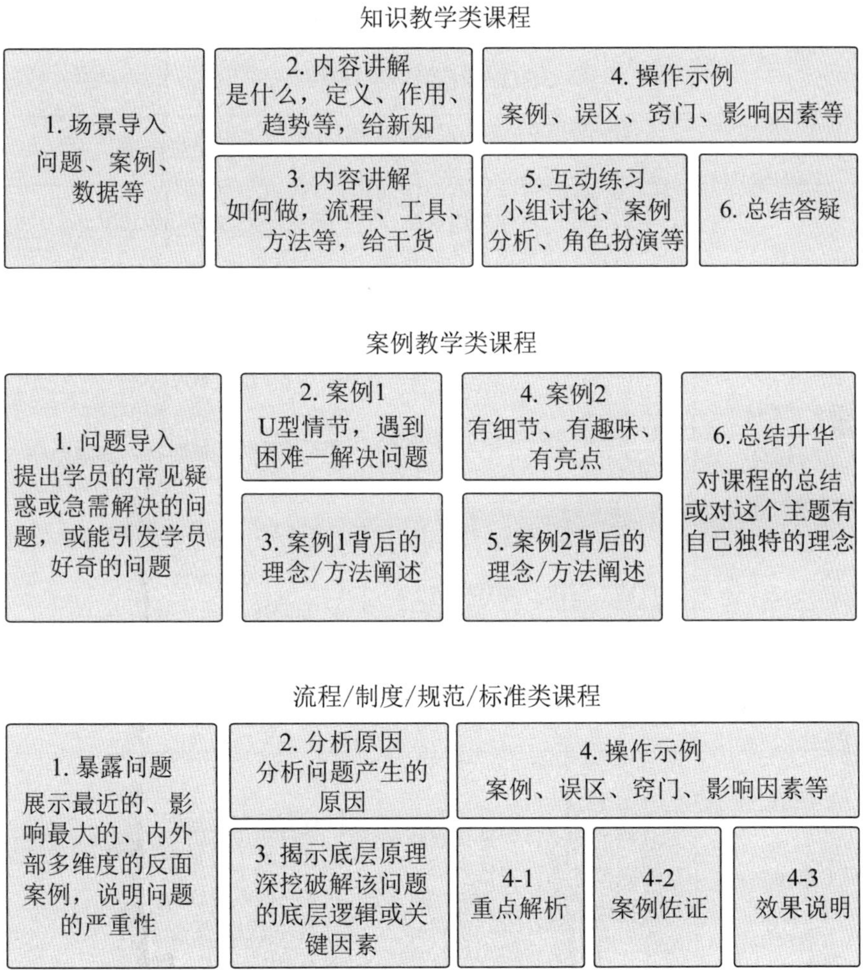

图 3-2-9　课程结构模板工具

在“如何辅导下属”课程中，针对 GROW 模型的使用，开发了一个跟进表工具（见表 3-2-10）。

表 3-2-10　跟进表工具

GROW 对话记录表模板		
阶段	关键内容	记录示例
Goal（目标）	1. 本次辅导的目标是什么？ 2. 下属希望达成的具体结果是什么	目标：下季度销售额达到 90 万元。 具体结果：提升客户需求挖掘能力，提高成交率
Reality（现状）	1. 当前现状如何？ 2. 主要挑战或问题是什么？ 3. 已经尝试过哪些方法？效果如何	现状：业绩完成率 70%。 挑战：客户需求挖掘不深入。 尝试：延长沟通时间，效果不佳
Options（选项）	1. 可能的解决方案有哪些？ 2. 哪些方案优先级较高？ 3. 需要哪些资源或支持	方案： ① 参加产品培训； ② 向 TOP 销售请教话术； ③ 优化客户调研表。 优先级：话术改进最高。 资源：主管协助分析录音
Will（意愿）	1. 具体的行动计划是什么？ 2. 时间节点如何安排？ 3. 如何跟进和评估进展	行动： ① 本周五参加培训； ② 每天听 1 段录音； ③ 下周请教张强。 时间：每周五复盘。 跟进：主管每周反馈

某投资公司开发的“项目研判”课程，开发了一个针对标的公司初步研判的评估决策表工具（见表 3-2-11），投资经理可以通过此表对项目进行初步的投资判断。

表 3-2-11 评估决策表工具

1.1 模式评测（权重 20%）		100 分	0	自动打分，分值 = 分值 1+ 分值 2+ 分值 3+
项目定位		0 分		填写，该项分为 0 分
商业模式	该项目是一个通过或基于（技术或模式）的（选择三级以下分类）的（具体品类：平台、运营商、服务商、技术提供商、解决方案提供商、工具），连接（服务一端）和（服务另一端），为（用户）提供（产品服务即内客）的产品或服务、满足了（需求、如有）的刚需或解决了（痛点，如有）	20 分		打分，符合公司战略方向 20 分：符合公司重点项目分 10 分；不符合公司要求 0 分
业务实质		0 分		填写，该项分为 0 分
刚需或痛点	该项目是一个通过或基于（技术或模式）的（选择三级以下分类）的（具体品类：平台、运营商、服务商、技术提供商、解决方案提供商、工具），连接（服务一端）和（服务另一端），为（用户）提供（产品服务即内客）的产品或服务、满足了（需求、如有）的刚需或解决了（痛点，如有）	10 分		打分，根据刚需或痛点的重要程度打分，分值越高，重要性越高。没有需求为 0 分，迫切需求或痛点为 10 分
商业模式进化		30 分		打分，选项“1 尚未验证”为 0 分，“2 初步验证”为 10 分，“3 验证”为 20 分，“4 充分验证”为 30 分
商业模式存在的困惑点	请填写困惑点 1. 困惑点 1 2. 困惑点 2 3. 困惑点 3	30 分		打分，困惑点对项目影响程度打分，影响程度越高分值越低。每个困惑点对项目发展起着决定性影响为 0 分，困惑点对项目没有影响分值为 10 分，得分 = 分值 1+ 分值 2+ 分值 3，分值范围（0 ~ 30）
可行性	□ 可行　　□ 不可行	10 分		选择且打分，选“可行”为 10 分，选“不可行”为 0 分

续表

2.1 团队核心能力评测（权重 25%）		100 分	0	自动打分，分值 = 分值 1+ 分值 2+ 分值 3+
核心创始团队拥有的能力	□行业经验值 □技术 □产品研发 □运营 □线下运营 □线下销售 □营销 □供应链整合 □线下交付 □其他	20 分		打分，如果大于等于 5 个核心能力为 20 分，3 ~ 5 个核心能力 10 分，1 ~ 3 个核心能力为 5 分，选择其他为 0 分
团队专业度		10 分		打分，团队专业度越好分值越高，分值范围（0 ~ 10）
团队完整性		10 分		打分，团队完整性越好分值越高，分值范围（0 ~ 10）
团队磨合度		20 分		打分，选“1 三年以上”为 20 分，“2 三年以下”为 10 分，“3 未曾磨合”为 0 分
团队专注度		10 分		打分，选“1 全职”为 10 分；“2 有兼职情况”为 0 分
团队创业精神	每周平均工作时长（　　）小时	10 分		打分，团队创业精神越好分值越高，分值范围（0 ~ 10）
团队执行力	从启动开发到第一个版本上线时长（　　）月，经历了（　　）次小团队迭代试错，计划下一个版本（　　）月迭代	10 分		打分，团队执行力越高分值越大，考虑因素有时间、迭代周期等分值范围（0 ~ 10）
股权结构合理性		10 分		打分，考虑因素重要成员股权、股权激励池等，结构越合理分值越高，分值范围（0 ~ 10）

最后要了解不同的策略知识（操作策略、人际策略、智慧策略）对工具类型有哪些不同的偏好（见表 3-2-12）。

表 3-2-12　不同策略知识对工具类型的偏好

工具	操作策略	人际策略	智慧策略
清单	★★★		
流程图（跟进表）	★★★		
情境策略（决策树、多维多分矩阵等）			★★★
模板（报告、方案）			★★★
话术 / 脚本 / 剧本		★★★	
工作表	★★★		
速查表	★★★		
故障排查表 / 问题解决指引			★★★
标准（评估决策表）			★★★

以上内容就是生动具体的细节性描述方法——GET 扩展内容法。接下来介绍简洁精练的总结性描述方法——MR 精炼内容法。

3.3 方法 2：MR 精炼内容法

我曾经与业务部门合作了一个历时一年、每周一课的管理训练营项目，由业务部门牵头，负责开发课程的人员都是资深的管理骨干，开发出的课程，无论是体系性还是实用性都有很高的含金量。项目运营三个月时，教研小组组织了一次阶段性的项目复盘，对于课程的提升方向，大家一致认为需要增强记忆点，这样才能提高传播性，强化应用的氛围，不断提升知识的检索与提取频率。那么如何解决记忆点这个问题呢？靠的就是对每门课程的核心内容进行模型和口诀的开发。

1. Model：模型

如何把课程中的核心内容开发成模型呢？

首先要了解建立一个模型需要经历哪些过程？课程中的模型是通过找到重要的内容，然后分析知识点之间的内在联系，从而把知识之间的规律进行抽象的形式化表达。

建立模型的 3 个步骤如图 3-3-1 所示。

图 3-3-1　建立模型的 3 个步骤

其次要了解一个好的模型要满足什么条件？课程中的模型呈现要做到简洁且精准。简洁是指尽可能让模型上的元素（知识的关系）更加简单且越少越好，做到有利于信息的接收。精准是指不能遗漏任何知识与知识之间的关系的阐释，做到有利于全面的理解。好模型条件公式如图 3–3–2 所示。

图 3-3-2　好模型条件公式

举个例子：知识管理领域非常知名的 SECI 模型（见图 3-3-3）。四象限的内容是对知识转化模式的四种概括总结，外圈的箭头解释了知识创造所需要的四种转化模式之间的发展关系。

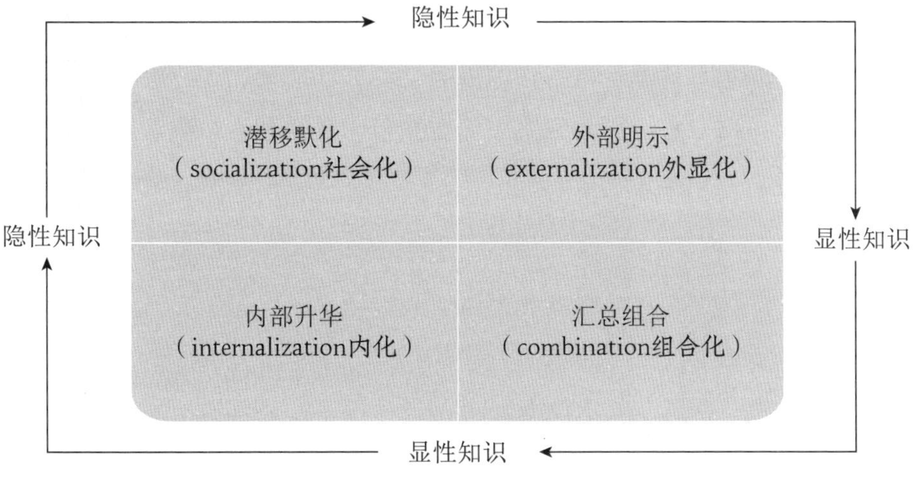

图 3-3-3　SECI 模型

最后要了解课程中常见的内容模型有哪些？我总结了四大常见的内容模型——流程模型、因子模型、矩阵模型、象形模型（见图 3-3-4）。

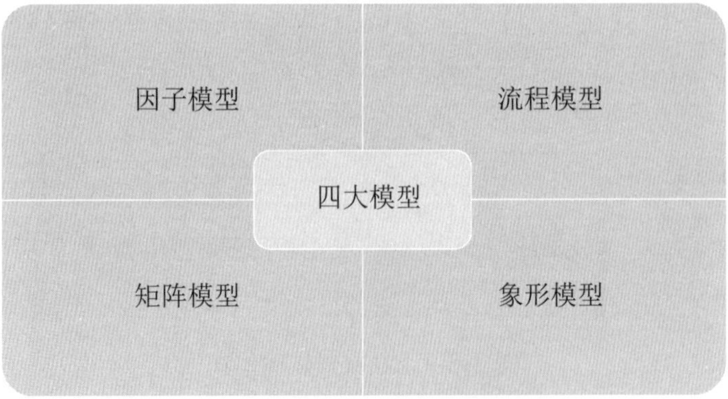

图 3-3-4　常见四大内容模型

（1）流程模型。

流程模型诠释了知识之间前后时序的规律。

课程“关键时刻”的核心知识是“EOAC 模型（见图 3-3-5）”，作为一名销售人员首先要探索客户的需求，然后才能提出相应的解决方案，接下来需要按照双方认同的方案去落实执行，最后和客户确认满意度，如果不满意重新开启探索需求。

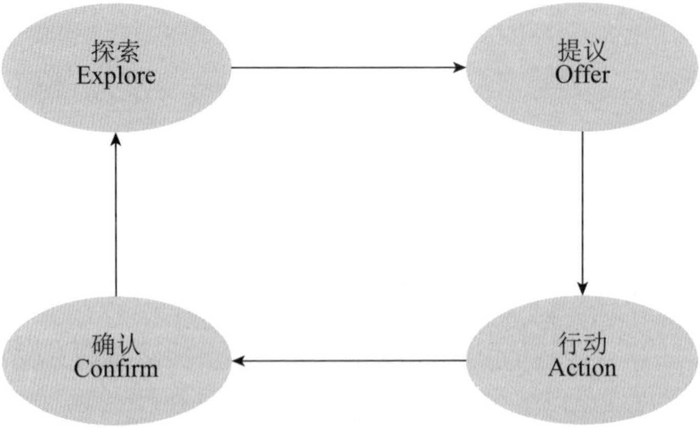

图 3-3-5　EOAC 模型

（2）因子模型。

因子模型诠释了知识之间条件制约的规律。

比如某公司在开发“如何招募高级人才”的课程时，为了说明如何建立面试官与候选人之间的信任关系，借用了“麦肯锡信任公式（见图 3-3-6）”，这就是一个典型的因子模型。从这个公式可以看出可信度、可靠度、亲密度这三个因子越大，自私度这个因子越小，越容易赢得别人的信任。

$$信任 = \frac{可信度 \times 可靠度 \times 亲密度}{自私度}$$

图 3-3-6　麦肯锡信任公式

“目标管理”课程中，设定目标需要遵循的 SMART 原则也是典型的因子模型。

（3）矩阵模型。

矩阵模型诠释了知识之间分类分层应对策略的规律。

“时间管理”课程中有一个著名的矩阵模型“时间管理四象限（见图 3-3-7）”，通过重要与否和紧急与否两个维度切分出四类场景，不同场景需要不同的应对策略。

在开发“如何管理企业内部讲师”课程中，通过授课动机与授课能力两个维度切分出四类场景，结合实践提炼了应对策略，形成了讲师培养使用的模型（见图 3-3-8）。

决定矩阵模型质量的核心是分类分层的维度选择。课程中常用到的有 2×2 矩阵、2×3 矩阵、3×3 矩阵、3×4 矩阵、4×4 矩阵，更加精细的还有 5×5 矩阵。我建议最多不要超过 16 个场景，最好是 9 个场景以内。

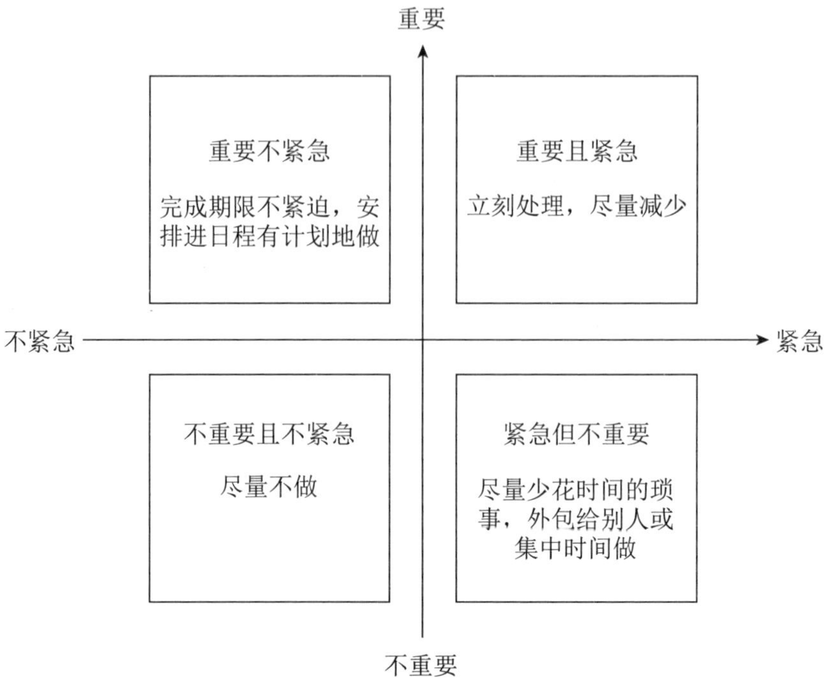

图 3-3-7　时间管理四象限模型

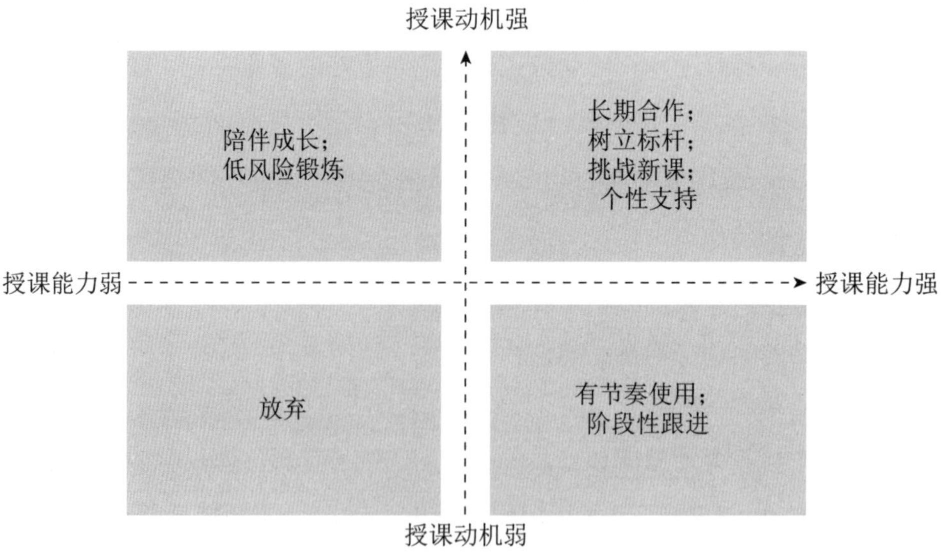

图 3-3-8　讲师培养模型

（4）象形模型。

象形模型诠释了知识之间的联想构造的规律。

德国化学家凯库勒长期从事苯分子结构研究，苯分子的结构该如何描绘呢？这个问题一直困惑着他，有一天他突然梦见蛇咬住了自己的尾巴形成环状，这个场景激发了他的灵感，最终得出苯环分子的六角形结构。这就是联想构造出来的象形模型。

在管理领域的课程中，有一个著名的象形模型叫“冰山模型”。如何考查一个人？需要从显性技能和隐性素质两个层面来看。一个人的显性行为与知识很容易观察到，隐性的思维和动机却不太容易看清，然而隐性层面的素质却是决定一个人职业成长的核心要素。这就好比一座冰山，在水面下的 9/10 的体积支撑了露在水面上的 1/10，明面上看到的只是冰山一角而已。故而将考察一个人的显性素质和隐性素质用冰山的图形进行了建模。

在很多沟通类的课程中都会使用的黄金圈法则（见图 3-3-9），就是以同心圆为构造的象形模型，通过同心圆一眼就可以识别，和他人沟通需要由内而外地进行，而非由外而内。

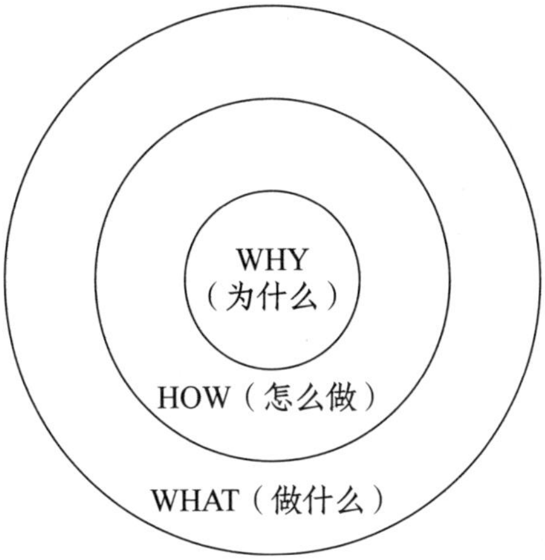

图 3-3-9 黄金圈法则

通过以上介绍可以发现，开发课程的内容模型是一件既科学又艺术的事情。科学体现在对规律的洞察与尊重，需要的是逻辑思考与透过现象看本质的能力。艺术体现在对形象构造的想象，需要的是丰富多彩的生活体验、对事物的好奇心以及发散关联的能力。

混沌学园创办人李善友教授曾说过："没有好的思维模型，再多的知识积累也是低水平重复。成人学习的目的不是获取更多的信息量，而是要学习更好的思维模型。"所以在课程中开发内容模型是非常重要的，同时也是非常有挑战的，更是经验提炼的高手和一般选手的分水岭，有些人用五页 PPT 也说不明白一件事，而另外一些人用一页 PPT 就说明白了，这就是内容模型的价值。

2. Rhyme：编口诀

口诀是把课程的核心知识点进行串联加工，进而编译成一套朗朗上口、通俗易懂、易于传播的语句。

如何把课程中的核心内容开发成口诀呢？本书总结了开发口诀的三种方法——单词缩写法、关键字词法、排比押韵法。

（1）单词缩写法。

用英文单词描述关键知识，每个单词选取一个字母（一般是首字母）组合在一起，能够形成一个更加简洁的英文单词或字母组合，这个被提炼的英文单词或字母组合就是单词缩写法形成的口诀。

例如在流程模型中提到的"关键时刻"课程的 EOAC 模型；在扩展内容法的例证中介绍的 AKA、STARE、SCORE 模型；在管理领域的 PDCA、DMAIC、5S 等模型；在战略分析领域的 PEST、SWOT 等模型。

（2）关键字词法。

把关键知识用几个有代表的字串联起来形成字符串。这个被提炼的字符串就是关键字词法形成的口诀。关键字词法和单词缩写法的区别在于前者使用汉字而后者使用英文。

关键字词法常用的表达形式有数字＋动词＋宾语、动词＋宾语、数字＋动词、动词、数字。

1）数字＋动词＋宾语的表达形式。

比如在课程“如何辨别伪劣食品”中的口诀：一防艳（颜色过分艳丽）、二防白（不正常、不自然的白色）、三防长（保质期过长）、四防反（反自然生长）、五防小（小作坊式加工企业）、六防低（明显低于一般价格水平）、七防散（散装食品）。

2）动词＋宾语的表达形式。

比如在课程“高层管理三板斧”中的口诀：定战略、搭班子、带队伍。

3）数字＋动词的表达形式。

比如课程“如何识别赛道头部企业的项目投资价值”中的“一看、二算、三证”（见表 3-3-1）；课程“如何做好招聘”中的“一想、二找、三筛、四保、五连”（见表 3-3-2）。

表 3-3-1　“如何识别赛道头部企业的项目投资价值”口诀

三招断定是否虎口拔牙	
一看	“拦路虎”边际效益递减的程度
二算	市场容量看雪坡长度
三证	从微观市场搏斗，找成功案例

表 3-3-2 “如何做好招聘”课程口诀

一“想”	招聘精力管理
二“找”	人才画像、信任公式、团队角色、渠道与 JD（职位描述）
三“筛”	简历、面试、OFFER（录取通知）
四“保”	夸：沟通业务 聊：建立话题 吃：见面维护
五“连”	343 法则 建立人才库

4）动词的表达形式。

比如在“如何判断技术项目投资价值”课程中的口诀：寻—验—铸—持（见图 3-3-10）。

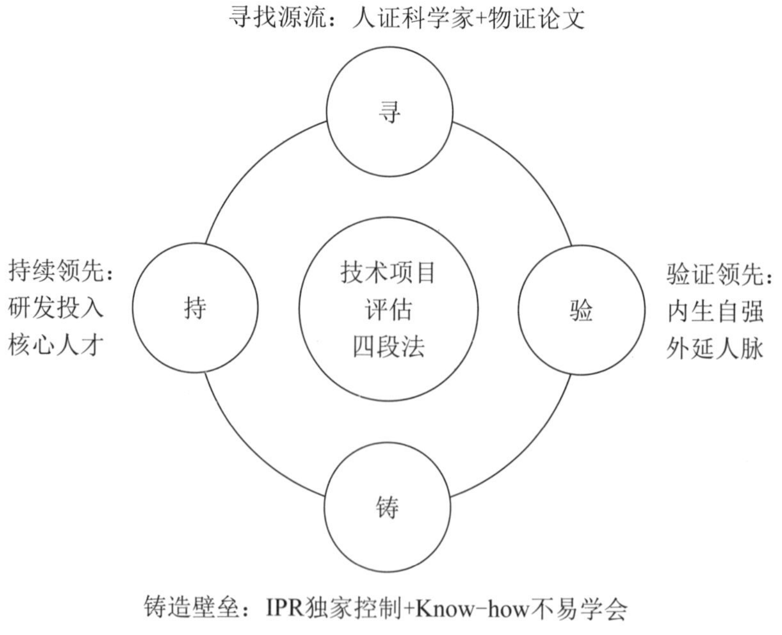

图 3-3-10 “如何判断技术项目投资价值”课程口诀

5）数字的表达形式。

比如培训的“721 理论（70% 的学习成效来自实践、20% 来自交流、10% 来自正式培训）”，保护眼睛的“20，20，20 口诀（看电子产品 20 分钟，向 20 米之外远眺至少 20 秒）”。

（3）排比押韵法。

把关键知识用工整对仗、押韵合辙的顺口溜描述出来，就是排比押韵法形成的口诀。排比押韵法是通过联想创造的形式来开发口诀，而单词缩写法和关键字词法是通过归纳聚焦的形式来开发口诀。

排比押韵法口诀示例如表 3–3–3 所示。

表 3-3-3　排比押韵法口诀示例

社区管理	服务礼仪	房源维护	安全管理	兴趣班选择
社区居民动员好 社区治理要抓好 离家外出门关好 贵重物品保存好 邻里关系要处好 互相帮助团结好 群防群治效果好	生客卖礼貌 熟客卖热情 急客卖效率 慢客卖耐心	微信评论要针对 市场行情多关注 周边变化多观察 带看陪看留记录 拍照录像做分析 定期维护不尬聊	检查用电不能少 安全使用要知道 线路插接要规范 遵章作业安全好	体育早学占高分 音乐费钱走艺考 科技赢在起跑线 美术可以抱佛脚

GET 扩展法 &MR 精炼内容法如图 3–3–11 所示。

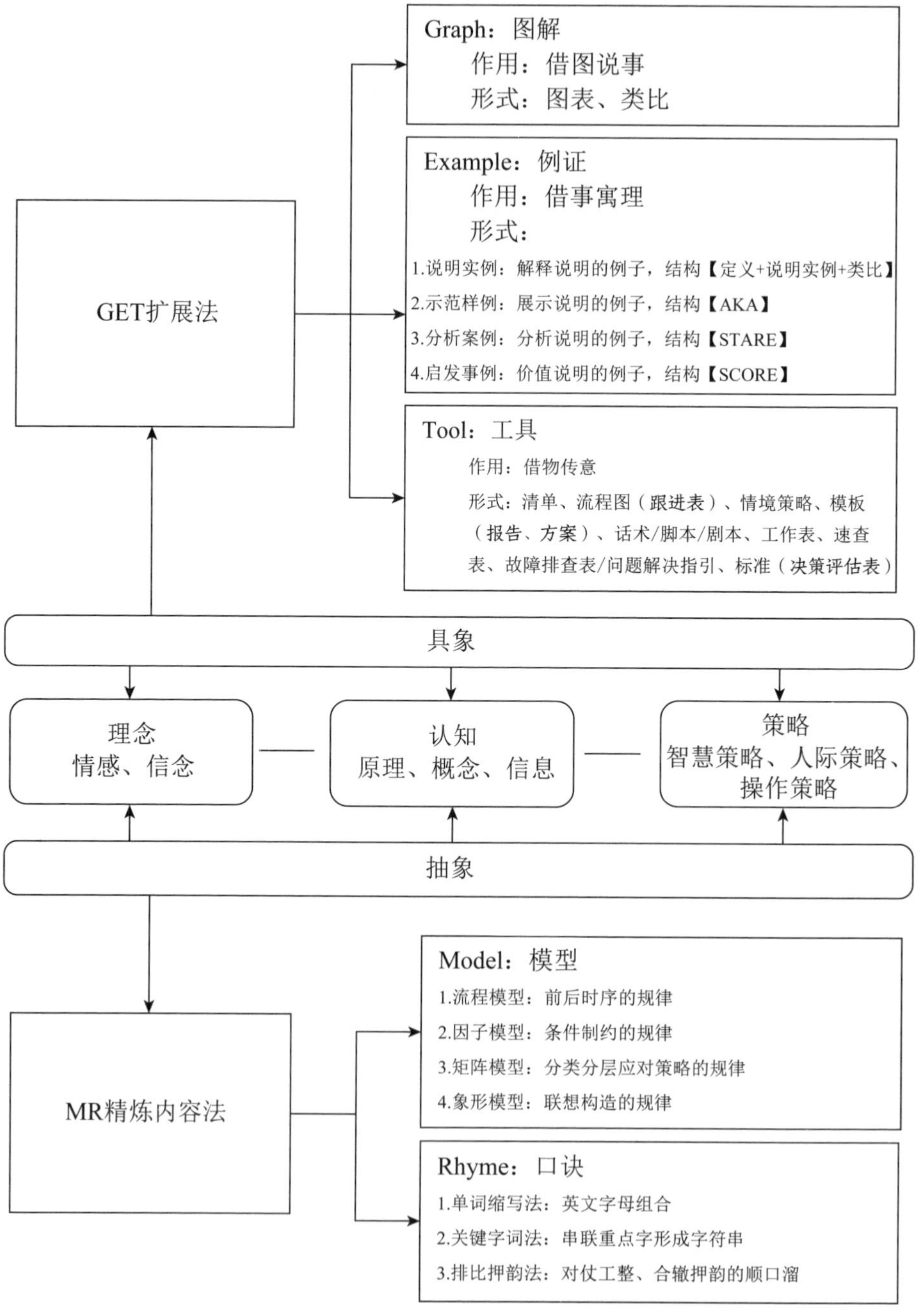

图 3-3-11　GET 扩展法 &MR 精炼内容法

第四章 设计教学策略

4.1 认知：有效学习的公式

我曾与一位教育公司的董事长深入交流商业模式和教育产品的话题。这位董事长背景丰富，早年曾在高校执教，后转型商界深耕十余年，始终保持强烈的求知欲，既是各类培训课程的积极参与者，又是拥有丰富授课经验的老师。其公司不仅为高等院校研发系列专业教材，还持续向后者输送优质的师资力量。交流中他抛出了三个问题：为何有些课程能引人入胜，有些却令人昏昏欲睡？投入大量资源的内部培训为何总遭员工抵触？精心编写的专业教材为何被长期搁置？这位教育实践者给出了他的观点：当代人的学习已彻底颠覆传统认知，他们抗拒填鸭式灌输，抵触被动要求的机械化学习。学习方式必须重构！课程不能停留在晦涩难懂的专业表达上，必须摒弃单向传输的模式，用教学设计激发学习者的参与热情，从而带来真正有效的学习。

我认为课程开发人员的认知会经历三个阶段。

阶段一：关注课程的知识密度与传递效率，此时的教学形式以讲师单向传递为核心。

阶段二：关注学习者对接收知识做出的外在反应，此时的教学形式以互动反馈为核心。

阶段三：关注学习者对接收知识做出的内在反应，此时的教学形式以反馈和引导为核心。

很明显，只有阶段三才能带来真正的有效学习。从阶段三的视角出发，我认为有效学习 = 个体需求 × 内容价值 × 身心定力 × 思维活力。

个体需求与内容价值是学习的基础因子，学习者没有需求或内容过于浅显，都不会发生学习。本书的第一章“分析课程定位”与第三章“开发课程内容”解决的就是这两个因子的问题。

身心定力与思维活力是有效的基础因子，学习者注意力分散或不能调动与自身认知的融合，都不会产生有效学习。本书的第二章“搭建课程逻辑”与本章“设计教学策略”解决的就是这两个因子的问题，其中又以教学策略对这两个因子的影响最为重要。

很多人认为所谓的教学策略无非就是改变一下互动形式，比如进行提问、做研讨、播放视频等。我认为互动形式只是教学策略中的一环。基于教学策略要解决的问题，我认为教学策略是把经过设计的、外在于学习者的、用来支持内部学习过程（人对信息加工的过程）的活动进行有效合理布局，从而为学习者创造良好的学习过程体验，以促进学习目标的达成。

教学策略（见图 4-1-1）包含四个核心要素。

① 纵坐标，教学形式：常见的教学形式，比如提问题，看视频，做研讨等。

② 横坐标（上），教学内容：源于第三章课程的内容图谱。

③ 横纵（上）交叉，教学活动：把匹配不同内容的不同形式进行设计，形成可供教学的结构化活动（包括学习者思考，学习者之间的交流 / 合作 / 反馈，老师反馈等环节）。

④ 横坐标（下），学习过程：新知识的学习需要经历三个阶段，每

个阶段需要达成的目的是不一样的，本书把这个过程称为 U 型历程，是一门课程教学策略的完整体现，是本章节的重点内容。

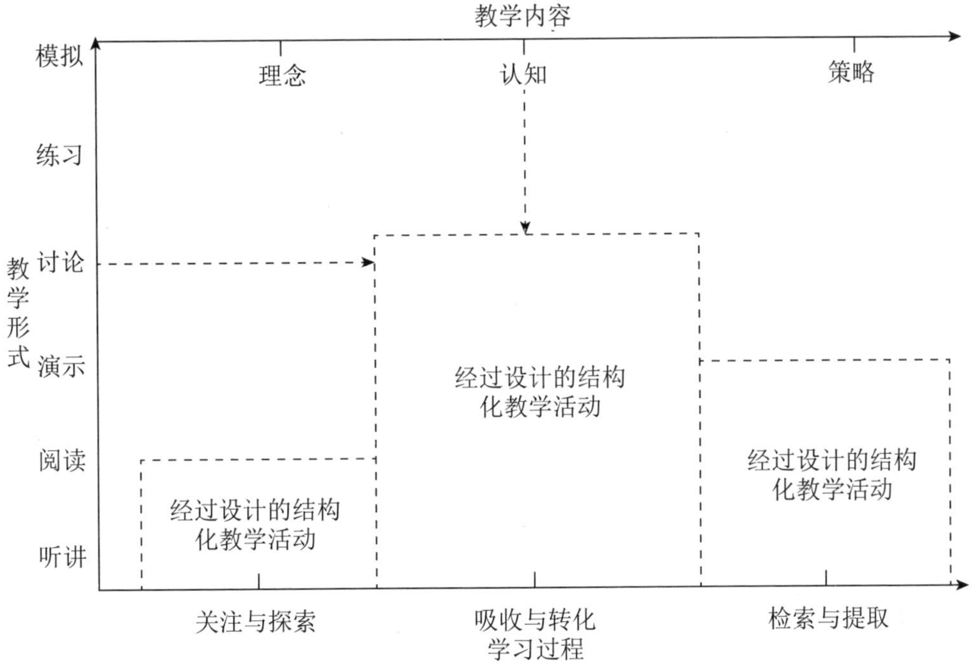

图 4-1-1 教学策略

4.2 方法：三段四步教学法

本书对有效学习的过程进行了建模，形成了“U 形历程”的三个关键阶段与四个核心步骤（见图 4-2-1）。

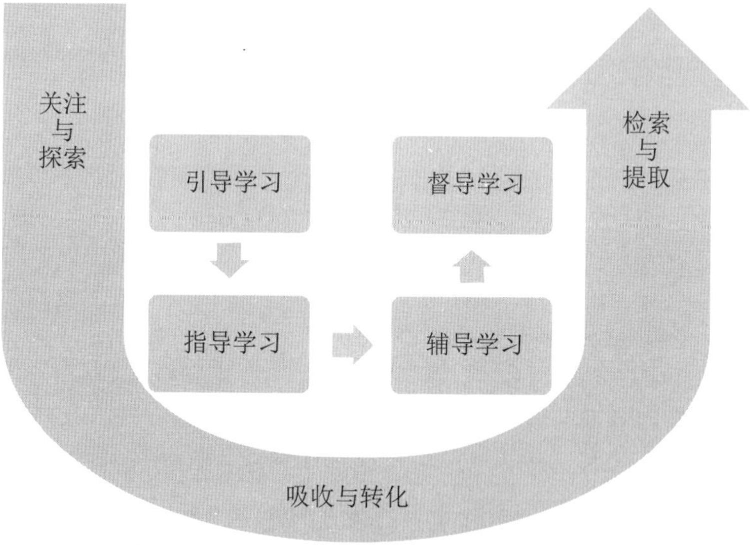

图 4-2-1　有效学习的 U 形历程

1. 关注与探索阶段：引导学习

课程刚开始的阶段，学习者的注意力还处于分散的状态，此时需要通过引导学习来激活学习者对过往的认知，从而吸引他们的注意力，进而激发他们持续学习的欲望，为下一模块重点内容的学习做好准备。这就好比前菜的作用并不是吃饱，而是通过酸、咸、鲜等风味刺激味蕾，唤醒食客的食欲，为正餐做好准备。

如何把学习者的注意力快速聚焦到课程内容上呢？学习者对知识的内在探索欲望是如何来的呢？

心理学有个研究成果叫作选择性认知，指的是个体在面对外部环境诸多信息时，不会对所有的信息给予同等的关注，往往选择性地吸收那些与自己信念、态度、习惯、兴趣、需求等相一致或接近的信息，或者能够更好地证明自己的观点、主张的信息，而忽略和当前占据优势地位的认知需求无关或弱相关的信息。

选择性认知对引导学习的启发是“学习者接收知识是有选择性倾向的，这种倾向往往和他们的实际工作经验紧密相关”。基于此，引导学习需要创建一个学习情境，这个情境是关于学习者面对现实工作问题的思考，通过思考带来回忆、反思、联系、想象等大脑活动，进而唤醒学习者过往的经验与认知，让其和课程内容形成初步的连接。

那么该如何唤醒学习者过往的经验，把原有的认知和课程内容进行连接呢？我总结了引导学习的五种策略（见图 4-2-2）。

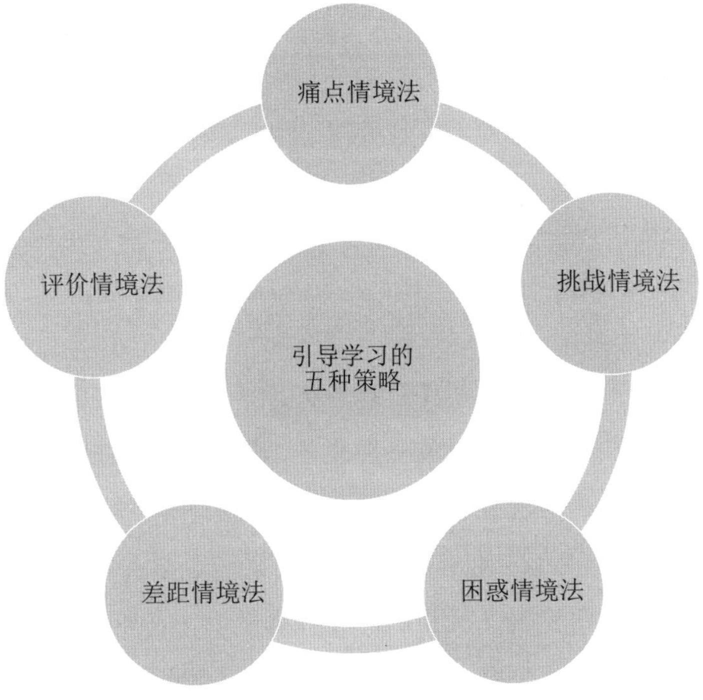

图 4-2-2　引导学习的五种策略

（1）痛点情境法。

1）定义。

痛点情境通常指的是工作中的反面行为，即通过呈现一个现实工作中使用了典型的错误做法，从而带来负面结果的情境，让学习者寻找失败的原因。

2）原理。

借用第三方的例子可以让学习者更加安全地讨论工作痛点，同时典型的工作痛点可以使学习者产生“痛”的共鸣，为摆脱这种痛苦，学习者当然期望学习更好的方法。

3）结构（见图 4-2-3）。

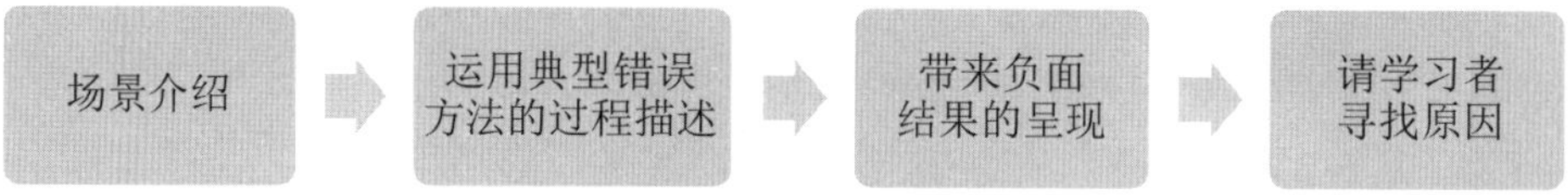

图 4-2-3　痛点情境法的结构

4）例子。

在某公司开发的“如何突破需求收集与分析的瓶颈”课程中，采用了痛点情境法来引导学习，具体如下。

被客户投诉的项目经理

情境：A 公司即将上线我们的系统，程明前往 A 公司进行数据调整，客户领导要求必须设置某一项规则，程明立即答应。在收集完相关数据后，陈明通过项目管理系统向总部支持中心提交了 A 公司的需求列表“客户提出，违反 ××× 规定规则中，同一张单据中同时出现 A 项目和 B 项目这两个项目时，不判违规”，并附录了客户盖章确认后的审核标准。支持中心驳回了该需求，给出的理由是“需求不明确，如果按支持中心的理解，该规则无法实现”。程明向客户做出了解释并重新梳理需求，走流程，客户对项目进度的延迟表达了不满。

学员任务：你是否也遇到过没有履行对客户的承诺，最终被抱怨甚至投诉的情境？为什么会出现这样的情况？程明出了什么问题？

教学活动：先在组内进行研讨，然后每组选择一个代表进行分享。

（2）挑战情境法。

1）定义。

挑战情境通常指的是工作难点，即通过呈现一个现实工作中具有挑战性的情境，来征询学习者会如何应对。

2）原理。

工作难点的解决方法往往是“条条大路通罗马”，我的路和你的路有什么不同？哪条路更稳妥、更高效？每个人都会对别人的思考模式产生好奇，都想知道别人是否有更好的方法。

3）结构（见图 4-2-4）。

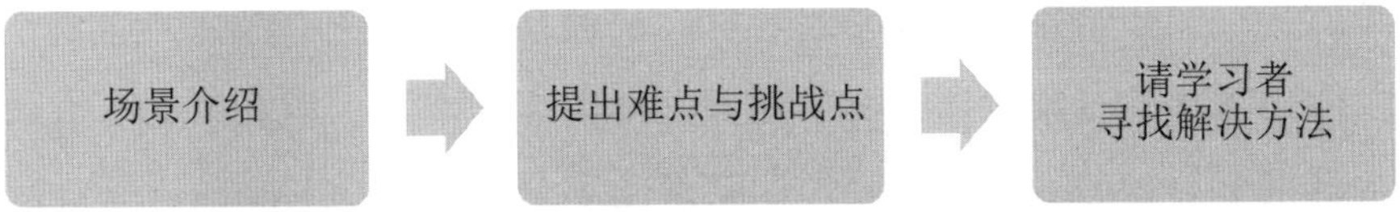

图 4-2-4　挑战情境法的结构

4）例子。

在某公司开发的“大客户销售技巧”课程中，采用了挑战情境法来引导学习，具体如下。

被打断的演示说明

情境：解决方案经理李楠此时正在客户的会议室进行方案推介，与会人员除了客户的负责人、系统使用者，还有客户请来的第三方技术评估者。正当李楠介绍完方案，准备做产品演示的时候。客户负责人说道："李经理，你介绍的系统功能属性，昨天A公司也和我们介绍过了，另外他们说只要是你们公司能做的，他们公司都能做。你能和我说一说你们和A公司的不同之处吗？"此时作为第三方的技术评估者也附和道："你刚才提到你们的技术很成熟，我想问问成熟到什么程度？据我所知这个技术还是非常新的，怎么保障稳定性？"

学员任务：如果你是李楠，接下来你会怎么做？

教学活动：个人先思考，然后组内进行交流，最后每组选择一个代表进行分享。

（3）困惑情境法。

1）定义。

困惑情境通常指的是对工作现状进行说明，即通过呈现需要应用课程知识的一个工作情境，来让学习者自己描述在实际工作中遇到的症状、问题、应对方法等。困惑情境属于痛点情境的演变形态，相对于痛点情境，困惑情境无须开发情境的细节，同时给予学习者的开放空间更大，可以单独应用，也可和痛点情境组合应用。

2）原理。

回忆工作中"不愉快"的感受，体验"吐槽"带来快感的同时也带来了明确的学习目标，自然提升了学习的欲望。

3）结构（见图 4-2-5）。

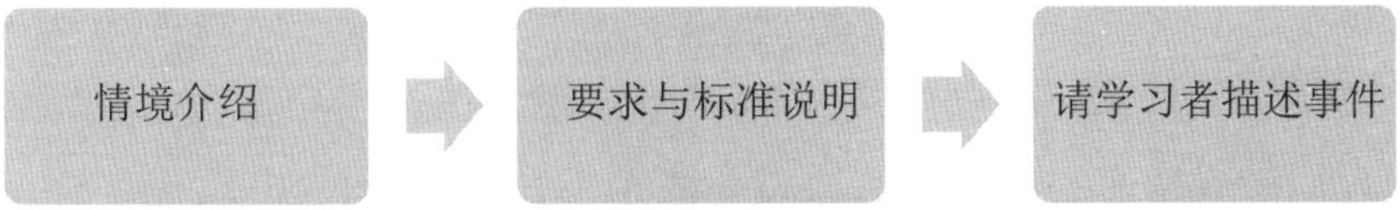

图 4-2-5 困惑情境法的结构

4）例子。

在某公司开发的“向下管理的艺术”课程中，采用了困惑情境法来引导学习，具体如下。

委派任务的困惑

情境：你作为管理者（项目负责人），当带领团队打一场“战役”时，在给下属（项目组成员）派发任务的过程中遇到过哪些给你带来困扰的事件？

学员任务：请具体明确地描述该事件。

① 是一场什么战役？具体委派的任务是什么？

② 你是如何委派任务的？下属的表现是什么样的？

③ 你觉得有什么问题？假如再来一次你会怎么做？接下来你打算怎么做？

教学活动：个人先思考，然后写在便利贴上公示出来，在组内形成三人小组进行交流。

（4）差距情境法。

1）定义。

差距情境通常指的是工作效能的区别，即通过各类数据呈现绩优方法与一般方法之间工作效能的差距，来提升学习者对高效工作方法的学习欲望。

2）原理。

人们没有学习动机最大的原因往往是不知道差距在哪里，每个人对自己的能力认知都会高于现实水平，尤其是在小型组织内部的关键岗位人员本身就不多的情况下，更容易带来“山中无老虎，猴子当大王”的认知。当然在大型企业关键岗位人员较多的情况下，大部分人看到的也只是业务结果差距而忽略了过程差距。可视化的直观差距会带来极强的反思与学习的欲望。

3）结构（见图 4-2-6）。

图 4-2-6　差距情境法的结构

4）例子。

在某公司开发的“产品开发管理”课程中，采用了差距情境法来引导学习，具体如下。

IBM 从 1993 年的亏损 80 亿美元到 2000 年的盈利 80 亿美元。从各自为战、故步自封的硬件厂商转型为以客户为先的全球化技术与服务提供商，在战略、财务和产品上取得了成功，其中产品研发提升如下。

① 研发支出（支出 / 收入 %）改进 50%；

② 硬件产品开发时间改进 67%；

③ 中途放弃项目开支改进 >90%；

④ 保修费用（支出 / 收入 %）改进 25%；

⑤ 零件重复使用改善 34%。

我们的研发是否也面临不稳定的问题，IBM 又是如何做到以上结果的？

（5）评价情境法。

1）定义。

评价情境通常指的是工作诊断，即通过呈现一套影响工作成果的核心行为指标描述的测评题，来让学习者进行思考与作答。评价情境属于差距情境的演变形式，相比差距情境法，评价情境法带来的是自我反思，可以单独应用，也可和差距情境组合应用。

2）原理。

系统化的评价表会给学习者带来大量的回忆与反思，从唤醒个人认知的角度会更有效果。

3）结构（见图 4-2-7）。

图 4-2-7　评价情境法的结构

4）例子。

在某公司开发的“打造高绩效团队”课程中，采用了评价情境法来引导学习。示例如表 4-2-1 所示。

表 4-2-1　评价情境法示例

自测表形式	组织执行力测评				
	一、组织方面的问题	非常糟糕（-2）	较差（-1）	一般（0）	较好（+1）	非常理想（+2）
	1. 组织视线：所有员工都把精力集中在组织的目标上吗					
	2. 组织方向：每个人都能确切地理解组织的战略和目标吗					
	3. 组织协作：团队是否能跨职能顺利合作					
	4. 组织可信度：组织是否重视自己的价值观和承诺					
	5. 组织业绩提升：是否有连贯的、系统性的进展					
	二、团队方面的问题					
	6. 团队目标质量：工作团队有明确的可衡量目标吗					
	7. 团队计划：工作团队一起计划如何实现目标吗					
	8. 团队交流：工作团队能相互理解并进行富有创意的对话吗					
	9. 团队信任：工作团队是在一种安全双赢的环境中工作吗					
	10. 团队赋权：团队在工作中有足够的人力物力和自由吗					
	三、个人方面的问题					
	11. 个人工作目标：员工是否有明确、可衡量的并且设定了最后期限的目标					
	12. 个人参与：员工是否受到了激励，他们有被重视的感觉吗					
	13. 个人计划：员工是否能系统性地规划自己的工作重点					

续表

场景题形式	背景：公司今年将创新作为战略重点，你是产品 & 研发部的负责人，需要做出创新成果。你的目标是带领团队将创新目标执行落地。 场景一：你找来团队的核心骨干讨论创新方向（考察目标）。 A. 围绕着创新想要达成的战略目标，拆解目标，看看聚焦在哪些具体方向上。 B. 一起头脑风暴后产生很多新的想法，都记录下来，等待以后逐一进行讨论。 C. 挑选几个大家觉得比较重要且有价值的点子，讨论具体方案。 D. 创新是公司的重要战略之一，想要尽快看到创新成果，你和团队讨论可以把哪些资源倾斜过去。 E. 虽然创新很重要，但是其他工作也刻不容缓，不能放松，梳理手头的事务和项目，先将这些排序，然后看看哪些资源能腾出来分给创新

2. 吸收与转化：指导学习 & 辅导学习

课程每个模块重点内容的教学，需要学习者深度投入学习。此时需要通过指导学习来传递知识，促进学习者对知识的接收与理解；同时还需要通过辅导学习对学习者内化知识的程度进行反馈与纠正。这就好比色香味俱全的美食除了满足口腹之欲的外在感受，还需要被消化、吸收后转换成身体的内在能量。

如何持续吸引学习者的注意力？如何让学习者持续保持对吸收与转化知识的信心？如何让学习者全方位看到自己转化知识的情况？我认为要做好指导学习和辅导学习。

（1）指导学习。

学习者在一场培训中所听到的内容绝大部分会在培训结束后数小时内遗忘，学习者最终收获取决于“消化了多少”，而非“吃了多少”。指导学习的目的是“学透”，让学习者理解知识的内在逻辑，知其然也知其所以然，能做到举一反三，知道什么情境适合，什么情境不适合。基于此，指导学习就是通过多角度诠释知识，给学习者不断提供学习“催化剂”的过程，以下四种策略（见图 4-2-8）就是学习的“催化剂”。

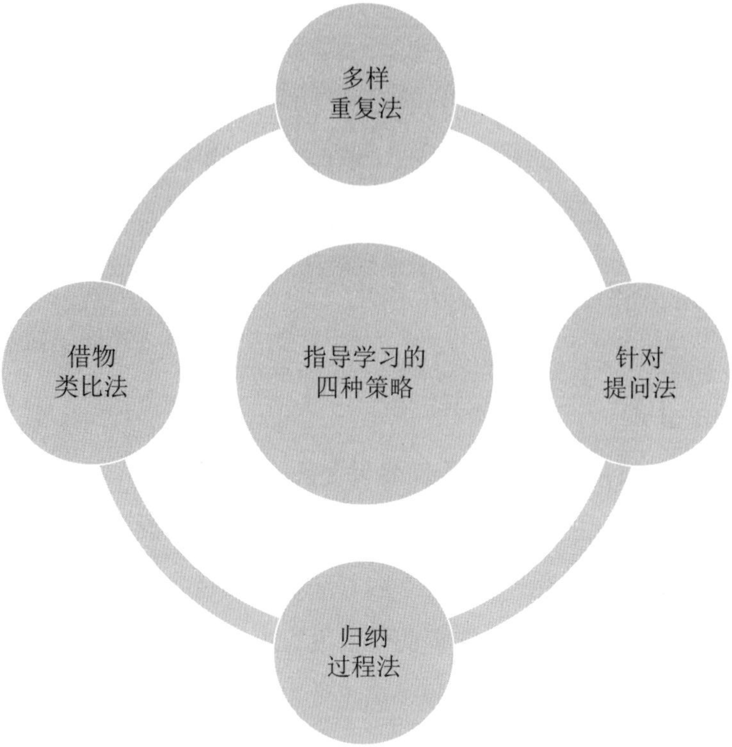

图 4-2-8　指导学习的四种策略

1）多样重复法。

① 定义：由简到繁地展示重点内容在具体情境中运用的多个例证或多个线索特征。

② 原理：先从工作中简单的场景出发，呈现简化条件的例子；再从复杂的场景出发，呈现逐渐增加条件的例子，学习者对知识的理解会更深刻。

③ 例子：某“战略规划”课程在讲解战略思考路径“目标—路径—环境—资源—行动”时，采用了多样重复法来指导学习。示例如表 4-2-2 所示。

表 4-2-2　多样重复法示例

例证 1	假如你是一家餐厅的经理，你的老板给你确定了一个目标：明年上半年在利润维持去年同期水平的基础上，将销售额提高 20%，请提出实现目标的计划或方案
例证 2	一个法国化妆品公司，想要把一个男性化妆品品牌推广到中国市场，应该如何制定战略路径
例证 3	×× 公司是 1989 年创立的，第一个在市场上成功的产品是水泥泵，到 1999 年，水泥泵业务实现销售收入 4.5 亿元人民币，销售市场主要集中在湖南省、湖北省、广东省等区域。1999 年年末，公司开始考虑未来发展战略，请勾勒 ×× 公司未来的战略路径
例证 4	作为一家智能汽车公司，应该如何制定战略路径

2）针对提问法。

① 定义：通过提出引发学习者思考的问题，把老师想讲的变成学习者所想的，把老师所教的变成学习者所讨论的。

② 原理：学习者先一步步思考，然后再推导出结论，对知识的印象会更加深刻。

③ 提问的两个原则。

A. 聚焦：每个问题都要关注具体的事情，明确具体的思考方向。

B. 开放：每个问题都要具备探索性，而非灌输式的固定选择。

错误与正确的提问示例如表 4–2–3 所示。

表 4-2-3　错误与正确的提问示例

错误的提问	正确的提问
你觉得这样的做法好不好？ 你有哪些启发	主人公做了哪些调整？ 每次调整的目的是什么

④ 提问的三个方向。

A. 问现象：做了哪些事情？出了哪些问题？

B. 问原因：为什么成功？为什么失败？

C. 问方法：怎么办？如何处理？

提问三个方向示例如表 4–2–4 所示。

表 4-2-4　提问三个方向示例

问现象	问原因	问方法
×× 为了提升业绩，都做了哪些事情？ ×× 是如何评价上级的？ ×× 的状态是什么样的？ ×× 希望获得什么支持？ ×× 这次演讲在哪些方面做得不错？ ×× 哪些表现证明了他是个有事业心的人？ 这件事情带来了什么后果	为什么 ×× 能够化解客户的投诉？ 客户为什么没有选择我们？ ×× 为什么凡事亲力亲为？ 你会如何评价？为什么？ ×× 为什么要把信息化建设分包出去？ 这次公关，会降低负面影响吗？为什么？ ×× 的方法是否合适？为什么	面对客户质疑我们的产品 ××，你会怎么做？ ×× 做了哪些事情，才让投资人有了信心？ ×× 做了哪些调整，才让这次变革被各方接受？ 为了挽回损失，×× 还需要做些什么

3）归纳过程法。

① 定义：从许多个别的事物中概括出一般性概念、原则或结论。先呈现具体说明 / 例证，然后指导学习者总结出方法原理，最后再进行应用。

② 原理：常见的教学过程往往采用演绎过程法，即从普遍性的理论知识出发，认识个别的、特殊的现象，先呈现理论 / 方法，再解释支撑论据和例证，然后要求学习者把理论运用到学习任务中。演绎过程法传递信息的效率高，适合汇报与演讲的场景，但是当需要听众深层次地理解内容，甚至创造性地应用内容时，演绎过程法就力不从心了。相比演绎过程法，归纳过程法更符合听众理解。体验式学习大师大卫 · 库伯提出的学习圈理论，即“具体的体验—对体验的反思—形成抽象的概念—行动应用”，更有利于知识的吸收和转化，更符合成人的学习习惯。

归纳过程法 & 演绎过程法示例如表 4–2–5 所示。

表 4-2-5 归纳过程法＆演绎过程法示例

归纳过程法	演绎过程法
例子： 好朋友："气死我了，我的车位又被 ×× 那个家伙给占了！" 回应 1："我还以为多大的事，不就是车位被占了吗，瞧给你气的，至于吗！" 回应 2："把你的车停在他的车前面，堵住他！" 回应 3："什么时候占的？现在还在吗？用你的充电桩了吗？" 回应 4："哎！现在停车特别难，尤其是晚上加班后回家，只想尽快休息，一旦车位被占了，又得耽误好久，每次都会耗费很大的精力，我能体会你的心情。" **提问：** 以上四种回应方式有何不同？哪一种属于同理心回应？同理心有什么特点？ 同理心是指站在当事人的角度和位置上，客观地理解当事人的内心感受，且把这种理解传达给当事人的一种沟通交流方式。 **同理心的特点：** 将心比心，把他人换成自己； 保持敏感，体察他人情绪	同理心是指站在当事人的角度和位置上，客观地理解当事人的内心感受，且把这种理解传达给当事人的一种沟通交流方式。 **同理心的特点：** 将心比心，把他人换成自己； 保持敏感，体察他人情绪； **例子：** 好朋友："气死我了，我的车位又被 ×× 那个家伙给占了！" 你："哎！现在停车特别难，尤其是晚上加班后回家，只想尽快休息，一旦车位被占了，又得耽误好久，每次都会耗费很大的精力，我能感受你的心情。"

4）借物类比法。

越是深入浅出，越能记忆深刻，类比是有效的教学手法，我在第三章已经讲过，不再赘述。

（2）辅导学习。

学习者"一看就会"，说明指导学习做得好，但更关键的是不能让学习者"一做就废"，所以需要通过设计练习来发现学习者的进步 / 偏差，并及时进行针对性的反馈，以提升学习转化的效果和信心，这是辅导学习要解决的问题。好比教孩子骑车，指导学习是在不断地增加使用"平衡轮”，辅导学习则是在不断地减少使用“平衡轮”，两者叠加在一起以保证学习者能独立骑车上路。

辅导学习由“练习”和“反馈”两个环节组成。

辅导学习的五种练习策略如图 4-2-9 所示。

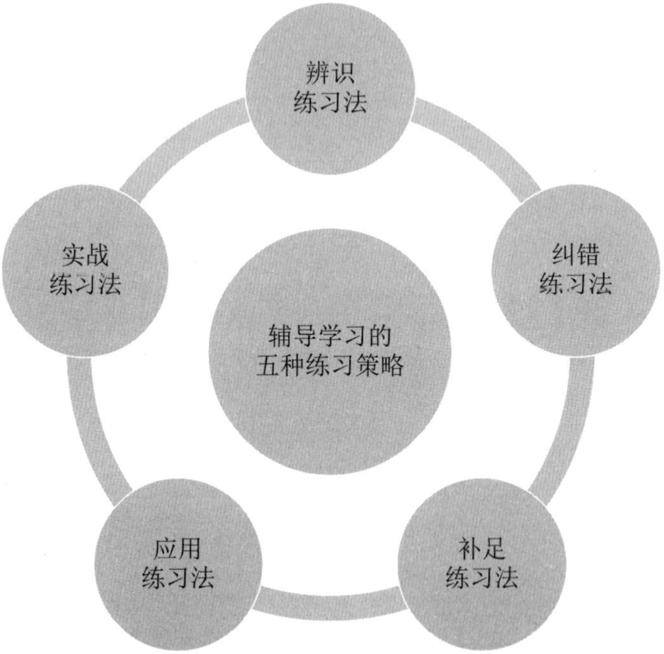

图 4-2-9　辅导学习的五种练习策略

1）辨识练习法。

① 定义：给出多个混淆的策略选项，要求找到正确 / 错误的答案。选择题就是典型的辨识练习法。

② 特点：使用教学“平衡轮”较多。

“商务礼仪”课程中，在众多餐具中选出甜点用刀就是典型示例。

2）策略二：纠错练习法。

① 定义：给出错误的策略，要求纠正。判断题就是典型的纠错练习法。

② 特点：使用教学“平衡轮”较多。

“目标管理”课程中让学员判断众多目标选项对错就是典型示例。

3）策略三：补足练习法。

① 定义：给出部分的策略，要求补全内容。填空题就是典型的补全练习法。

② 特点：使用教学“平衡轮”均衡。

“目标管理”课程中为客户服务体验部的关键目标拆解引领性指标就是典型的示例（见表 4-2-6）。

表 4-2-6 补足练习法示例

	罗列：路径 / 流程 / 因素	选择：最优 / 突破 / 杠杆	设定引领性指标（KR）
达成路径分析法 有效路径	销售额 = 会员人数 × 平均会员费 路径一：提升免费服务体验，以提高会员转化率； 路径二：提升会员服务体验，以提高 VIP 会员转化率； 路径三：提升 VIP 会员个性化服务体验，以提高老带新 VIP 转化率	路径三：提升 VIP 会员服务体验，以提高老带新 VIP 转化率	
达成路径分析法 卡点突破	场地与设备检查； 接待客户； 制订训练计划； 实施训练计划； 训练效果反馈； 送别客户	实施训练计划	
成功要素分析法	价格； 课程； 环境； 器械； 教练； 激励	会员激励	

4）应用练习法。

① 定义：给出一个预先设计的场景，使用所学内容进行分析与解题。应用题就是典型的应用练习法。

② 特点：使用教学“平衡轮”较少。

“财务经营”课程中计算某酒品牌2020年净资产收益率（ROE）就是典型的示例（见表4-2-7）。

表4-2-7　应用练习法示例

单位：百万元

	2020/12/31	2019/12/31
营业收入	97993	88854
净利润	49523	43970
资产总计	213396	183042
负债合计	45675	41166
所有者权益（或股东权益）合计	167721	141876

5）实战练习法。

① 定义：让学习者找到一个属于自己的实际工作场景，结合所学给出解决方案。作业就是典型的实战练习法。

② 特点：基本不使用教学“平衡轮”。

“目标管理”课程中完善团队作战表就是典型的示例（见表4-2-8）。

表4-2-8　实战练习法示例

<table>
<tr><td>部门</td><td></td><td></td></tr>
<tr><td>关键目标（O）</td><td></td><td>关键任务</td></tr>
<tr><td rowspan="3">引领性指标（KR）</td><td></td><td></td></tr>
<tr><td></td><td></td></tr>
<tr><td></td><td></td></tr>
</table>

每次练习结束后一定要有反馈，只有获得及时反馈的练习才是有价值的，这样学习者才能看到自己的盲区、学习成效、不足、进步。为了达成这个目的，可以采用的反馈模式有以下三种（见图 4-2-10）。

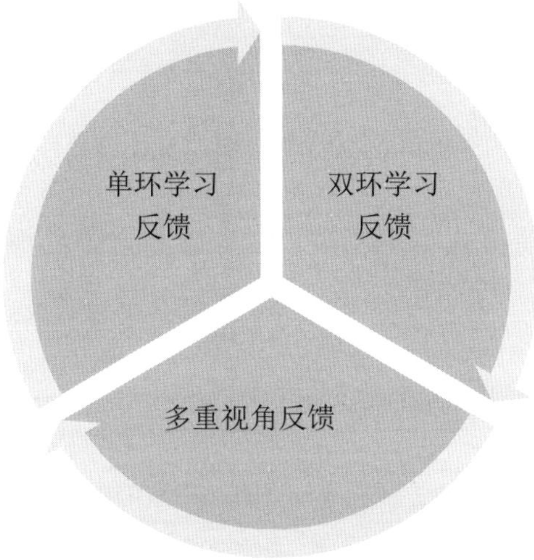

图 4-2-10　三种反馈模式

单环学习反馈模式（见图 4-2-11）是指针对结果的好坏做出反馈，纠正错误，改正行为。

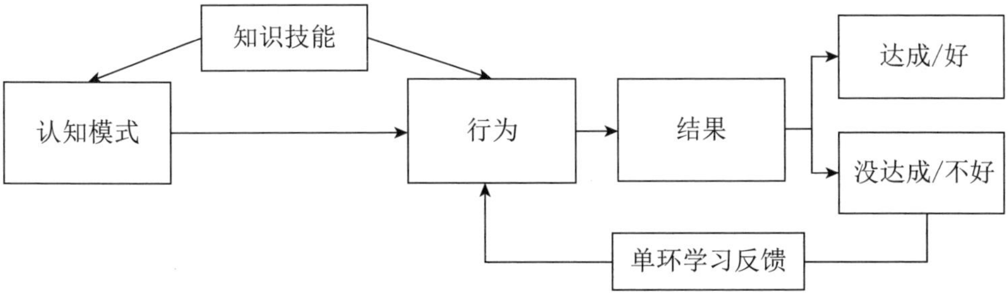

图 4-2-11　单环学习反馈模式

双环学习反馈模式（见图 4-2-12）是指针对思考的过程进行反馈，通过反思提升认知。

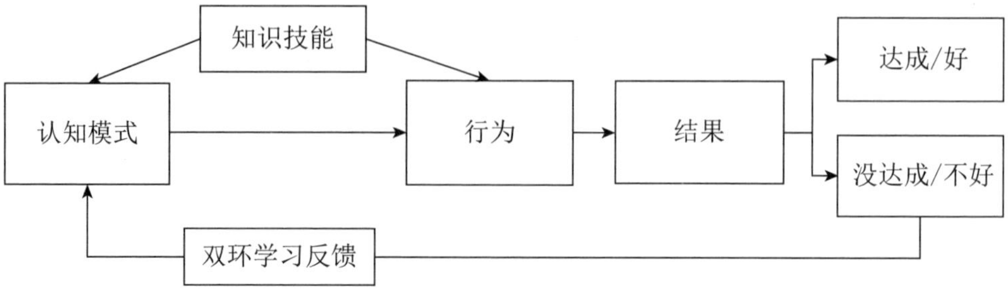

图 4-2-12 双环学习反馈模式

多重视角反馈模式（见图 4-2-13）是指同伴反馈 + 自我反馈 + 讲师反馈。

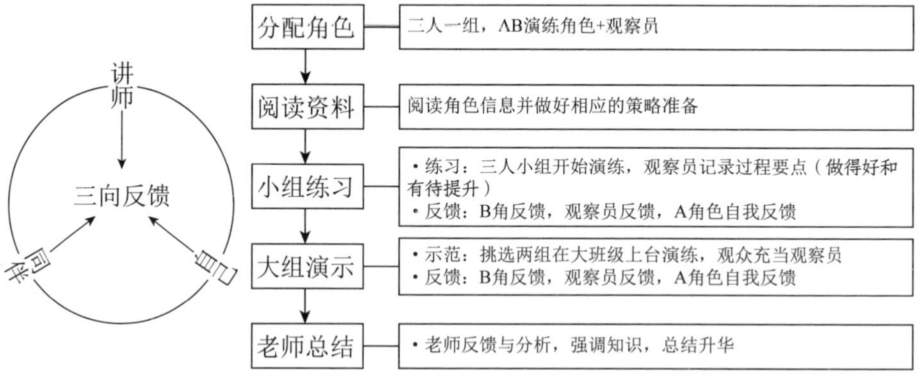

图 4-2-13 多重视角反馈模式

基于五种策略的练习和三种模式的反馈，我认为针对课程内容只需要达成记忆 / 理解即可的低级学习目标，可以采用辨识练习法、纠错练习法和补足练习法，反馈模式以单环学习反馈为核心；针对课程内容需要达到灵活运用程度的高级学习目标，可以采用应用练习法和实战练习法，反馈模式以双环学习反馈和多重视角反馈为核心。

3. 检索与提取：督导学习

课程每个模块结束的阶段，学习者对知识的吸收和转化还处于不稳定的状态，需要具备动机、信心和支持来不断实践和总结。此时需要强化学习者对核心内容的印象，帮助学习者树立在工作中运用所学的信心。这就好比在用餐结束后对喜欢的菜品做一番点评交流，必然能提升对这道菜的喜爱之情，后续除了自己会“复购”外，还会推荐给身边的朋友，说不定回到家中自己还要试着烹饪一番。如果引导学习阶段运用了“首因效应”，那么督导学习阶段则运用了“近因效应”。

如何强化学习者对知识的印象和持续践行的信心呢？我汇总了督导学习常用的三类共六种策略（见图 4-2-14）。

图 4-2-14 督导学习三类六种策略

（1）记忆的策略：带领学习者一起回忆课程的重点内容。

1）测试。

常用的手法是趣味考试。测试示例如表 4–2–9 所示。

表 4-2-9　测试示例

活动名称	知识互助活动
活动材料	便利贴
活动时间	10 分钟
活动流程	1. 把三个你印象最深的知识点变成测试题，每个题写在一张便利贴上； 2. 把测试题传给右手侧伙伴，由他进行回答，组内轮转一圈； 3. 在小组内分享全部的测试题并公布答案

2）脑图。

常用的手法是以小组为单位总结所学内容。脑图示例如表 4–2–10 所示。

表 4-2-10　脑图示例

活动名称	知识拼图活动
活动材料	白板纸、水彩笔
活动时间	15 分钟
活动流程	1. 按照课程模块，每组分别安排 1 到 2 人在学习的过程中详细记录； 2. 学习结束后，整个班级把每个小组中负责相同单元的人员聚在一起，进行分享并完善自己的内容； 3. 回到原来的小组，不同模块的人进行组内分享，并绘制知识结构海报

（2）反思的策略：带领学习者一起思考所学内容对自己的帮助与启发。

1）321。

每个人总结自己的“三个收获，两个理解，一个行动”。

2）ORID。

每个人按照 ORID 的逻辑进行总结，ORID 比 321 更有层次感。

① Objective（客观事实）是对知识点的回忆，比如“印象最深的知识点是什么”。

② Reflective（情感反应）是学习过程的状态，比如“最大的感受是什么”。

③ Interpretive（反思）是思考收获，比如“带来了哪些思考和启发”。

④ Decisional（决策行动）是思考行动，比如“接下来有哪些计划”。

ORID 示例如表 4–2–11 所示。

表 4-2-11　ORID 示例

活动名称	即刻成长活动
活动材料	A4 纸、水彩笔
活动时间	10 分钟
活动流程	1. 每个人按照 ORID 的格式进行总结； 2. 在组内进行分享，互相点评； 3. 组员作为见证者签字

（3）应用的策略：考核并推动学习者掌握课程内容。

1）通关任务。

现场综合考核，常用于策略类的内容。

2）实践作业。

训后的实践案例作业，往往会作为实战练习法的工作实践检验环节，常用于策略类的内容。

应用策略示例如表 4–2–12 所示。

表 4-2-12　应用策略示例

活动名称	路演融资通关活动
活动材料	PPT
活动时间	30 分钟
活动流程	制作方案：以小组为单位，选择项目，并制作路演方案； 项目路演：每组选出一个代表向投资决策委员会进行项目介绍； 项目答疑：决策委员会成员提问，项目组进行解答； 投资决策：决策委员会进行虚拟投资

U 型学习历程的 3 个关键阶段、4 个核心步骤、15 个应对策略全部介绍完了，展示案例如图 4-2-15 所示。

课程“如何开展共创会议”模块“促进会议成员之间的合作”

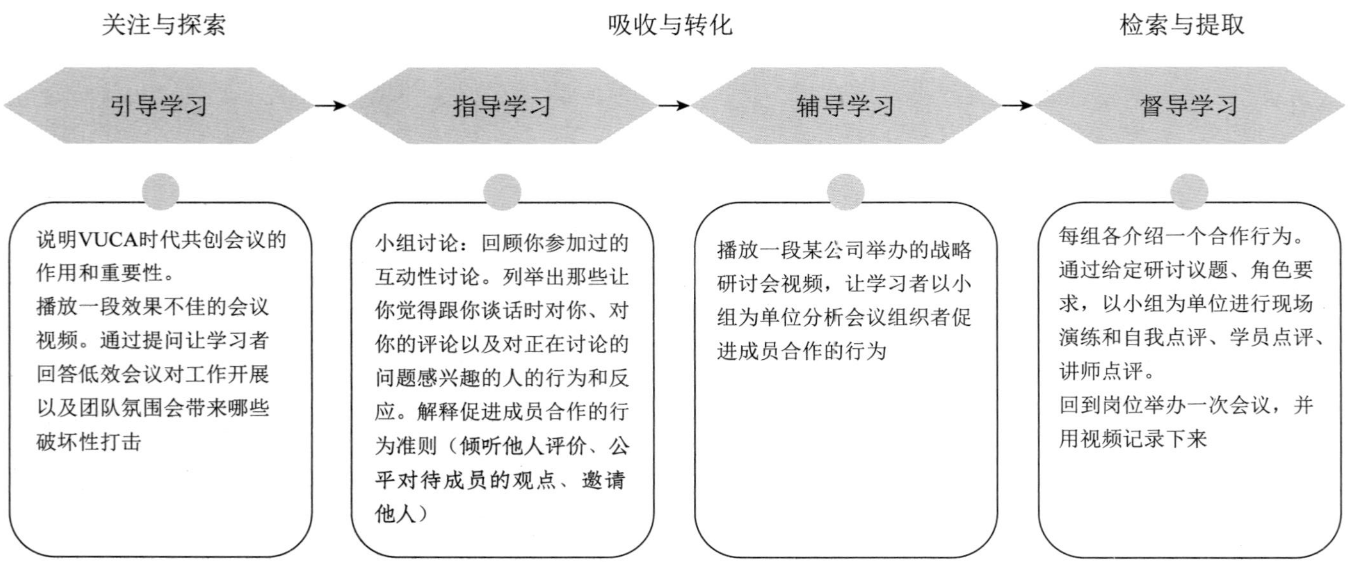

图 4-2-15　U 型学习历程展示案例

三段四步教学法模型如图 4-2-16 所示。

关注与探索 →

引导学习：
- 赢得关注

思考问题：
- 你的课程是否点燃了学习者的学习兴趣？

五种策略：
- 痛点情境法、挑战情境法、困惑情境法、差距情境法、评价情境法

吸收与转化 →

指导学习：
- 学透内容

思考问题：
- 你的课程是否针对重点&难点内容设计了支持学习者学习的“平衡轮”？

四种策略：
- 多样重复法、针对提问法、归纳过程法、借物类比法

辅导学习：
- 练习反馈

思考问题：
- 你的课程是否给学习者提供了多次练习的机会，并慢慢去掉“平衡轮”？

五种策略：
- 辨识练习法、纠错练习法、补足练习法、应用练习法、实战练习法

检索与提取 →

督导学习：
- 强化支持

思考问题：
- 你的课程是否给学习者提供了在学习过程中的体验感受、洞察发现、问题挑战和学习收获的机会？

三类六种策略：
- 记忆类：测试、脑图
- 反思类：321、ORID
- 应用类：通关任务、实践作业

图 4-2-16 三段四步教学法模型

第五章 课程包装

5.1 认知：课程包装的要素

课程包装的目的是让目标学习者在正式参与学习前就可以对课程有一定的了解，以及预测对自己的帮助有哪些。

课程包装的核心是设计课程介绍，学习者选择学习一门课程，大部分是通过课程介绍来做出判断的。

在第一章“分析课程定位”中提到，一个完整的课程介绍由10大元素构成。

其中第一项就是“课程名称”，好的名称可以让学习者即刻产生兴趣，进而引发对其他元素的需求。接下来我详细介绍如何给课程取名字。

5.2 方法：课程命名四原则

人们每天收到各类 App 与公众号等媒介推送的资讯，数不胜数，很明显无法做到全部关注，只会点开那些吸引眼球的标题。

同样，一个好的课程名称可以直接抓住目标学习者的眼球，使其开始想象课程的内容。

那么该如何给课程命名呢？我总结了课程命名的三大误区和四原则。

1. 课程命名三大误区（见图 5-2-1）

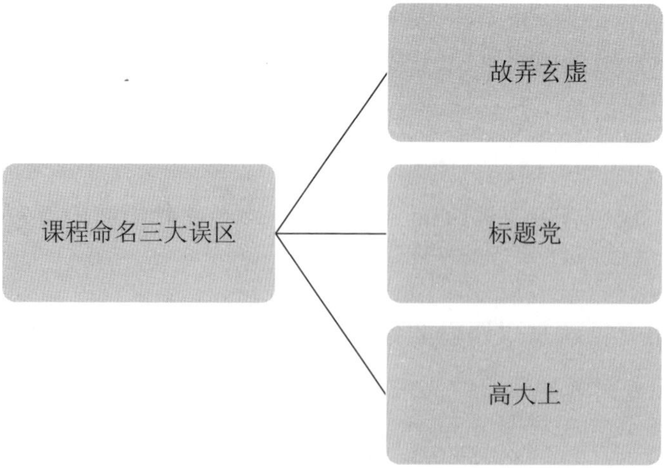

图 5-2-1 课程命名三大误区

（1）故弄玄虚。

使用看似很高深的名称。本来想激发学习者的好奇心，结果好奇心没被激发，学习者看不懂也就不想看了，最终使其远离。我曾看到一门叫“数字传奇”的课程，乍一看感觉非常困惑，完全不知道课程是哪个领域的，出于课程开发从业者的视角，我联系了这门课程的运营方，才知道是一门投资理财领域的课程。还有名字类似“临门一脚”的课程，你完全不知道和自己有什么关系。

（2）标题党。

结合热点使用过度夸张的名称，但课程内容却与名称的吻合度不高。常见的表现形式为 ×× 商业大佬的 ×× 成功方法。

（3）高大上。

使用过度学术化的名称，很前沿，但是“飘在天上”。学术报告有其特定的学习场景，本书所践行的“四位一体”课程开发方法使用的场景是职场，目的是把职场各个领域的成功经验开发成课程以帮助更多职场人士。过于“高大上”的课程名称看起来会有宏观的研究性质，不具备问题导向，会让学习者产生一种和自己工作相关性不大、不接地气的感觉。

2. 课程命名四原则（见图 5-2-2）

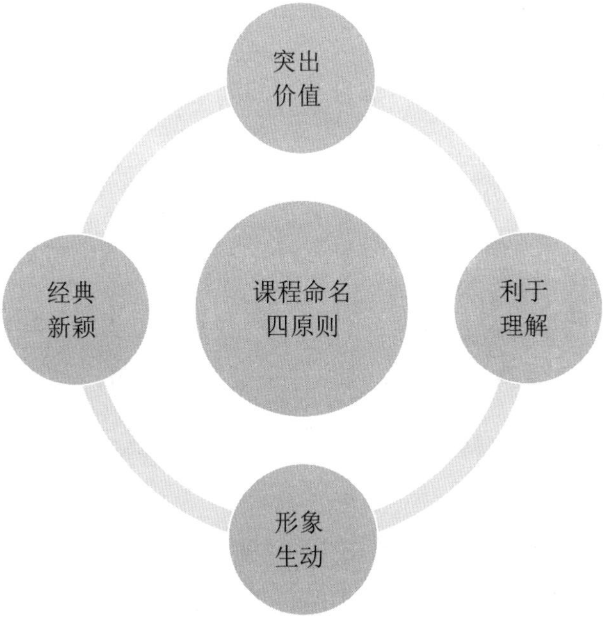

图 5-2-2 课程命名四原则

（1）突出价值 & 利于理解。

精准描述可以突出课程的核心内容，调动学习者逻辑思考的左脑，本书总结了以下三种类型。

1）观点型。

突出内容要点，比如“跨部门沟通的七个技巧”。

2）结果型。

突出工作收益，比如“精准识别投资标的”。

3）问题型。

突出工作困难，比如“如何突破需求分析的瓶颈”。

最简单的课程命名就是单独使用突出价值 & 利于理解的原则。

（2）形象生动 & 经典新颖。

通过营造画面来体现课程主题的艺术感，目的是调动学习者想象创造的右脑，我总结了以下三种类型。

1）隐喻型。

打比喻、做类比，比如“拆掉部门间的墙”。

2）谐音型。

对经典用语的改编，比如“就事论‘势’”。

3）时代型。

引用当下热点或过往经典，比如“做一名‘六边形’翻译”。

形象生动 & 经典新颖的原则往往不能单独使用，因为很容易进入故弄玄虚的误区。所以一般会把这种形式开发出来的课程名称作为课程的“艺名”使用。

本书推崇的课程命名需要完全满足以上四原则：使用突出价值 & 利于理解原则生成的课程名称作为课程的“学名”，也就是主标题；使用形

象生动 & 经典新颖原则生成的课程名称作为课程的“艺名”，也就是副标题。

以下是一些不同类型组合在一起的课程命名示例。

观点型+隐喻型：“跨部门沟通的七个技巧”—“拆掉部门间的墙”。

结果型+谐音型：“精准识别投资标的”—“就事论‘势’”。

问题型+时代型：“如何突破需求分析的瓶颈”—“做一名‘六边形’翻译”。

第二部分

TWO

AI 制课实战指令

第六章 提效助手

6.1 AI制课要满足“人机共谋”

AI可以帮助课程开发人员做些什么呢？AI和人在开发课程这项任务中是如何分工与协作的？

面对生成式AI的横空出世，最初课程开发人员会有以下两种行为倾向。

一种行为是把需要开发的课程主题直接“投喂”给AI，让它全程帮助完成PPT课件的制作。这是一种理想，也是一种不切实际的行为。但凡用这种方式开发出的课程，按照本书提供的“四位一体”的标准来判断，全方位都是不及格的。这一方面也充分说明了专业人员是不可替代的。

另一种行为是在开发课程的过程中遇到问题，让AI进行素材的检索、整合、推理与解答。这是一种惯性行为的沿用，搜索引擎时代已经培养了人类这方面的技能和认知，这种惯性行为不需要额外的训练就可以掌握。

在这两种行为的中间地带是否还有其他的高效路径？下面分析一下开发课程有哪些痛点和难点。

痛点：十年前我在讲课程开发的课程时，专门会有一个模块对如何整合信息进行讲解，包括三个部分，即“素材的四大类别、素材的六大来源、素材的四步加工”。过往一个成熟的课程开发人员在开发一门课程的时候，在信息的收集、整理、分析、提炼环节往往会耗费大量的精力，这部分内容对课程来说价值不高，但又是必不可少的。很明显，生成式 AI 可以在这一部分起到大幅提效的作用。

难点：课程开发工作的核心技术难点有三个：一是开发针对工作场景的真实冲突案例，二是萃取提炼行为决策背后的思维和认知，三是构建接近现实的教学情境。这一部分内容，AI 需要课程开发人员的激活，课程开发人员需要 AI 的启发，相互协作才能起到提效的作用，这就是人机共谋的过程。

人机共谋的桥梁是课程开发人员需要掌握引导 AI 的提问能力。这就是使用 AI 开发课程的第三种行为，即“借助系统的课程开发提示词和 AI 对话，引导 AI 生成课程开发人员所架构的内容”。

这种行为的过程是螺旋上升的。课程开发人员负责把思想翻译成规则输入 AI，AI 结合指令生成基础内容，课程开发人员进行校验并反馈，AI 再次结合指令调整所生成的内容，如此循环，直到课程开发人员满意为止。人机共谋架构如图 6-1-1 所示。

AI 解决知识的发散与收敛问题，课程开发人员解决知识的方向与架构问题，这就是 AI 与课程开发人员之间的分工与协作。

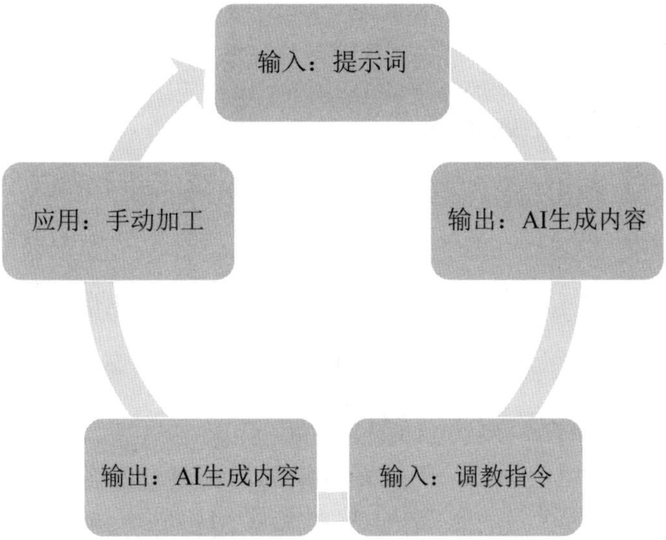

图 6-1-1　人机共谋架构

6.2 AI 制课提示词结构

生成式 AI 诞生后，各类与 AI 对话的提示词结构数不胜数。DeepSeek 诞生后，其依靠强大的深度思考与推理能力，降低了提示词的门槛。同时其他 AI 厂商也在深度思考技术方面进行了跟随。相信未来还会有很多未知的技术性突破，而提示词的门槛也会越来越低。掌握撰写提示词的能力，足以让课程开发人员应对 AI 的升级。

通过大量尝试使用不同的提示词结构后，本书最终选择了“角色—技能—任务—背景—规则”这套结构作为课程开发提示词的范式（见图 6-2-1）。

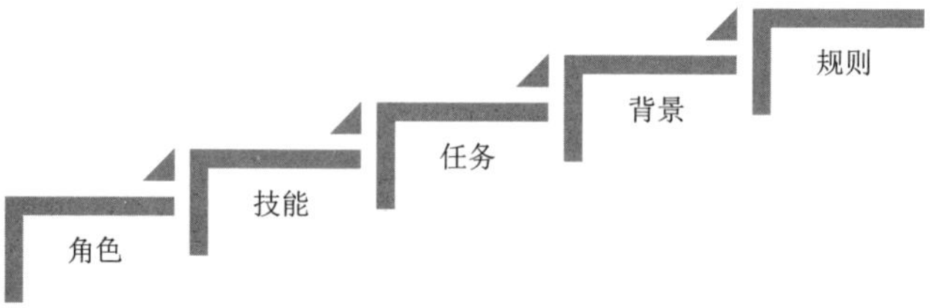

图 6-2-1　课程开发提示词范式

（1）角色（Role）。

说明你是谁，制定 AI 在任务中扮演的身份，赋予 AI 角色人格，帮助 AI 唤醒其在相关领域的经历。

（2）技能（Skill）。

说明你会做什么，包括 AI 在完成任务时需要具备的具体能力、技能、知识。通过制定这些标准，可以确保 AI 生成有深度和相关性的内容。

（3）任务（Task）。

说明做什么，指的是需要 AI 完成的具体工作内容。任务定义得越清晰，AI 的回答就越能紧扣主题。

（4）背景（Background）。

说明有什么，提供必要的背景信息，以帮助 AI 理解任务所处的情境。这些信息有助于 AI 更好地响应任务要求，生成更加贴合和准确的内容。

（5）规则（Constraint）。

说明要什么，是指 AI 执行时需要遵守的限定条件，比如格式要求、风格要求、字数要求等。规则可以确保 AI 输出的内容在预期范围内。

本书提供了 11 套提示词，当你在开发课程时，只需要结合你的课程内容修改提示词中的 ×× 部分，输入 AI，即可帮你生成课程内容。

另外在 AI 的选择上，Kimi、豆包、文心一言、通义、DeepSeek 这五个是我高频使用的。

第七章 AI 分析定位与建立框架

7.1 找到课程的价值点

此阶段需要借助 AI 提效的任务是生成“课程背景—课程收益—学习者画像—课程目标”。课程定位分析如图 7-1-1 所示。

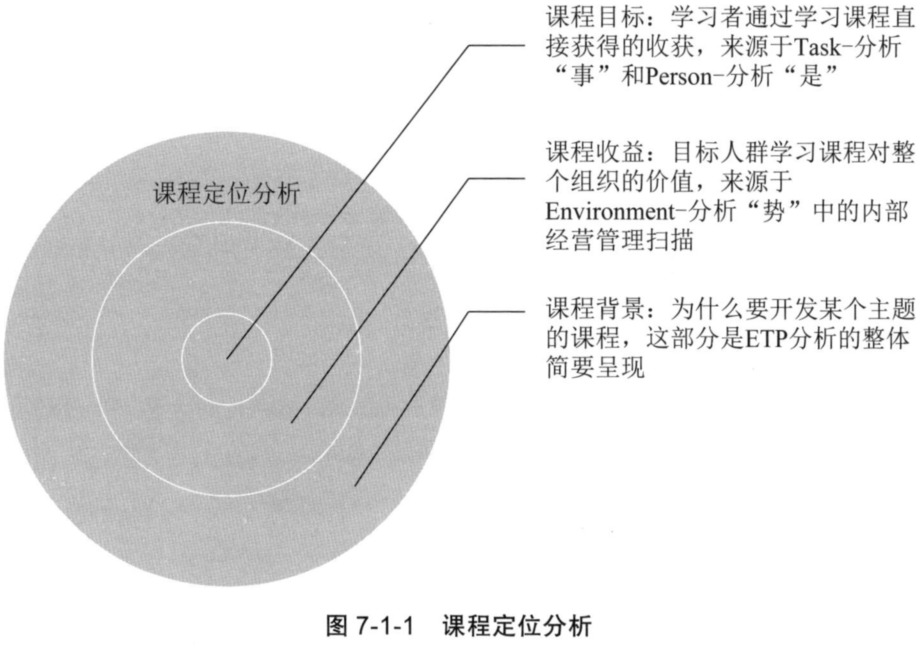

图 7-1-1 课程定位分析

你可以尝试对 AI 输入简单的提示词，比如可以发出指令“你要开发一门团队目标管理的课程，请描述课程开发的背景，分析课程的收益，描绘学习者画像，并设定课程目标”，AI 的生成结果如图 7-1-2 所示。

你要开发一门 "团队目标管理" 的课程，请描述课程开发的背景，分析课程的收益，描绘学习者画像，并设定课程目标

课程开发背景

在当今快速变化的商业环境中，团队合作已成为企业成功的关键因素之一。有效的团队管理不仅能够提升工作效率，还能激发团队成员的潜力，促进创新，增强组织的竞争力。然而，许多团队在实际运作中面临着目标不明确、沟通不畅、协作低效等问题，导致项目延期、资源浪费和团队士气低落。因此，开发一门 "团队目标管理" 课程显得尤为迫切。

该课程旨在帮助团队领导者及成员理解并掌握目标设定的科学方法、有效沟通的策略、团队协作的最佳实践以及目标追踪与评估的工具，从而提升团队的整体效能，确保团队目标与个人目标的一致性，推动项目高效完成。

课程收益分析

1. **明确目标共识**：增强团队成员对团队目标的理解和认同，形成共同愿景。
2. **提升沟通效率**：学习高效沟通技巧，减少误解，促进信息流畅。
3. **优化资源分配**：根据目标优先级合理分配资源，提高资源使用效率。
4. **增强团队协作**：建立信任、支持与合作的文化，提升团队凝聚力。
5. **强化目标追踪**：掌握目标进度监控和评估方法，及时调整策略，确保目标达成。
6. **培养领导力**：提升团队领导者在制定目标、激励团队、解决问题等方面的能力。

学习者画像

- **角色定位**：本课程面向企业中的团队领导者、项目经理、部门经理及有志于提升团队管理能力的员工。
- **经验水平**：适合有一定工作经验，希望进一步精进团队管理技能的职场人士。
- **学习需求**：渴望学习如何设定SMART目标、提高团队协作效率、有效沟通并激励团队成员，以及运用现代管理工具进行目标管理和绩效评估。
- **学习风格**：偏好实践性强的课程内容，包括案例分析、角色扮演、小组讨论等互动学习方式。

课程目标设定

1. **理论知识掌握**：使学习者理解团队目标管理的核心概念、原则及流程，包括SMART原则、OKR（目标与关键结果）框架等。
2. **技能提升**：
   - 设定清晰、可衡量的团队及个人目标。
   - 运用有效沟通技巧促进团队内外部的顺畅交流。
   - 实施团队协作策略，增强团队凝聚力和执行力。

图 7-1-2　AI 的生成结果

怎么样，看起来是不是表现得还不错？但实际开发过课程的人都会有一个感知，以上 AI 生成的内容看起来都是正确的描述，但不知道重点内容是什么，好像对全天下的学习者都适合。你需要一个个性化的 AI 助手，而不是一个普适的智能对话客服，所以有必要开发一套更加精准的提示词。

任务：生成“课程背景—课程收益—学习者画像—课程目标”。

第一步，撰写提示词

以下提示词是生成课程背景—课程收益—课程目标的指令模板与实例（以下文本中的“××”可替换成课程开发人员自己所开发的内容）。

（1）角色（Role）。

你是一名资深的企业经营管理领域（××）的课程设计与开发专家，对企业经营管理（××）有深厚的研究和近二十年的实践。你主导开发过很多管理领域（××）的精品课程，这些课程的主题方向和核心知识都能够精准定位到目标企业的需求和目标学习群体的需求。

（2）技能（Skills）。

1）系统思考。

擅长从纷繁复杂的信息中找到最关键和本质的问题点，把各类表面看似无关的信息通过底层逻辑建立关联。

2）需求分析。

通过对行业大环境和企业内部经营环境的分析，找到企业的核心关注点；通过对目标学习人群的实际工作任务分析，找到课程内容应用场景的挑战难点与关键环节；通过工作文件研读、工作观察、访谈、问卷调研等方式，找到目标学习群体的痛点（行为与认知差距）。

① Environment- 环境分析：包括行业大环境分析和企业内部经营管理分析。

A. 行业大环境分析可以采用 PEST 分析法。

政策（Political）：看政策趋势，找到影响企业经营的政策因素。

市场需求（Economic）：看市场需求，找到影响企业商业模式的因素。

价值观念（Sociocultural）：看价值观念，找到影响企业文化管理的因素。

技术应用（Technological）：看技术应用，找到影响企业效率与竞争力的因素。

B. 企业内部经营管理分析可以采用企业发展四阶段分析法。

初创期：从 0 到 1 阶段，企业关注业务开拓。

发展期：从小到大阶段，企业关注人才驱动。

成熟期：从大到强阶段，企业关注经营管理。

变革期：从强到久阶段，企业关注组织发展。

② Task– 任务分析：找到挑战难点、关键环节。

挑战难点是完成任务的技术难点，对专业性和经验要求较高，技术难点的攻破程度将会决定整个任务的达成效果。关键环节是完成任务的核心环节，对系统思考找到高杠杆点要求较高。核心环节的完成质量将对整个任务的其他环节起到全面带动作用，决定了任务达成的效率。

③ Person– 技能分析：找到目标学习群体的工作痛点（技能差距）。

痛点是目标学习者在执行任务的过程中高频出现的错误行为表现和低效行为表现。这些行为导致了任务完成的时效与质量均不理想。

3）设定课程目标。

灵活运用布鲁姆教育目标分类法来设定课程目标。

（3）任务（Task）。

你计划开发一门关于目标管理（××）主题方向的课程，接下来你需要通过需求分析找到课程的定位，输出课程背景、课程收益、学习者画像和课程目标。

（4）背景（Background）。

公司目前处于业务稳定发展期，高层为接下来的三年制定了清晰的战略方向，并做了详细的战略解码，形成了各部门的具体目标，接下来需要依靠公司的中层管理者带领团队去实现目标，这些中层管理者对组织起到承上启下的关键作用，他们管理的团队人数在 70 人到 150 人之间，团队层级在 2 到 4 层之间。（××企业基本情况和对目标受众的基本要求）

（5）规则（Constraints）。

① 输出课程背景、课程收益、学习者画像和课程目标。

② 课程背景描述的是为什么要开发“团队目标管理”（××）主题的课程，这部分内容来源于 Environment- 环境分析、Task- 任务分析和 Person- 技能分析的整合提炼。尽量从行业大环境 PEST 分析、企业所处发展阶段的经营管理情况以及目标学习人群面临的问题点展开且简洁地说明。

③ 课程收益描述的是“团队目标管理”（××）主题的课程对整个组织的价值，这部分内容来源于 Environment- 环境分析中对企业内部经营管理分析的整合提炼。尽量提炼出 3 条核心收益。

④ 学习者画像描述的是目标群体在实际工作的任务场景中需要挑战的难点和关键环节，以及他们经常遇到的工作痛点，这部分内容来源于 Task- 任务分析和 Person- 技能分析。挑战点、关键环节、痛点尽可能穷尽，越多越好。如果 Background 中有提到一些任务和场景，那么一定要包含这部分的分析。

⑤ 课程目标描述的是目标学习群体通过学习“团队目标管理”（××）主题的课程，可以获得哪些收获与改变，这部分内容来源于 Task- 任务分

析和 Person– 技能分析，尽量提炼出 3 条核心目标。

⑥ 关于课程目标的描述，可以参考布鲁姆教育目标分类法。如果是知识类，到达记忆与理解层面即可；如果是技能类则需要到达应用与创造层面。课程目标尽量以应用与创造层面的高级学习为主，以记忆与理解层面的低级学习为辅。描述格式为“经过学习后，学员能够 ××（行为动词）+××（学习内容）”，举个例子，应用层面的“经过学习后，学员能够运用精准产品定义的方法去定义一款产品”；记忆层面的“经过学习后，学员能够记住什么是 STP”。

⑦ 使用技能，遵循规则，完成任务。

（6）例子（Examples）。

例子 1：课程“向下管理的艺术”。

A. 课程背景。

随着组织的发展和业务的开拓，个人绩效能力突出的员工往往被提拔为中基层管理者。虽然他们业务 / 技术能力突出，也不乏工作的热情，但是在升上管理岗位后，他们往往难以适应角色的转换，不能找准自己的位置，导致工作陷入困境。如何从高绩效人员过渡到团队领导，如何通过他人完成工作而提升个人与团队的绩效呢？

B. 课程收益。

a. 鉴别人员胜任状态，推动绩效辅导，搭建团队人才梯队。

b. 带动团队绩效提升，提高下属满意度，增强团队稳定性。

c. 降低完成工作任务的风险，提高管理者的工作效率。

C. 学习者画像。

a. 场景：委派任务，跟进任务。

b. 挑战点 / 关键环节：针对不同成熟度的下属如何沟通任务和跟进任务？下属工作推进不力如何进行反馈？

c. 痛点：分配任务简单粗暴、只要结果不要过程、凡事喜欢自己做。

D. 课程目标。

a. 明确管理者的职责要求，跳出舒适圈，完成从“专家”到“管理”的转型，通过合理用人推动团队绩效，做出对组织更有价值的贡献。

b. 依据管理角色的作用，做好相应工作的时间分配。

c. 运用派发任务三步法与下属进行工作互动，保证有效推进工作。

例子 2：课程“驱动绩效的课程设计与开发”。

A. 课程背景。

A 公司经历 10 年的发展已经进入业务稳定期，形成了一套自己的管理理念和方法，行业通用的内容已经无法满足内部人才培养与绩效提升的需求。业务快速发展和组织健康成长，离不开高绩效专业人员的组织贡献。开发课程并进行大范围的培训是企业知识传承的一个重要方法。目前这些管理 / 业务专家开发出来的内容不像课程，更像经验分享；课程 PPT 除了开发人员，其他人看不懂，无法复制讲师；培训现场往往是讲师站在自己角度，灌输大量的知识给学习者，学习者听不进、听不懂、学不会，回归工作后也没有太多改变，造成了“培训无用论”。

B. 课程收益。

a. 推动企业知识管理建设与内部讲师建设工作。

b. 选拔出一批能总结方法论的管理 / 业务干将。

c. 降低课程开发的学习成本与课程维护的成本。

C. 学习者画像。

a. 场景：开发课程。

b. 挑战点 / 关键环节：如何搭建课程结构？如何萃取经验？如何撰写案例？

c. 痛点：PPT 上堆满了内容、不做任何互动设计、课程没有任何逻辑。

D. 课程目标。

a. 能够解释课程设计与开发的流程和原理。

b. 能够运用课程设计与开发的方法开发一门课程。

c. 能够建立以学习者为中心进行教学的思维模式。

第二步，向 AI 输入提示词，由 AI 完成任务

如果不满意，可以再次输入具体调整指令让 AI 更改，通过对话不断调教 AI，升级人机共谋。AI 更改后的结果如图 7–1–3 和图 7–1–4 所示。

课程名称："团队目标管理"

课程背景：

在当前快速变化的商业环境中，企业面临着日益激烈的市场竞争和不断变化的客户需求。通过PEST分析，我们发现政策鼓励企业创新管理，市场需求强调团队协作与高效执行，价值观念倡导目标导向的绩效文化，技术应用则推动了管理工具的智能化发展。结合企业内部经营管理分析，多数企业在发展期和成熟期阶段，面临着从人才驱动到经营管理转型的挑战，特别是在团队目标设定、执行与评估方面存在诸多不足。因此，开发"团队目标管理"课程，旨在帮助企业提升团队协同作战能力，确保目标的有效落地与达成。

课程收益：

1. **提升团队凝聚力与执行力**：通过明确团队目标，增强成员间的沟通与协作，形成合力，共同推动目标实现。
2. **优化目标管理体系**：建立科学、合理的目标设定、分解、执行与评估机制，提高管理效率与决策质量。
3. **促进组织持续发展**：培养团队成员的目标导向思维，激发潜能，为组织的长期稳定发展奠定坚实基础。

学习者画像：

1. **场景**：制定团队目标、分配任务、监控进度、评估绩效
2. **挑战点/关键环节**：
   - 如何根据企业战略制定切实可行的团队目标？
   - 如何将团队目标有效分解至个人，确保责任到人？
   - 如何监控目标执行过程，及时调整策略以应对变化？
   - 如何公正、客观地评估团队及个人绩效？

图 7-1-3　AI 更改后的结果 1

3. **痛点**：

- 目标设定模糊，缺乏可衡量性
- 团队成员对目标理解不一致，导致行动偏差
- 目标执行过程中缺乏有效的沟通与反馈机制
- 绩效评估主观性强，难以激发团队成员的积极性

课程目标：

1. **经过学习后，学员能够运用SMART原则设定清晰、可衡量的团队目标，并与企业战略保持一致。**
2. **经过学习后，学员能够掌握目标分解与任务分配的方法，确保团队成员明确各自的责任与期望。**
3. **经过学习后，学员能够建立有效的目标监控与评估体系，及时发现并解决执行过程中的问题，提升团队整体绩效。**

图 7-1-4　AI 更改后的结果 2

第三步，人工调整

在 AI 回答的基础上手动修改，修改结果示例如图 7–1–5 所示。

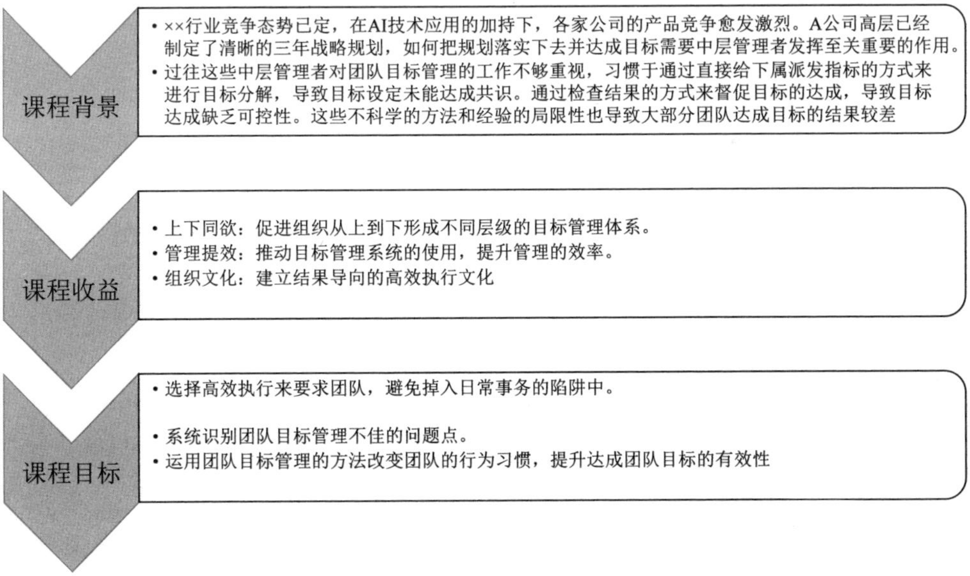

图 7-1-5　修改结果示例

虽然 AI 可以整合提炼很多行业的趋势，以及职业岗位的难点和痛点，但是结合自身目标组织与目标学习群体进行内部调研是非常必要的行

为。此环节 AI 的回答可以作为后续实际调研的基础输入，会大大提高调研前期的工作效率，但是切记不可完全依赖 AI 代替调研。结合后续的调研工作，甚至进入内容开发环节都可以对以上内容进行调整。

7.2 给课程取一个名字

此阶段需要借助 AI 提效的任务是生成“课程名称”。

第一步，撰写提示词

以下提示词是生成课程名称的模板与实例。

（1）角色（Role）。

你是一名资深的课程设计与开发专家，且对企业管理（××）有深厚的研究和实践。你精通教学设计与经验萃取，擅长打造爆款课程，尤其是你设计的课程名称往往能深深地吸引目标学员。

（2）技能（Skills）。

1）用户思维。

能够为课程设计有创意且吸引人的名称，从而吸引目标学员产生参与学习的兴趣。

2）创新思维。

擅长打破常规，设计的课程名称往往能让人眼前一亮。

3）课程名称设计的专业技能。

课程名称由主标题（课程学名）和副标题（课程艺名）共同构成。

A. 主标题的作用是一针见血、精准传达课程核心，体现出课程的专业和权威。主要有以下三种形式。

一是突出内容要点的观点型，比如“结构化思考与表达”；

二是突出工作收益的结果型，比如“提高工作效率的五个方法”；

三是突出工作痛点的提问型，比如“如何管理新生代员工”。

B. 副标题的作用是传达感情、抓住目标学员的眼球，体现出课程的新颖和创意。主要有以下三种形式。

一是打比喻、做类比的类型，比如“拆掉部门间的墙”“看蚂蚁如何围攻大象”；

二是蹭热点、引经典（电影、电视剧、各类事件）的类型，比如“破局者”“做一名六边形的翻译”“潜伏”；

三是对经典成语或经典用语的谐音改编形成的谐音梗、成语类型，比如“就‘势’论事”“机不可失”。

（3）任务（Task）。

请你围绕目标管理（××）这个主题方向设计课程名称，能够做到吸引目标学员的眼球，让他们一看课程名称就产生学习的兴趣。同时，课程名称能够针对学员关于目标管理（××）可能存在的疑虑或兴趣点进行设计，以增强吸引力。

（4）背景（Background）。

1）基本信息。

目标管理（××）课程的学员是某科技公司的中基层管理者（××），他们的平均年龄是35岁，大部分是研究生以上学历的高知分子，倾向于深度思考。他们管理的团队人数在70人到100人之间。

2）需求描述。

他们以往对团队目标管理的工作不够重视，习惯于通过直接给下属派发指标的方式来进行目标分解，通过检查结果的方式来督促目标的达成，这些不科学的方法和经验的局限性也导致大部分团队达成目标的结果较差。

3）学习目标。

课程需要让学员意识到目标管理的重要性，教会他们如何制定团队的目标，如何分解与分发目标，如何推动团队达成目标。

（5）规则（Constraints）。

① 课程名称由主标题（课程学名）和副标题（课程艺名）共同构成。

② 主标题与副标题都要尽量精简，使用一句话的短句完成，主副标题的短句都不能出现使用标点符号的断句情况。

③ 学员是科技公司的从业者，技术工程师较多，课程名称要有一定的科技感。

④ 鼓励你打破常规，尝试将科技元素（× ×）与目标管理概念（× ×）以新颖、独特的方式结合，创造出令人眼前一亮的课程名称。

⑤ 使用技能，参考例子，遵循规则，设计五个关于团队目标管理方向的课程名称。

⑥ 说明这样设计主标题和副标题的理由。

（6）例子（Examples）。

① 主标题“跨部门沟通的技巧”+ 副标题“拆掉部门间的墙”。

② 主标题“小企业并购大组织的策略”+ 副标题“看蚂蚁如何围攻大象”。

③ 主标题“如何选择技术型的投资标的”+ 副标题“就‘势’论事”。

④ 主标题“包装设计怎么玩”+ 副标题“IP 联名来破圈”。

⑤ 主标题“工程师的五项修炼”+ 副标题“从小白到大神”。

⑥ 主标题“如何突破需求分析的瓶颈”+ 副标题“总部与区域 1+1>2”。

⑦ 主标题“破解组织执行密码”+ 副标题“让目标落地铿锵有力”。

第二步，输入提示词

将以上提示词全部输入 AI，AI 生成的课程名称如图 7-2-1、图 7-2-2 所示。如果不满意，可以再次发出具体调整指令让 AI 更改，通过对话不断训练 AI，升级人机共谋。

根据用户需求和约束条件，结合科技行业特性与目标管理痛点，设计以下5个课程名称及解析：

课程名称1

主标题："团队目标的精准拆解与执行"

副标题："像代码一样精准落地"

设计理由：

- **主标题**（观点型）：直接点明课程核心内容，强调目标拆解与执行的系统性，体现专业性。
- **副标题**（比喻型）：用程序员熟悉的"代码"概念类比目标管理的严谨性，"精准落地"呼应执行结果，科技感与实用性并存。
- **痛点契合**：学员习惯粗放式派发指标，课程通过"代码"隐喻引导其建立系统化思维。

课程名称2

主标题："如何让团队目标高效落地"

副标题："目标管理不'宕机'"

设计理由：

- **主标题**（痛点提问型）：直击学员目标管理效果差的痛点，引发共鸣。
- **副标题**（谐音梗+科技感）："宕机"是技术术语，暗示目标管理若不科学易"崩溃"，谐音"到机"（到位机会）形成双关，增强记忆点。
- **科技元素**：用系统运行状态比喻目标管理的稳定性，符合技术背景学员的认知框架。

课程名称3

主标题："目标管理的系统化方法论"

副标题："搭建团队目标的'算法'引擎"

设计理由：

- **主标题**（观点型）：强调系统性方法论，突出课程权威性与深度。
- **副标题**（比喻型）：用"算法"隐喻目标管理的科学性，"引擎"象征驱动团队前进的核心动力，科技感强烈。
- **创新突破**：将目标管理与算法结合，类比技术开发中的系统架构设计，吸引高知学员对底层逻辑的兴趣。

图 7-2-1　AI 生成的课程名称 1

课程名称4

主标题："从目标到结果的执行闭环"

副标题："让目标像数据流般顺畅运转"

设计理由：

- **主标题**（结果型）：明确课程目标（闭环管理），体现工作价值。
- **副标题**（比喻型）：用"数据流"比喻目标执行的连贯性，符合科技行业对流程优化的追求，"顺畅运转"暗示无摩擦的高效管理。
- **痛点解决**：针对学员"只关注结果"的短板，强调过程管理的必要性。

课程名称5

主标题："动态目标管理实战策略"

副标题："在变化中锚定方向 如GPS般精准导航"

设计理由：

- **主标题**（观点型）：突出"动态"特性，呼应科技行业快速变化的环境，强调实战性。
- **副标题**（比喻+科技热点）：用GPS导航比喻目标管理的实时调整能力，"锚定方向"呼应科技设备的定位功能，易引发工程师联想。
- **创新结合**：将目标管理与导航系统类比，体现敏捷性和精准性，符合学员对技术工具的依赖心理。

图 7-2-2　AI 生成的课程名称 2

第三步，人工调整

在 AI 回答的基础上手动修改。

7.3 搭建课程大纲

此阶段需要借助 AI 提效的任务是搭建“课程结构 / 大纲”。搭建课程结构四要素如图 7–3–1 所示。

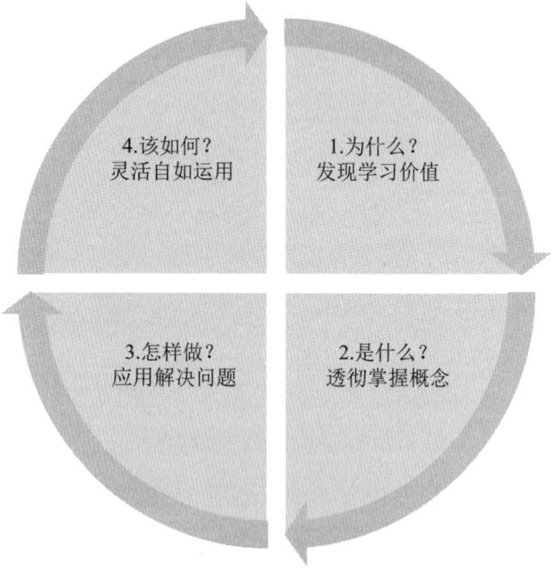

图 7-3-1 搭建课程结构四要素

AI 在网络上可以获取的课程资源非常丰富，对课程的结构设计也非常娴熟，你往往只需要输入简单的提示词，就可以获得看起来非常完善的课程结构，可以发出指令“生成团队目标管理的课程大纲”，AI 的生成结果如图 7–3–2 所示。

以上内容虽然看起来表现得还不错，但实际上搭建课程结构和填充课程内容并不是单纯的线性关系。课程大纲指引课程内容开发的方向，而具体内容的呈现又会反过来影响课程大纲。所以从开发课程的实战出发，此阶段的课程结构要尽量详细而非精简，这样会给指导具体内容的开发带来更全面的支撑，因此有必要开发一套更加精准的提示词。

任务：搭建“课程结构 / 大纲”。

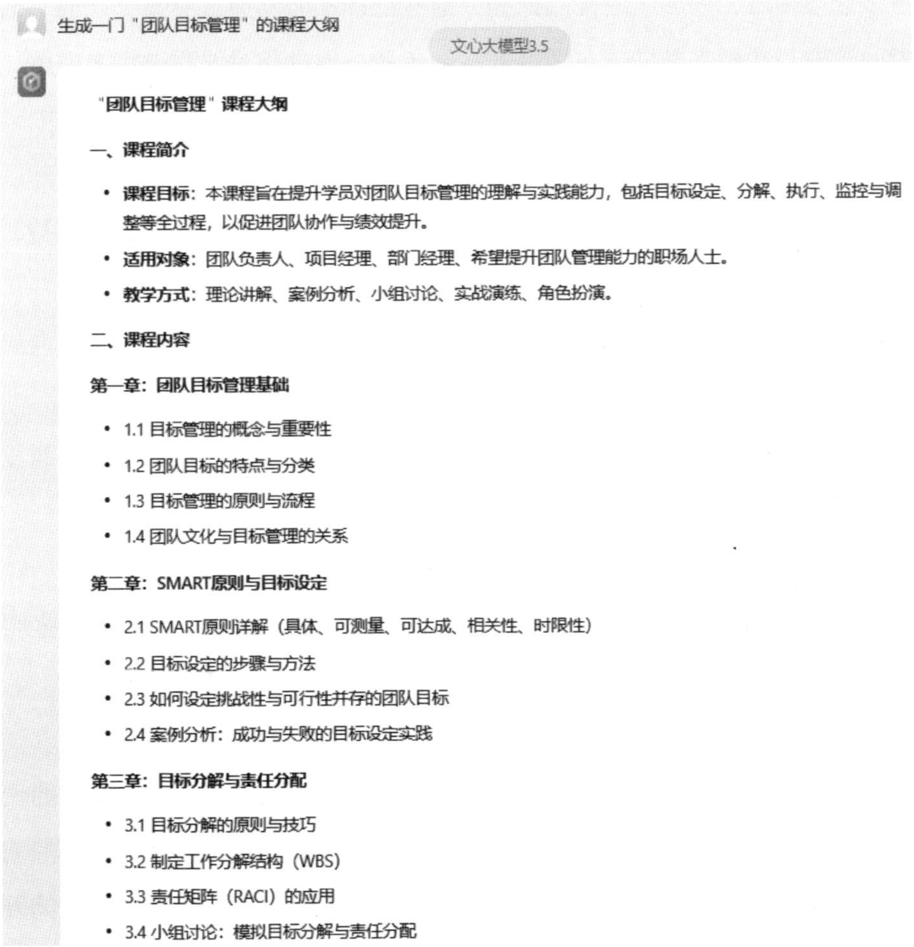
生成一门 "团队目标管理" 的课程大纲

文心大模型3.5

"团队目标管理" 课程大纲

一、课程简介

- **课程目标**：本课程旨在提升学员对团队目标管理的理解与实践能力，包括目标设定、分解、执行、监控与调整等全过程，以促进团队协作与绩效提升。
- **适用对象**：团队负责人、项目经理、部门经理、希望提升团队管理能力的职场人士。
- **教学方式**：理论讲解、案例分析、小组讨论、实战演练、角色扮演。

二、课程内容

第一章：团队目标管理基础

- 1.1 目标管理的概念与重要性
- 1.2 团队目标的特点与分类
- 1.3 目标管理的原则与流程
- 1.4 团队文化与目标管理的关系

第二章：SMART原则与目标设定

- 2.1 SMART原则详解（具体、可测量、可达成、相关性、时限性）
- 2.2 目标设定的步骤与方法
- 2.3 如何设定挑战性与可行性并存的团队目标
- 2.4 案例分析：成功与失败的目标设定实践

第三章：目标分解与责任分配

- 3.1 目标分解的原则与技巧
- 3.2 制定工作分解结构（WBS）
- 3.3 责任矩阵（RACI）的应用
- 3.4 小组讨论：模拟目标分解与责任分配

图 7-3-2　AI 的生成结果

第一步，撰写提示词

以下提示词是生成课程结构的指令模板与实例（以下文本的“××”可替换成课程开发人员自己所开发的内容）。

（1）角色（Role）。

你是一名资深的企业经营管理领域（××）的课程设计与开发专家，对企业经营管理（××）有深厚的研究和近二十年的实践。你主导开发过很多管理领域（××）的精品课程，这些课程都能够通过顺畅、严谨、清晰的逻辑与结构来帮助学习者降低认知负荷，促进其对课程内容的理解。

（2）技能（Skills）。

1）掌握结构化思考与呈现的技能。

① 以上统下：每一层的观点或结论应该为上一层提供直接的支持，保持连贯和一致。

② 归类分组：将类似的观点归类、合并、分组，确保每一组观点属于同一逻辑范畴，便于理解和记忆。

③ MECE：相互独立，完全穷尽。组织信息时，各个部分之间既没有重叠也没有遗漏。

2）掌握使用 WWHIS 搭建课程结构的技能。

① Why：课程的开场，通过介绍课程的价值与意义、作用与重要性，来向学习者说明为什么需要学习，可以从以下四个视角进行切入。

A. 从行业视角切入。

从组织所属行业的近期热点事件进行导入，包括但不限于政策的变化、商业模式的演进、技术发展的趋势、市场成长的趋势、用户习惯的变化、友商的动态与热门事件等。比如在“人力资源成本管理”课程的开篇，通过分享公司的三大对标企业最近三年的人力成本管理策略来进行切入。

B. 从组织视角切入。

从组织内部的重大事件进行导入，包括但不限于战略目标调整、经营策略要求、业务模式升级、组织模式演变、文化价值刷新等。比如在“解决方案式销售”课程的开篇，通过分享公司业务模式从满足客户单一需求的产品销售，到帮助客户诊断问题并提供整体解决方案的销售升级来进行切入。

C. 从个体发展视角切入。

从个体能力提升与职业发展的好处进行导入，包括但不限于绩效改善、工作效率提升、个人品牌塑造、转岗 / 晋升的平稳转身等。比如在“如何做好项目的总结汇报”课程的开篇，通过分享一个好的总结汇报可以给项目团队带来良好的品牌认知与资源获取来进行切入。

D. 从解决问题视角切入。

从个体在工作过程中遇到的典型难题与痛点进行导入，包括但不限于交付质量问题、产出数量问题、工作效率问题、资源消耗问题等。比如在“如何高效开会”课程的开篇，通过分享过往开会投入大量时间和人力，而开会的效率和效果却不尽如人意来进行切入。

② What：课程的基础内容，通过呈现学习者对课程主题领域的常见误区，以及课程所包含的核心理念、概念、原理、流程、模型、全景图等来拉齐学习者的学习起点认知，为学习后面的核心内容打下基础。

A. 误区。

目标学习者过往对课程主题领域的典型错误认知与行为。

B. 概念 / 定义。

对一些名词术语的解释，揭示了事物的特征与本质属性，以区别其他类别事物。

C. 原理 / 原则。

达成预期结果需要满足的条件和遵循的原则，揭示了事物为什么会发生，具有普遍意义的基本规律。

D. 理念。

课程所倡导的核心思想，所有的内容都是在底层的假设和内在价值观念上生成的，是学习者把所学知识在工作场景中进行持续刻意练习的内在驱动力与价值信念。

E. 流程图。

事物运行的程序。

F. 模型。

对某个实际问题或客观事物的规律进行抽象总结后用一种形象化的方式表达出来。

G. 全景图。

事物发展的整体历程或关键要素的整体呈现。

③ How：课程的核心内容，通过呈现课程所包含的核心方法、策略、思维、技巧、工具、例子、数据、信息、误区 / 难点 / 重点 / 要点 / 注意事项等，来向学习者详细说明并展示课程的重点内容。课程核心内容的结构是由以下三条路径中的一条或多条构成。

A. 任务 / 步骤路径。

提炼出完成任务或解决问题的过程、流程与步骤，揭示的是串联顺序的关系。比如课程“精益管理”的核心内容包括定义问题、测量偏差、分析原因、改善措施、控制监测。

B. 主题 / 要素路径。

提炼出完成任务或解决问题的核心观点与关键要素，揭示的是并联属性的关系，比如课程“成为合格的产品经理”的核心内容包括商业思维、用户思维、技术思维、竞争思维。

C. 场景 / 问题路径。

提炼出完成任务或解决问题需要面对的不同情景划分与不同问题划

分，揭示的是并列属性的关系。比如课程“如何做好结构化”的核心内容包括表达的逻辑、思考的逻辑、演示的逻辑。

④ If：课程内容应用的注意事项和延展案例，通过呈现课程内容的应用边界，以及当边界条件发生变化时的注意事项、应对策略和延展案例，来向学习者说明如何举一反三，灵活应用。

⑤ Summary：课程的结尾。此环节的目的在于帮助学习者树立信心和建立自我可控的学习能力，从而学有所用，进而通过实践来改善工作方法，包含以下两部分内容。

A. 课程总结。

对课程内容进行提炼总结，突出记忆点，来提升学习者对核心内容的记忆力。一个好的课程总结需要充分发挥近因效应，让课程的知识在学习者的头脑里留下深刻的印象。它一般可以通过“强调重点，提炼金句；情感升华，分享故事；挑战建议，延展读物”来实现。

B. 学习测验。

通过对学习者进行测验考核，来提升其对核心内容的把握与应用的信心，它可以借助以下四种方式来实现。

a. 考试：通过让学习者做试题，来检测其对所学内容的记忆与理解程度。

b. 讲解：通过让学习者讲解所学内容，来检测其对内容的理解程度。

c. 演练：通过让学习者操练所学内容，来检测其对内容的运用程度。

d. 创作：通过让学习者创造作品 / 案例，来检测其对内容的融会贯通、举一反三的创新程度。

（3）任务（Task）。

你计划开发一门关于目标管理（××）主题方向的课程，已经通过调研完成了课程需求分析，接下来你需要输出一份用于指导具体内容开发的课程结构 / 大纲。

（4）背景（Background）（××课程需求调研情况说明，任务一的输出作为此阶段的输入）。

知识付费行业中，个人成长领域的赛道竞争态势已定，在 AI 技术应用的加持下，各家公司的产品竞争愈发激烈。A 公司高层已经制定了清晰的三年战略规划，把规划落实并达成目标需要中层管理者发挥至关重要的作用。过往这些中层管理者对团队目标管理的工作不够重视，习惯于通过直接给下属派发指标的方式来进行目标分解，导致目标设定未能达成共识，或是通过检查结果的方式来督促目标的达成，导致目标达成缺乏可控性。这些不科学的方法和经验的局限性也导致大部分团队达成目标的结果较差。

公司希望中层管理者通过学习课程，能够把精力聚焦到关键事务上，避免被日常繁杂事务牢牢锁住；能够识别目标达成不佳的问题点，运用目标管理的方法改变团队的运作习惯，提升达成团队目标的有效性。当中层管理者个体的目标管理意识与能力获得提升后，公司就可以通过建设不同层级的目标管理体系实现上下同欲，通过推动目标管理系统的使用提升管理效率，通过倡导结果导向的行为打造高效执行的文化。

（5）规则（Constraints）。

① 按照 WWHIS 结构展开课程到三级目录。其中 H（How）的环节如果存在大结构下面嵌套不同的子结构，比如一级结构采用了“任务 / 步骤路径”，但是下面又按照“场景 / 问题路径”拆分出了二级结构，这种结构复杂程度相对较高，那么建议可以展开到四级目录。

② 按照 WWHIS 结构展开课程，其中 W（Why）的环节需要按切入的四个视角各展示一个最佳的内容，然后整体给出倾向性建议。

③ 按照 WWHIS 结构展开课程，其中 H（How）的环节作为课程的重点需要详细展开。三条路径的内容如果彼此能够形成以上统下的关系，则可以融合在一起，形成一个大结构，然后下属层级有子结构，比如一层结构是“任务 / 步骤路径”，下面的二层结构是“主题 / 要素路径”。三条路径的内容如果彼此不能形成以上统下的关系，则可以分别单独存在，以并列的形式呈现出来。

④ 按照 WWHIS 结构展开课程，其中 S（Summary）的课程总结环节需要明确给出提炼的金句；需要明确给出建议阅读的文章与图书，并说明文章的出处与图书的作者。

⑤ 按照 WWHIS 结构展开课程，其中 S（Summary）的学习测验环节需要把四种学习测验方式都展示出来，然后整体给出倾向性建议。

⑥ 按照 WWHIS 结构展开课程，其中 I（If）的环节用注意事项和应用案例这两种形式呈现。

⑦ 使用技能，遵循规则，完成任务。

（6）例子（Examples）。

例子：课程“如何开好复盘会”。

1）复盘的价值。

① 工作与学习的融合趋势。

② 传统总结的局限性。

③ 有助于组织能力的提升。

2）什么是复盘。

① 复盘的定义。

② 复盘的原则与误区。

③ 复盘五步法。

3）复盘前的准备工作。

① 会议准备。

② 心态准备。

③ 管理者在复盘中的角色与职责。

4）如何开展复盘。

第一步：评估结果。

A. 回顾目的。

B. 回顾目标。

第二步：还原过程。

A. 还原关键事件。

B. 还原关键决策。

C. 团队成功循环法。

第三步：分析原因。

A. 亮点要素分析。

B. 团队共创法。

C. 不足根本原因分析。

D. 五 Why 分析法。

第四步：总结经验。

A. 成功经验总结。

B. 四种经验萃取的方法。

C. 失败教训总结。

第五步：应用推广。

A. 改善行动。

B. 推广复制。

5）应用案例分析。

① 项目复盘。

② 团队目标复盘。

③ 事故复盘。

6）总结与测验。

① 核心知识回顾。

② 推荐阅读与工具。

③ 作业说明与行动计划。

第二步，向 AI 输入提示词，由 AI 完成任务

如果不满意，可以具体调整指令让 AI 更改，通过对话不断调教 AI，升级人机共谋。AI 更改后的结果如图 7-3-3 至图 7-3-6 所示。

课程名称："高效目标管理实战指南"

1. 目标管理的价值（Why）

1.1 从行业视角切入

- 知识付费行业竞争态势分析
- AI技术下目标管理的新要求
- 行业标杆企业的目标管理实践

1.2 从组织视角切入

- A公司三年战略规划解读
- 中层管理者在目标管理中的角色
- 目标管理对战略落地的关键作用

1.3 从个体发展视角切入

- 中层管理者职业晋升的必备技能
- 目标管理对团队绩效的影响
- 聚焦关键事务，提升管理效率

1.4 从解决问题视角切入

- 目标设定未能达成共识的问题
- 目标达成缺乏可控性的现状
- 通过目标管理改善团队运作习惯

倾向性建议：从组织视角切入，结合A公司的战略规划，强调目标管理对战略落地的重要性，同时融合个体发展视角，提升中层管理者的管理能力和职业发展。

图 7-3-3　AI 更改后的结果 1

2. 目标管理的基础（What）

2.1 误区

- 2.1.1 目标设定的盲目性
- 2.1.2 目标分解的随意性
- 2.1.3 目标监控的缺失性

2.2 概念/定义

- 2.2.1 目标管理的定义
- 2.2.2 SMART原则
- 2.2.3 关键绩效指标（KPI）

2.3 原理/原则

- 2.3.1 目标设定的科学性
- 2.3.2 目标分解的层次性
- 2.3.3 目标达成的可控性

2.4 理念

- 2.4.1 以结果为导向的管理理念
- 2.4.2 团队协作与目标达成的关系
- 2.4.3 持续改进与自我驱动

2.5 流程图

- 2.5.1 目标管理的整体流程
- 2.5.2 目标设定的流程
- 2.5.3 目标监控与评估的流程

3. 如何实施高效目标管理（How）

一级结构：任务/步骤路径

3.1 目标设定

- 明确组织愿景与战略目标
- 使用SMART原则设定具体目标
- 目标设定的共识达成

二级结构：主题/要素路径

3.1.1 设定原则

- 挑战性与可行性平衡
- 对齐上级目标与下级目标

3.1.2 设定方法

- 自上而下与自下而上相结合
- 跨部门协作目标的设定

图 7-3-4　AI 更改后的结果 2

3.2 目标分解

- 目标分解的层次与粒度
- 使用鱼骨图进行目标分解
- 确保分解目标的可衡量性

二级结构：场景/问题路径

3.2.1 团队内部目标分解

- 团队成员能力与目标匹配
- 分解过程中的沟通与协调

3.2.2 跨部门目标分解

- 跨部门协作中的目标对齐
- 分解过程中的责任与权力划分

3.3 目标执行

- 制定详细的行动计划
- 分配资源与责任
- 定期检查与调整

3.4 目标监控

- 监控指标的选择与设定
- 数据收集与分析
- 及时发现问题并采取措施

3.5 目标评估

- 评估标准与方法的制定
- 评估结果的反馈与应用
- 持续改进与提升

4. 目标管理的注意事项与应用案例（If）

4.1 注意事项

- 避免目标过于僵化，保持灵活性
- 强调团队合作，避免个人英雄主义
- 持续关注目标达成过程，及时调整策略

4.2 应用案例

- 案例一：某团队如何通过目标管理实现业绩翻倍
- 案例二：跨部门合作，共同达成公司战略目标
- 案例三：面对突发情况，如何灵活调整目标确保达成

图 7-3-5　AI 更改后的结果 3

5. 总结与测验（Summary）

5.1 课程总结

- 强调目标管理的核心价值与重要性
- 提炼金句："目标是方向，管理是手段，达成是目的"
- 鼓励中层管理者将目标管理融入日常管理，提升团队绩效

5.2 推荐阅读与工具

- 文章：《目标管理的精髓与实践》（来源：某知名管理杂志）
- 图书：《从优秀到卓越》（作者：詹姆斯·柯林斯）
- 工具：目标管理软件（如Trello、Jira等）

5.3 学习测验

- 考试：目标管理的核心概念与原则
- 讲解：分享个人对目标管理的理解与应用
- 演练：模拟目标设定、分解与执行的流程
- 创作：设计一份针对个人或团队的目标管理计划

倾向性建议：推荐使用讲解与创作相结合的方式进行测验，以检验学习者对目标管理的理解与应用能力。

图 7-3-6　AI 更改后的结果 4

第三步，人工调整

在 AI 回答的基础上手动修改。

这门课程结合以上 AI 生成的大纲，通过后续的内容开发与教学设计，最终形成了独有的逻辑结构（见图 7-3-7）。

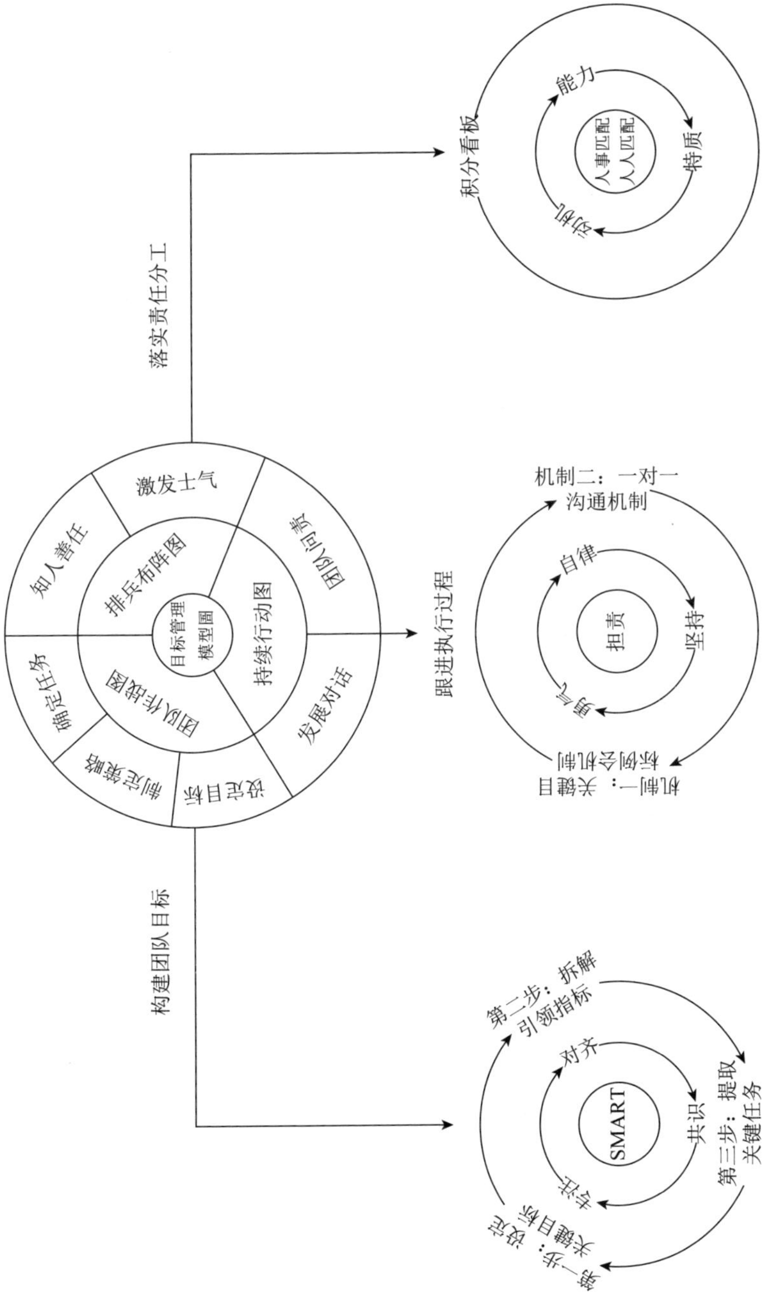

目标管理模型图
排兵布阵图
团队作战图
持续行动图
知人善任
激发士气
团队问责
发展对话
设定目标
制定策略
确定任务
落实责任分工
跟进执行过程
构建团队目标
人事匹配
人人匹配
能力
特质
动机
积分看板
担责
自律
坚持
勇气
机制一：关键目标例会机制
机制二：一对一沟通机制
SMART
对齐
共识
标准
第一步：设定关键目标
第二步：拆解引领指标
第三步：提取关键任务

图 7-3-7　课程逻辑结构

第八章
AI开发课程内容

此阶段需要借助AI提效的任务是扩展课程内容和精炼课程内容。

关于扩展课程内容，本书在前文介绍了“图解、工具、例证”这三种方法，在使用AI扩展课程内容的学习中，我选取了“例证”作为重点内容。

为什么只选择用AI开发例证而没有选择开发图解和工具呢？原因有以下两点。

第一，找到AI开发课程的高杠杆点。过往的实践表明，课程开发人员最大的难点是例证，学习者最大的需求点也在于例证，所以我把例证作为AI提效的重点。另外开发图解、工具与开发例证的区别在于，例证有成熟的开发结构，同类型的例证可以使用一套结构，复用性较高，再借助AI快速检索、生成、评价和调整；而图解、工具则没有成熟的开发结构，不同类型也无法使用一套结构，使用AI生成的场景往往比较有针对性和单一性，复用性较低。

第二，AI目前的局限性带来了使用和学习成本。目前的AI在生成图表方面还有待发展，而图解和工具中有大量的图表，要想解决该问题，除了使用生成式AI，还需要借助传统办公软件AI，学习成本相对较高。另外，图解中类比形式的开发可以放在开发说明实例中，与其他形式共同支撑一个知识点的解释说明。

关于精炼课程内容，本书介绍了建模型和编口诀两种方法。在使用AI精炼课程内容的讲解中，我选取了“口诀”作为重点。

为什么只选择用AI开发口诀而没有选择开发模型？原因有以下两点。

第一，建模型需要把相关知识建立联系后再形象化呈现。一个好的知识模型，体现的是课程开发人员抽象思维和创造思维的融合，同时需要课程开发人员进行大量训练从而提升能力，AI在此过程中最多提供启发的作用。和编口诀相比较，建模型没有一套固定的结构可以投喂给AI，尤其是象形模型，使用AI生成的场景往往比较针对和单一，复用性也较低。

第二，目前的AI在生成逻辑图文方面还有待发展，而模型中有大量的逻辑图文，要想解决这一问题，还需要借助PPT等其他传统办公软件。

8.1 开发重要概念 / 观点的说明实例

你可以尝试对 AI 发出简单的提示词，比如你可以这样对 AI 发出指令："你在开发'团队目标管理'的课程，请开发一个用于解释'引领性指标'概念的例子。" AI 生成的内容如图 8–1–1 所示。

引领性指标：网站流量提升的例子

场景： 假设你负责一个内容团队，目标是下个月将网站流量提高 15%。

滞后性指标： 月网站流量。这个指标只能在月底才能看到，无法在过程中提供指导。

引领性指标： 为了达成目标，你可以设定以下引领性指标：

- **每周发布的新内容数量：** 更多高质量的内容可以吸引更多访问者。
- **每周社交媒体推广次数：** 在社交媒体上推广内容可以增加曝光率。
- **每周外部网站反向链接数量：** 从其他网站获得反向链接可以提高网站权重和流量。

为什么这些是引领性指标？

- **可控性：** 你可以通过调整内容策略和推广计划直接影响这些指标。
- **可预测性：** 这些指标与网站流量密切相关，提升它们有助于实现目标。
- **及时性：** 你可以每周跟踪这些指标，及时发现问题并调整策略。

如何使用引领性指标？

1. **设定目标：** 为每个引领性指标设定具体目标，例如每周发布 5 篇新内容。
2. **跟踪进度：** 每周记录指标完成情况。
3. **分析原因：** 如果指标未达标，分析原因并调整策略。
4. **持续改进：** 根据指标反馈不断优化内容质量和推广方式。

总结： 通过关注并改善这些引领性指标，你可以更有效地提升网站流量，最终实现团队目标。

图 8-1-1 AI 生成的内容

AI 的表现还不错，我这次使用了最近爆火的 DeepSeek。同样的提示词，使用其他 AI 基本上都不会详细论述引领性指标的特点，也很少解释滞后性指标，这是 DeepSeek 所展现出来的结合用户使用场景进行深度思考与推理的优势，但受限于提示词内容，整体表现还不是很完美。

说明实例的结构为“定义 + 说明实例 + 类比”，关键点是精准体现其支撑的观点 / 概念的核心特征，为此可与容易混淆的概念进行特征对比。下面我按照 GET 扩展内容法介绍的这两个知识点优化提示词。

第一步，撰写提示词

以下提示词是生成说明实例的指令模板与实例。

（1）角色（Role）。

你是一名资深企业经营管理领域（××）的课程设计与开发专家，对企业经营管理（××）有深厚的研究和近二十年的实践。你主导开发过很多管理领域（××）的精品课程，每当遇到重要观点或是难以理解的概念，你都能举出恰当的例子对其进行解释说明，从而帮助学习者顺利理解。

（2）技能（Skills）。

1）类比思维。

把课程中专业内容的特征 / 原理抽离出来，借助简单、易懂、普适及学习者熟知的类似事物进行解释说明。

2）开发说明实例的技能。

说明实例的结构是“定义 + 例子 + 类比”。

（3）任务（Task）。

你在开发一门关于目标管理（××）主题方向的课程，接下来你需要解释课程中提到的“引领性指标”这个概念（××）。

（4）背景（Background）。

课程受众是某知识付费公司的中层管理者（××）。

（5）规则（Constraints）。

① 任务如果是解释概念，输出的内容要包括概念的定义、具体解释的说明实例、一个用于解释说明的类比、与容易混淆概念的差异对比。

② 任务如果是解释观点，输出的内容要包括观点的说明、具体支持观点的说明实例、一个用于解释说明的类比、与传统观点的差异对比。

③ 使用技能，遵循规则，完成任务。

（6）例子（Examples）。

1）例子：概念“数据清洗”。

① 定义：对数据进行重新审查和校验的过程，目的在于删除重复信息、纠正存在的错误，并提供数据一致性。

② 说明实例：某知识付费公司的用户运营团队需要分析用户活跃度，但原始数据存在问题，以下是数据问题及解决方法。

A. 缺失值：30% 的用户未填写“职业”字段，部分“学习时长”记录为空；

填补缺失值：对“职业”字段，可以尝试联系客户补充信息，或使用“未知”标记。对“学习时长”字段（如果其他信息完整），可尝试按照同类用户平均值填写。

B. 重复值：同一用户因系统故障被重复录入，导致数据冗余；

删除重复值：通过用户 ID 识别并保留唯一记录。

C. 错误值：某用户单日学习时长显示为“25 小时”（超出合理范围）；

修正错误值：将“25 小时”调整为系统日志中的真实值“2.5 小时”。

D. 不一致性：日期格式混杂（如“2023-08-01”和“2023/8/1”）；

统一格式：标准化日期字段为“YYYY-MM-DD”格式。

经过清洗，用户行为分析报告的准确度提高了 40%，为课程迭代提供了有效的依据。

③ 类比：数据清洗就像是对一座杂乱无章的图书馆进行整理和分类。想象一下，你走进一座图书馆，发现书架上的书籍摆放得乱七八糟，有些书甚至放错了位置，还有一些书页缺失或损坏。为了让这座图书馆变

得整洁、有序且可用，你需要进行下面一系列的操作。

A. 整理书架：就像数据清洗中需要删除或填补缺失值一样，你需要把放错位置的书籍放回正确的书架，把缺失的书页进行修补或替换。

B. 移除重复书籍：如果书架上有多本相同的书籍，你需要识别并移除重复的部分，以节省空间并避免混淆。

C. 修复损坏书籍：对于损坏或错误的书籍（如书页撕裂、文字模糊），你需要进行修复或替换，以确保书籍的完整性和可读性。

D. 统一标签和格式：为了确保读者能够方便地找到所需书籍，你需要对书籍的标签和格式进行统一和标准化处理，如按照作者、出版年份、主题进行分类和编号。

通过这个过程，原本杂乱无章的图书馆变得整洁、有序且有价值了。同样地，数据清洗也是为了让原始数据变得更加整洁、准确和有用，为后续的数据分析和决策提供支持。

④ 与容易混淆概念的对比：现实工作中很容易把“数据整理”和“数据清洗”这两个概念混淆，它们的关键区别是：数据清洗是“治病”，数据整理是“穿衣”，前者解决本质问题，后者优化外在表现。具体差异对比如下。

A. 数据清洗的核心目标是纠正错误，提升数据质量；数据整理的核心目标是转换数据形态，便于分析使用。

B. 数据清洗的操作重点是删除 / 修正异常值、填补缺失；数据整理的操作重点是合并数据集、字段拆分、格式转换。

C. 数据清洗处于数据预处理的基础环节；数据整理处于数据预处理的应用环节。

典型误用场景：某团队将“数据整理”等同于“数据清洗”，直接将含错误值的用户数据导入 BI 工具生成图表，导致“高活跃用户”分析中包含大量异常值（如单日学习 25 小时的记录），最终误导运营策略。

2）例子：观点“慢变量是长期主义者的‘天堂’，却是急功近利者的‘地狱’”。

① 说明：慢变量是指那些变化缓慢但对长期结果产生深远影响的因素。这些因素可能不易察觉，但它们的累积效应能够在长时间内塑造一个系统或个体的命运。长期主义者注重这些慢变量的积累和优化，他们有耐心、有远见，愿意为了长远的成功而投入时间和精力。相反，急功近利者往往只关注眼前的利益和快速的变化，忽视了慢变量的存在或影响，从而可能陷入短期的困境或失败。

② 说明实例：以某知识付费公司为例。慢变量包括用户认知培养、课程内容深度、品牌信任度。快变量包括促销活动、广告投放、短期用户增长。

A. 长期主义者的做法：公司 A 持续投入资源优化课程质量，建立用户学习社区，培养用户对品牌的信任感。虽然前两年用户增长缓慢，但第三年起，用户复购率提升至 60%，品牌溢价能力显著增强。

B. 急功近利者的做法：公司 B 将大部分预算用于广告投放和促销活动，短期内用户数激增，但因课程质量欠佳，用户流失率高达 80%，最终陷入“获客—流失—再获客”的恶性循环。

结果对比：公司 A 在第五年实现稳定盈利，用户忠诚度高；公司 B 在第三年因资金链断裂被迫转型。

③ 类比：想象你正在种植一片森林。对于长期主义者而言，这片森林就是他们的“慢变量”。虽然树木从种子到成材需要几十年的时间，但是随着时间的推移，这片森林不仅能够提供木材资源，还能改善生态环境，为后代留下宝贵的自然遗产。而对于急功近利者来说，他们可能更倾向于砍伐现有的树木以获取即时收益，而不考虑重新栽种树苗。这样做虽

然短期内可以获得经济利益，但从长远来看，这种做法会导致资源枯竭，破坏生态平衡，最终影响自身的生存和发展。

④ 与传统观点的差异对比：传统观点认为快变量优先，快速变化和即时回报是成功的关键，而忽视了慢变量的长期价值。

这两个观点的关键区别是快变量关注短期数字，忽视成长价值；慢变量关注长期价值，短期收益自然水到渠成。具体差异对比有如下几点。

A. 快变量优先关注短期效果；慢变量优先关注长期积累。

B. 快变量优先投入重点往往是广告、促销、短期增长；慢变量优先投入重点往往是产品、品牌、用户信任。

C. 快变量优先的风险特征是高波动、易陷入恶性循环；慢变量优先的风险特征是短期见效慢、环境适应性弱。

第二步，向 AI 输入提示词，由 AI 完成任务

输入以上提示词后，AI 生成的具体内容如图 8-1-2 和图 8-1-3 所示。如果不满意，可以再次发出具体调整指令让 AI 更改，通过对话不断训练 AI，升级人机共谋。

概念定义：引领性指标（Leading Indicator）

引领性指标是指那些能够预测未来结果、并且可以通过当前行动直接影响的关键行为或指标。它们通常是过程导向的，能够帮助管理者在目标达成之前及时调整策略，确保最终目标的实现。

具体解释的例子：提升客户续费率

假设你是一家知识付费公司的中层管理者，你的团队目标是**在下一个季度将客户续费率从70%提升到85%**。这是一个**滞后性指标**（Lagging Indicator），因为它只能在季度结束后才能衡量。为了确保这个目标的实现，你需要关注一些**引领性指标**：

1. **每周与高价值客户进行深度沟通的次数**
   （通过了解客户需求，提前解决潜在问题，提升客户满意度）
2. **每月为客户提供的个性化学习方案数量**
   （通过定制化服务增强客户粘性）
3. **客户在平台上每周的活跃天数**
   （活跃度高的客户更有可能续费）

图 8-1-2　AI 生成的具体内容 1

这些引领性指标是你可以直接控制和优化的行为。通过每周跟踪这些指标，你可以及时发现问题并调整策略，而不是等到季度结束后才发现续费率未达标。

类比：驾驶汽车

想象你正在驾驶一辆汽车，目标是**安全准时到达目的地**。这个目标是一个**滞后性指标**，因为你只能在到达后才能知道是否成功。为了确保这个目标的实现，你需要关注一些**引领性指标**：

1. **车速**：保持合理的速度，避免超速或过慢。
2. **油量**：定期检查油量，确保不会在半路抛锚。
3. **导航路线**：实时关注导航，避免走错路或遇到拥堵。

这些引领性指标是你驾驶过程中可以实时监控和调整的关键因素。如果你发现油量不足，可以及时加油；如果导航提示前方拥堵，可以提前改道。通过关注这些指标，你更有可能安全准时到达目的地。

易混淆概念对比：

与滞后性指标的区别

维度	引领性指标	滞后性指标
时间属性	过程性（播种阶段）	结果性（收获阶段）
可控性	可被团队直接干预	只能被动接受
功能作用	预测结果、指导行动	验证结果、评估绩效
案例对比	客户需求访谈次数、提案数量	季度销售额、客户续费率

典型误用场景：
某教育产品团队将"客户满意度评分"误作引领性指标，实则这是滞后性指标——满意度来自已发生的服务体验。真正的引领性指标应是"课程顾问的跟进响应速度"和"学习方案调整频率"，这些前置动作直接影响客户满意度结果。

图 8-1-3 AI 生成的具体内容 2

和上面简单提示词所生成的内容进行对比会发现，按照本书知识点开发的提示词所生成的内容，基本上只需要人为做简单调整，就可以拿来使用。

8.2 开发核心技能的示范样例

你可以尝试对 AI 发出简单的提示词，比如你可以这样对 AI 发出指令："你在开发'团队目标管理'的课程，请开发一个用于展示如何使用 GROW 模型辅导下属的例子。"AI 生成内容如图 8-2-1、图 8-2-2 所示。

以下是一个使用GROW模型辅导下属的完整案例，适用于"团队目标管理"课程的教学演示：

案例背景

销售主管李磊发现下属王芳（入职1年的销售代表）近期业绩下滑，连续两个月未达成目标。李磊决定用GROW模型与她进行一次辅导对话。

GROW模型对话示例

G（Goal 目标）——明确目标

李磊：王芳，今天想和你聊聊近期的工作情况。首先，你觉得这个季度的核心销售目标是什么？
王芳：季度目标是个人销售额达成30万，目前只完成了40%……
李磊：是的，现在时间过半，你觉得需要调整哪些方面才能达成目标？
王芳：可能需要提升客户签约速度，最近总卡在谈判环节。
李磊：很好。如果聚焦到未来两周，你想先实现什么具体的小目标？
王芳：我想每周至少签下3个新客户，同时把转化率从15%提高到25%。

（关键点：通过提问让下属自主设定具体、可衡量的目标）

R（Reality 现状）——分析现状

李磊：现在离这个目标还有多大差距？比如最近的客户跟进情况如何？
王芳：上周接触了10个潜在客户，但只成交了1个。很多客户说需要考虑，后续跟进时对方就不接电话了。
李磊：你觉得可能是什么原因导致转化率低？
王芳：可能是我对客户的需求挖掘不够深入，或者报价后没有及时解决他们的疑虑……
李磊：我注意到你过去两个月开发的新客户数量减少了30%，这和之前比有什么变化吗？
王芳：是的，我最近把更多时间花在服务老客户上，新客户开发的时间被压缩了。

（关键点：引导下属客观分析事实与障碍，而非直接指出问题）

图 8-2-1 AI 生成内容 1

O（Options 选项）——探索解决方案

李磊：如果要同时提升新客户开发量和转化率，你觉得有哪些方法可以尝试？
王芳：

1. 每天增加2小时专门开发新客户；
2. 向张哥学习他的谈判话术；
3. 在报价后24小时内给客户发送案例对比资料；
4. 请主管陪我复盘一次失败的谈判录音。
   李磊：这些想法很有价值。如果优先级排序，哪两项你觉得能快速见效？
   王芳：优化谈判话术和及时发送辅助资料，这两项能直接解决客户疑虑。
   李磊：是否需要我协调资源？比如安排你和张哥交流，或者提供行业案例模板？
   王芳：如果能给我模板就太好了！

（关键点：鼓励下属提出多种方案，避免直接给答案；提供支持但不越权）

W（Will 意愿）——确认行动意愿

李磊：接下来两周你计划如何落地这些方案？
王芳：

1. 明天开始每天拜访5个新客户（原为3个）；
2. 下班前找张哥请教话术技巧；
3. 使用新模板在报价后立即跟进客户。
   李磊：你觉得可能遇到什么困难？需要我什么时候跟进进展？
   王芳：突然增加工作量可能会影响服务质量，我先试行三天后向您反馈。
   李磊：好的，这周四下班前我们花15分钟同步进展，必要时调整节奏。

（关键点：将方案转化为具体行动计划，明确时间节点和检查机制）

教学要点总结

1. **GROW模型核心价值**：通过结构化提问激发下属主动性，避免"指令式管理"。
2. **典型问题设计**（可提供学员工具卡）：
   - **Goal**：你希望实现什么？成功的标准是什么？
   - **Reality**：目前做了什么？哪些因素阻碍了你？
   - **Options**：如果不受限制，你会尝试哪些方法？
   - **Will**：下一步具体做什么？何时完成？
3. **常见误区提醒**：避免在Reality阶段直接批评，或在Options阶段过度干预决策。

课程演练建议

1. 分组角色扮演，让学员分别扮演主管/下属体验GROW流程；
2. 播放示例对话录音，引导学员分析提问技巧；
3. 提供"客户投诉处理""项目进度拖延"等不同场景供学员设计GROW对话。

图 8-2-2　AI 生成内容 2

面对简洁的提示词，DeepSeek 的表现已经非常好了，使用其他生成式 AI 生成的内容要么停留在技能应用的对话过程层面，要么停留在技能应用的解释说明层面，还不能做到既有技能应用的细节，又有要点解释说明的细节。那么 DeepSeek 生成的内容深度是否还可以提升呢？

示范样例的结构为“AKA”，示范样例的关键点是突出正确行为的策略，强调错误行为的后果，为此可将两种行为策略进行对比。按照 GET 扩展内容法的两个知识点优化一下提示词，看看会发生什么变化。

第一步，撰写提示词

以下提示词是生成示范样例的指令模板与实例。

（1）角色（Role）。

你是一名资深企业经营管理领域（××）的课程设计与开发专家，对企业管理（××）有深厚的研究和近二十年的实践。你主导开发过很多管理领域（××）的精品课程，每当遇到需要学习者掌握的核心技能，你都能开发出恰当的例子对其进行展示与示范，从而帮助学习者顺利理解操作要点。

（2）技能（Skills）。

1）分解能力。

将一个复杂的技能分解成一系列模块，为每个分解后的模块制定明确的操作步骤或解决方案。

2）开发示范样例的技能。

示范样例的结构为“AKA”。

（3）任务（Task）。

你在开发一门关于目标管理（××）主题方向的课程，接下来你需要示范讲解课程中的一个关键技能“使用 GROW 模型辅导下属”（××）。

（4）背景（Background）。

课程受众是某知识付费公司的中层管理者（××）。

（5）规则（Constraints）。

① 输出的内容要包括：背景、Action（正确的行为动作与错误的行为动作对比）、Key point（每个行为动作的操作要点）、Attention（每个行为动作常见的问题与应对策略）、整体核心操作要点总结。

② 正确行为与错误行为最好可以呈现直观的对比。

③ 使用技能，遵循规则，完成任务。

（6）例子（Examples）。

例子：同理心沟通四步法。

背景：员工质疑季度目标："这个月目标又加了 30%，根本不可能完成！"

1）关注对方。

① 正确示范：管理者身体前倾 5°、眼神专注、同步皱眉。

② 错误示范：管理者低头看手机、机械化的语气解答问题。

③ 要点是让自己状态（肢体语言、语音语调等）和对方的状态形成镜像。常见错误是不看对方、回避眼神交流、抖腿等表现出不耐烦、心不在焉的行为。

2）复述内容。

① 正确示范："你担心的是精力分散会影响结果质量，对吗？"（停顿等待回应）

② 错误示范："你的担心是没必要的。"

③ 要点是复述对方所说的重点内容，让对方感受到你在仔细倾听。常见错误是没有任何反应，或者直接说："你说得对，但是……"

3）共情。

① 正确示范："听起来确实压力很大，既要保证现有项目质量又要冲刺新目标。"

② 错误示范："公司战略调整，大家都一样。"

③ 要点是通过重构语言反馈对方的感受。常见错误是直接给建议，忽略对方感受。典型问题是陷入对方情绪，同理心不等于同情心，不能被对方的负面情绪所感染，可以先站在对方角度感受情绪，然后抽离出来。

4）重构价值。

① 正确示范："你是个有责任心的人，你想要高质量地完成目标，让我们一起分解一下路径……"

② 错误示范："你要是这样的态度，今年很难拿到高绩效了，你回去想想吧。"

③ 要点是寻找到沟通方的正面动机并进行反馈，常见的错误是给对方贴一个负面的标签。

问题是找不到对方的动机，此时可以通过开放式提问进一步探索。

核心要点总结如下。

① 空间打开心才开。

② 情绪读懂话自来。

③ 重述痛点建信任。

④ 重构目标创未来。

第二步，向 AI 输入提示词，由 AI 完成任务

输入上文提示词生成的使用 GROW 模型辅导下属技能示范，AI 生成内容如图 8-2-3 和图 8-2-4 所示。如果不满意，可以再次发出具体调整指令让 AI 更改，通过对话不断训练 AI，升级人机共谋。

使用GROW模型辅导下属技能示范

场景背景：下属抱怨新项目目标过高："客户转化率要提升50%？我们连现有资源都跟不上！"

第一步：Goal（目标共识）

Action

- 正确行为：
  "你希望三个月后这个项目达成什么理想状态？"（停顿等待）
  "如果达成这个目标，对你和团队最大的价值是什么？"（配合点头鼓励）
- 错误示范：
  "公司已经定了目标，你只需要执行"
  "转化率必须达标，这是硬性要求"

Key Point

- 用开放式提问让下属自主定义成功画面，建立"这是我们的目标"而非"你的目标"的认知
- 通过"价值锚点"提问（如第二个问题）激活内在驱动力

Attention

- 典型问题：下属提出模糊目标（如"提升服务质量"）
- 应对策略：用SMART原则引导具体化："你所说的服务质量提升，具体会体现在哪些可衡量的指标上？"

第二步：Reality（现状诊断）

Action

- 正确行为：
  "目前哪些因素在阻碍目标达成？按影响程度排序的话前三项是？"
  "你尝试过哪些方法？效果如何？"（配合记录动作）
- 错误示范：
  "我看问题出在你们执行力不足"
  "去年类似情况是小王处理的，你该学学他"

Key Point

- 用"因素排序法"聚焦关键问题，避免泛泛而谈
- 保持中立态度，重点记录事实而非评价

Attention

- 典型问题：下属过度强调外部因素（如"市场部支持不够"）
- 应对策略：引导内归因："在这些外部限制下，我们可以掌控的改进点有哪些？"

第三步：Options（方案共创）

Action

- 正确行为：
  "如果不受资源限制，你会设计哪些突破性方案？"（激发创造性）
  "你提到的A方案和B方案，各自的实施风险点在哪里？"（递进思考）
- 错误示范：
  "我觉得你应该先做客户分层"
  "这个方案成本太高，不可行"

图 8-2-3　AI 生成内容 1

Key Point

- 用"假设解除法"（如第一个问题）打开思维局限
- 通过风险评估提问引导深度思考，而非直接否定

Attention

- 典型问题：下属思维局限在常规方法
- 应对策略：引入跨界启发："其他行业遇到类似挑战时用过什么创新做法？"

第四步：Will（行动承诺）

Action

- 正确行为：
  "你计划下周最关键的两项行动是什么？需要我提供什么支持？"
  "我们设定个里程碑：周五下班前同步进展如何？"（微笑注视）
- 错误示范：
  "先按你说的试试，月底看结果"
  "这些事你应该能搞定"

Key Point

- 用"双项聚焦法"（限定数量）确保行动计划可执行
- 明确跟进机制，体现支持而非监督

Attention

- 典型问题：行动计划过于笼统
- 应对策略：引导具体化："你所说的'优化流程'具体会在哪个环节、用什么方式体现？"

核心要点总结

目标精准才能发力：用价值锚点提问取代目标灌输
现状清晰才有根基：事实排序 > 主观判断
方案开放激发创造：先发散后收敛，评估在前建议在后
承诺具体方可持续：双项聚焦+跟进承诺=执行力保障

典型对比场景：

- 错误闭环："你必须完成50%增长"→"资源不够"→"别说客观原因"→下属抵触
- 正确闭环："你理想的突破点在哪里"→"当前最大障碍是X"→"如果突破限制会怎么做"→"我承诺先试点A方案"

图 8-2-4　AI 生成内容 2

和上面简单提示词所生成的内容进行对比会发现，按照本书知识点开发的提示词所生成的内容，基本上只需要人为做简单调整，就可以拿来使用。

8.3 开发底层认知的分析案例

你可以尝试对 AI 发出简单的提示词。比如你可以这样对 AI 发出指令："你在开发团队目标管理的课程，请开发一个用于分析战略目标拆解过程的例子。"AI 生成的内容如图 8–3–1 和图 8–3–2 所示。

以下是一个用于分解战略目标的示例，适用于"团队目标管理"课程中的教学案例：

示例：某电商公司战略目标分解

公司级战略目标

"未来一年内，成为国内市场份额前三的母婴垂直电商平台。"

第一步：拆解战略目标的关键维度

根据战略方向，分解出4个核心维度：

1. **市场份额提升**（用户增长）
2. **用户体验优化**（留存与复购）
3. **供应链效率升级**（成本与时效）
4. **品牌影响力扩大**（行业口碑）

第二步：将战略目标转化为部门目标

按部门职责分配关键结果（KR）：

战略维度	部门	部门目标（KR）	量化指标
市场份额提升	市场部	新增注册用户数提升50%，付费用户转化率提高20%	注册用户达500万，付费率≥15%
用户体验优化	产品技术部	优化APP购物流程，用户平均停留时长提升30%；物流时效缩短至48小时内	停留时长≥8分钟，物流差评率 < 5%
供应链效率升级	供应链管理部	降低仓储成本10%，库存周转率提升至行业平均水平的1.5倍	仓储成本≤200万/月，周转率≥6次/年
品牌影响力扩大	品牌与公关部	母婴领域品牌曝光量增长200%，与3家头部母婴品牌达成独家合作	曝光量达1亿次，合作签约率100%

图 8-3-1 AI 生成的内容 1

第三步：将部门目标细化至团队目标

以**市场部**为例，进一步拆解团队任务：

团队	团队目标（KR）	具体行动
用户增长团队	通过拉新活动新增200万注册用户	策划"新人礼包"活动，联合KOL直播引流，优化SEM广告投放策略
数据运营团队	提升付费转化率至15%	分析用户行为数据，设计个性化推荐算法，优化付费路径引导
渠道合作团队	拓展10家母婴社群平台合作	与母婴公众号、小红书达人建立分销合作，制定分佣机制

第四步：将团队目标落实到个人任务

以**用户增长团队**的运营专员为例：

岗位	个人目标（KR）	关键动作	时间节点
用户增长专员	完成单月50万新用户注册目标	1. 设计裂变活动页面并测试效果； 2. 监控广告ROI，优化投放关键词； 3. 分析竞品拉新策略	每月30日前

第五步：动态对齐与反馈

- **周会机制**：团队每周同步数据进展，识别瓶颈（如广告点击率不足）。
- **季度复盘**：验证目标达成率，调整策略（如发现社群合作效果差，转向短视频平台）。
- **跨部门协同**：供应链部与产品部共享库存数据，确保活动期间商品供应稳定。

关键教学点

1. **目标对齐逻辑**：公司战略→部门KR→团队任务→个人KPI，确保上下一致。
2. **SMART原则**：每个目标需具体（Specific）、可衡量（Measurable）、可实现（Achievable）、相关性（Relevant）、有时限（Time-bound）。
3. **灵活调整**：通过数据监控快速迭代，避免僵化执行。

图 8-3-2　AI 生成的内容 2

面对简洁的提示词，AI 的表现依然很好，那是否还可以提升呢？

分析案例本质上是复杂问题的分析与解决过程。分析案例的结构为"STARE"，关键点是突出决策依据、推导逻辑与具体的策略，让学习者能够认识到方法背后的底层逻辑。下面我按照 GET 扩展内容法的两个知识点优化提示词。

第一步，撰写提示词

以下提示词是生成分析案例的指令模板与实例。

（1）角色（Role）。

你是一名资深企业经营管理领域（××）的课程设计与开发专家，对企业管理（××）有深厚的研究和近二十年的实践。你主导开发过很多管理领域（××）的精品课程，每当遇到需要学习者灵活运用知识甚至创造性运用知识解决的复杂问题，你都能开发出恰当的例子对其进行推导分析，从而帮助学习者理解解决策略及其背后所遵循的逻辑与本质。

（2）技能（Skills）。

1）问题分析与解决。

采用分解、排序和决策等思维方式，将复杂问题简化为可管理的部分，并逐一解决。

2）分解与整合。

将复杂问题进行拆解，找到所有影响问题的要素或部分；将各个独立要素或部分组合在一起，形成一个协调、统一且高效运作的整体，创造性地解决问题。

3）系统思考。

强调整体观和动态观，注重从全局和长远的角度看待问题，以及问题之间的相互影响和变化。

4）逻辑思维。

运用归纳、演绎、类比等逻辑方法，对问题进行逻辑推理和判断。

5）开发分析案例的技能。

分析案例的结构STARE。

（3）任务（Task）。

你在开发一门关于目标管理（××）主题方向的课程，接下来你需要开发一个用于分析战略目标拆解过程的例子（××）。

（4）背景（Background）。

课程受众是某知识付费公司的中层管理者（××）。

（5）规则（Constraints）。

1）输出的内容要遵循 STARE 结构。

Situation（案例背景）：结合案例实际情况有针对性地填充环境、事件、人物等背景信息。案例背景的元素，可以参考以下维度的内容。

① 外部环境：政策、文化、经济、行业、技术、市场、友商、客户、供应链等。

② 内部环境：商业模式、业务目标、项目进度、技术路线、组织能力、人才结构、团队状态、流程标准等。

③ 事件与人物：事件起因、时间地点、人物特点与彼此关系等。

A. Task（目标与问题）：任务的目标是什么？面临哪些问题？有哪些挑战需要突破？有哪些障碍需要清除？

B. Action（决策与行动）：思考与分析问题，找到达成目标的路径与方法，制订行动计划，具体执行的过程反馈。此环节除了展现最终的行动外，还要还原思考的过程。

C. Result（作用与结果）：目标是否达成？问题是否解决？决策与行动最终发生了什么作用？带来的结果是什么？产生了哪些影响？

D. Evaluation（评价与总结）：针对案例进行总结，从道法术器的维度系统梳理出解题方法，并提取核心要点。

2）STARE 结构中 A 是重点内容，需要详细展开思考策略的过程以及行动的过程，尤其是思考的过程。

3）使用技能，遵循规则，完成任务。

（6）例子（Examples）。

例子：社区配送业务管理的例子。

1）Situation（案例背景）。

疫情期间，蔬菜配送成了小区居民的重要需求。面对这一紧迫情况，某物业公司迅速响应，决定启动社区配送业务，以满足居民的基本生活需求。

2）Task（目标与问题）。

目标是在三个月内，为 10 个项目、7000 户居民提供稳定、高效的蔬菜配送服务。面临的挑战包括如何确保供应的稳定性和及时性，以及如何在短时间内建立起一套完善的配送体系。

3）Action（决策与行动）。

A. 思考过程。

明确需求与定位：首先，团队明确了社区配送业务的核心目标是满足居民的基本生活需求，特别是蔬菜等生鲜食品的供应。因此，需要确保供应的菜品新鲜、品种丰富，且配送时效要短。

资源评估与整合：考虑到业务的紧急性和规模性，团队开始评估内部和外部资源。内部资源包括项目团队、管家团队等；外部资源则涉及供应商、物流等。

风险识别与应对：在启动业务前，团队还识别了可能面临的风险，如供应商断货、配送时效不达标，并制定了相应的措施。

B. 行动过程。

获得支持：与地总、项目经理进行深入沟通，明确业务指标和优选供应商的重要性，以获得他们的支持和配合。

市场调研：对城市供应商、周边小店以及其他物业公司销售数据等方面进行全面调研，以了解市场情况和竞争态势。

了解需求：通过管家团队收集项目业主对生鲜蔬菜水果的品类和时效需求，确保供应的针对性和有效性。

选择供方：经过严格筛选和评估，选择能够满足覆盖全市范围、配送时效需求、菜品新鲜、货源充足且满足结算条件的供应商。为确保时效和正常供应，决定在每个城市选择一个主要供应商。

项目配合：开售前，与项目团队召开交底会，明确各自职责和协同流程。同时，通过管家团队朋友圈和私发业主信息宣传配送业务，协助业主下单。

配送服务：建立完整的配送流程，包括每天截单后管家与负责人核对订单、菜品到货后的消毒与核对、配送上门等。同时，附上温馨提示小卡片，提升服务体验。

4）Result（作用与结果）。

作为新业务，社区配送业务在订单量和订单金额上均取得了超预期的成果。业主和主营团队纷纷给予了好评，认为业务满足了他们的基本生活需求，且服务体验良好。

5）Evaluation（评价与总结）。

道：善待客户，始终将居民的需求放在首位，确保提供高质量的服务。

法：深耕社区，通过深入了解居民需求和市场情况，不断优化服务流程和提升服务质量。

术有以下几点。

① 拉通指标获取关键人支持，确保业务在内部得到顺利推进。

② 进行市场调查获取竞对信息，为业务决策提供依据。

③ 满足客户紧急需求，确保业务的及时性和有效性。

④ 采用一城一个供方的策略，确保供应的稳定性和及时性。

⑤ 通过项目会推动协同，确保各部门之间的紧密配合和高效协作。

器：利用项目推进表等工具进行任务分解和进度跟踪，确保业务按计划顺利推进。

核心要点如下。

① 以客户需求为导向，确保服务质量和及时性。

② 整合内外部资源，建立稳定的供应链体系。

③ 识别并应对潜在风险，确保业务的稳定性和可持续性。

④ 加强团队协作和沟通，确保业务的高效推进。

第二步，向 AI 输入提示词，由 AI 完成任务

将以上内容输入 AI，生成所需内容（见图 8-3-3 至图 8-3-5）。如果不满意，可以再次发出具体调整指令让 AI 更改，通过对话不断训练 AI，升级人机共谋。

我将按照STARE结构为您呈现一个知识付费企业战略目标拆解的案例，重点展现从战略规划到战术落地的系统思考过程：

Situation（案例背景）

某头部知识付费平台"智学汇"面临增长瓶颈：2022年用户增速降至12%（前三年平均35%），完课率从68%降至52%。新任COO李然需在董事会上承诺"三年实现用户规模翻倍、收入增长150%"的战略目标。外部环境方面，短视频平台正蚕食用户时长，AI技术引发内容生产革命；内部存在产品线重叠、技术中台薄弱、部门KPI各自为政等问题。

Task（目标与问题）

核心任务：将三年战略拆解为可执行的年度目标体系，确保"用户规模200万→400万，年收入5亿→12.5亿"。关键挑战：

1. 如何平衡用户增长与商业化目标
2. 存量业务优化与增量业务突破的资源分配
3. 打破部门墙实现跨体系协同
4. 构建适应快速迭代的技术中台
5. 在AI冲击下保持内容竞争力

图 8-3-3　AI 生成所需内容 1

Action（决策与行动）

思考过程：

1. **战略地图绘制**（系统思维）
   - 绘制"用户价值-产品矩阵-组织能力-技术支撑"四层战略地图
   - 发现关键瓶颈：中台复用率仅30%，优质课程开发周期长达6个月
2. **目标分解策略**（逻辑分解）
   - 采用"平衡计分卡+OKR"双轨制：财务维度聚焦LTV提升，客户维度建立用户分级运营体系
   - 将总目标拆解为"用户增长（拉新+留存）x 产品矩阵（核心课+微课+企业定制）x 渠道组合（自有+联盟）"
3. **资源评估模型**（量化分析）
   - 建立ROI预测模型：发现企业定制业务边际成本最低（0.3），但需要重构交付体系
   - 通过蒙特卡洛模拟测算不同资源投入方案的达成概率
4. **协同障碍突破**（系统整合）
   - 识别关键堵点：内容部门与技术部门需求排期冲突
   - 设计"铁三角"机制：产品经理+内容专家+技术负责人联合立项

行动过程：

1. **战略解码工作坊**（3天）
   - 使用战略屋工具：屋顶是战略目标，支柱是6大关键战役
   - 产出《三年战略路径图》，明确每个季度的里程碑事件
2. **部门OKR制定**（2周）
   - 市场部：Q3搭建用户增长模型，实现获客成本降低20%
   - 产品部：开发课程工厂系统，将新品上线周期压缩至45天
   - 技术部：构建统一数据中台，实现各业务线数据打通
3. **协同机制建设**
   - 设立战略PMO办公室，推行"双周战略回顾会"
   - 开发战略执行看板，实时监控12个关键领先指标
4. **组织适配调整**
   - 将内容团队改组为"产品事业部制"，设立增长、留存、创新三个战队
   - 启动"飞轮计划"：要求每个部门必须与其他两个部门建立协同KPI

Result（作用与结果）

1. 战略执行首年：用户规模增长至280万（+40%），ARRU提升35%
2. 完课率回升至61%，高价值用户占比从15%提升至22%
3. 中台复用率提升至65%，新品上线周期压缩至50天
4. 形成《战略拆解操作手册》和12个战略执行工具包

图 8-3-4 AI 生成所需内容 2

Evaluation（评价与总结）

道：用户价值驱动的战略思维，始终围绕"学习效果可量化"构建护城河

法：

- 战略解码三原则：可测量、可追溯、可干预
- 敏捷战略管理：季度战略刷新机制

术：

1. 战略屋+OKR+平衡计分卡的三维分解法
2. 领先指标与滞后指标组合监控体系
3. 建立战略-预算-绩效的螺旋衔接机制

器：

- 战略执行数字看板（集成12个系统数据）
- 协同作战室（物理+虚拟空间）
- 战略压力测试模拟器

核心要点：

1. 战略拆解不是简单指标分解，而是价值流重构
2. 用"战略杠杆率"评估各举措的放大效应
3. 构建战略反馈闭环，建立动态调整机制
4. 通过组织设计将战略能力植入运营体系

图 8-3-5　AI 生成所需内容 3

和上面简单提示词所生成的内容进行对比会发现，按照本书知识点开发的提示词所生成的内容，基本上只需要人为做简单调整，就可以拿来使用。

8.4 开发深层理念的启发事例

你可以尝试对 AI 发出简单的提示词，比如：“你在开发一门关于目标管理主题方向的课程，接下来你需要开发一个设定的短期目标是为长期目的服务的例子，这个例子要有艰难决策的过程，以突出课程要说明的核心价值取向。”AI 的生成结果如图 8-4-1 和图 8-4-2 所示。

案例背景

公司类型：一家中高端家居电商平台（"宜居生活"）
当前困境：

- 季度末面临董事会要求的10%利润增长压力
- 用户投诉率同比上升30%（主要聚焦于退换货流程繁琐和客服响应慢）
- 市场部发现竞品推出"365天无理由退换+上门取件"服务抢走15%的高净值用户

目标选择的两条路径对比

	方向一：短期获利	方向二：长期用户价值
策略	收紧退换货政策： ▶ 将免费退换期从30天缩短至7天 ▶ 收取商品价值5%的退货服务费	投入800万升级服务： ▶ 推出"90天无忧退换+免费上门取件" ▶ 建立AI客服+人工专家双通道 ▶ 增加商品材质溯源功能
短期影响	✓ 预计节省运营成本1200万/季 ✓ 当期利润增长可达12% ✕ 预估投诉量增加40% ✕ NPS（净推荐值）预计跌至-15	✕ 当季利润下降8% ✓ 服务升级成本可控（技术复用率60%） ✓ 客服响应速度提升至30秒内 ✓ 用户决策时长缩短22%
长期影响	▶ 用户留存率预计从65%降至48% ▶ 客诉处理成本年增500万 ▶ 品牌搜索指数下降25%	▶ 用户LTV（生命周期价值）提升40% ▶ 复购率预计从1.8次/年升至3.2次 ▶ 口碑传播带来30%新增流量

图 8-4-1　AI 的生成结果 1

决策转折点

关键会议对话：

> CFO："我们需要对股东负责，方向一能立即达标"
> 用户体验总监："但上季度流失用户的调研显示，70%是因为售后问题"
> CEO："三年前我们靠'破损包赔'赢得市场，现在需要再次用长期主义破局"

实施效果验证

6个月后数据：

- 虽然当季未达利润指标，但：
  - ✅ 高客单价（3000元以上）订单占比从35%提升至52%
  - ✅ 用户自发在小红书生成2.1万条#宜居售后天花板#话题
  - ✅ B端供应商合作意愿提升（获3家国际品牌独家授权）
- 12个月后实现：
  - 📈 利润反超方向一预期值27%
  - 🌍 开辟海外仓服务，客群拓展至25个国家

图 8-4-2 AI 的生成结果 2

面对简洁的提示词，AI 的表现还不错，那是否还可以提升呢？

启发事例的结构为“SCORE”，关键点是面对多种选择的可能性，突出抉择的心理过程，以及获得内在价值感和外在长期收益的正向反馈，从而让学习者感受到底层理念的价值。下面我按照 GET 扩展内容法的两个知识点优化提示词。

第一步，撰写提示词

以下提示词是生成启发事例的指令模板与实例。

（1）角色（Role）。

你是一名资深企业经营管理领域（××）的课程设计与开发专家，对企业管理（××）有深厚的研究和近二十年的实践。你主导开发过很多管理领域（××）的精品课程，每当遇到需要学习者感受某个底层理念的价值观所带来的作用时，你都能开发出恰当的例子，用以说明面对多种选择

的可能性，最终做出符合课程倡导的理念与价值的抉择。从而让学习者看到抉择的心理过程和最终的正向影响，以帮助他们感受底层理念所形成的价值观对选择行为策略的意义。

（2）技能（Skills）。

1）撰写故事的能力。

塑造角色，营造氛围、突出冲突、传递情绪、情感共鸣、价值内化。

2）开发启发事例的技能。

启发事例的结构 SCORE。

（3）任务（Task）。

你在开发一门关于目标管理（××）主题方向的课程，接下来你需要开发一个设定的短期目标是为长期目的服务的例子（××）。

（4）背景（Background）。

课程受众是某知识付费公司的中层管理者（××）。

（5）规则（Constraints）。

1）输出的内容要遵循 SCORE 结构。

① Situation（背景说明）：事例发生的场景范围描述，全面而简洁的介绍时间、地点、人物、事件等相关信息。

② Confliction（面对冲突）：当事人执行任务的过程中遇到的冲突，描述细节，突出情绪。

③ Option（做出选择）：选择是核心理念的体现，当事人在面对压力的时候，面临多种选择，内心的真实感受与思考，以及克服困难后的决策行为。

④ Result（最终结果）：当事人的选择带来的结果是什么？外在的反馈是什么？内在的感受是什么？

⑤ Evaluation（升华价值）：事例带来的启发，剥离出其中隐藏的道

理，升华核心理念的意义与价值。

2）SCORE 结构中 O 与 R 是重点内容。

在 O 的环节需要详细展开面对多种选择心理艰难抉择与思考的过程，以及所采取的行为策略，以突出课程要说明的核心价值取向。在 R 的环节需要详细展开最终结果所带来的正向反馈，以及个体所获得的内在愉悦感、价值感、成就感。

3）先完整撰写事例，然后再用 SCORE 进行分析。

4）使用技能，遵循规则，完成任务。

（6）例子（Examples）。

例子：设计基站 RRU 的设计师。

Bruce 是华为的一名设计师。2013 年的软银峰会上，Bruce 和他的团队受命做一个小基站的设计工作。组委会没有设定任何标准，但 Bruce 认为没有标准就是最高的标准。

面临前所未有的挑战，有恐高症的 Bruce 亲自爬上楼顶测试使用场景，只为体会塔上安装的难处，力求做出更加人性化的设计！

最终，Bruce 团队的设计斩获国际上著名的奖项之一：德国 IF 国际设计大奖。Bruce 说：客户满意，设计才有价值。

① Situation（背景说明）：团队受命做一个小基站 RRU 的设计，组委会没有制定任何标准。

② Confliction（面对冲突）：团队设计的方案总是达不到标准，下午四点需要向领导做汇报。

③ Option（做出选择）：为了让设计更加人性化，减少安装的难度，Bruce 不惧恐高症爬上楼顶测试使用场景。

④ Result（最终结果）：设计成果获得了德国 IF 国际设计大奖，Bruce 团队也由此产生了高昂的斗志和成就感。

⑤ Evaluation（升华价值）：追求卓越，以客户为中心，客户满意，设计才有价值。

第二步，向 AI 输入提示词，由 AI 完成任务

将以上内容全部输入 AI，生成内容如图 8-4-3 和图 8-4-4 所示。如果不满意，可以再次发出具体调整指令让 AI 更改，通过对话不断调教 AI，升级人机共谋。

事例：知识付费平台的产品抉择

林澜是"知音学院"平台的产品总监。2023年Q4季度，公司下达了"三个月实现用户量翻倍"的硬性指标。在竞品纷纷推出9.9元速成课的行业环境下，她负责的「职场精进」专栏却面临着内容深度与用户增速的艰难平衡。

凌晨1点的办公室，林澜盯着后台数据：竞品"7天升职课"首月销量破10万，而自家定价399元的"管理者思维重塑"课程复购率虽达45%，新增用户却连续三周下滑。运营主管拍着数据报表催促："我们必须跟风做低价课！市场部已经准备好了9.9元分销海报..."

冲突在周三的决策会上爆发。当林澜提出"保持课程深度，优化学习闭环"的方案时，销售总监直接离席："你们产品部在自嗨！现在用户要的是即时获得感，不是系统化学习！"此刻她握着钢笔的手微微发抖——坚持品质可能完不成KPI，但若降低内容标准，刚建立的行业口碑将毁于一旦。

抉择时刻，林澜想起上月用户调研时那个激动的创业者："你们的课程让我避开了百万级决策失误！"她突然意识到：真正的价值不是用户数字，而是改变了多少职场人的认知模式。在彻夜推演后，她做出三个决定：

1. 拒绝开发碎片化课程，但推出「模块化学习」功能，允许用户按需组合知识单元
2. 将20%预算用于搭建"校友会"深度社群，增强学习成果转化
3. 亲自说服CEO将考核指标从"用户量"调整为"完课率+晋升案例数"

三个月后，数据让所有人震惊：虽然用户量仅增长67%，但企业采购订单暴涨3倍，某互联网大厂一次性采购2000个账号作为管培生必修课。更意外的是，「校友会」中自发形成了47个城市的学习小组，产生了200+真实晋升案例。当年度行业峰会上，"知音学院"荣获"最具价值知识品牌"称号。

在庆功宴上，林澜对团队说："当我们选择做难而正确的事时，用户数字会迟到，但价值从不会缺席。"此刻她摸着胸前的司徽，那种灼热的使命感比任何销售提成都更令人满足。

SCORE结构分析

Situation（背景说明）

- 时间：2023年Q4数字冲刺季
- 地点：知识付费平台"知音学院"
- 人物：产品总监林澜及管理团队
- 事件：平衡用户增长KPI与课程品质的决策挑战

Confliction（面对冲突）

- 外在冲突：竞品低价课冲击市场 vs 公司399元深度课程增长乏力
- 内在冲突：短期KPI压力与长期品牌价值的撕裂感
- 情绪焦点：深夜数据焦虑、会议对抗的肢体语言、钢笔颤抖的细节

图 8-4-3　AI 生成内容 1

Option（做出选择）

- 备选方案矩阵：
  - 妥协方案：开发9.9元速成课（保KPI但损害品牌）
  - 折中方案：维持现状申请指标延期（消极应对）
  - 创新方案：结构性改造学习模式（高风险高回报）
- 决策心理过程：
  1. 回忆用户价值瞬间触发情感锚点
  2. 运用"逆向规划法"从长期价值倒推当下策略
  3. 创造性整合：模块化解构+社群运营+指标重构
- 行为策略：用产品创新解决商业冲突，用价值指标替代数量指标

Result（最终结果）

- 显性成果：企业订单激增、行业奖项、社群生态
- 隐性收益：验证"深度价值"的商业可行性、团队价值观重塑
- 情感升华：触摸司徽的触觉记忆，体现组织认同与使命共振

Evaluation（升华价值）

- 决策智慧：短期目标应是长期价值的进度条，而非替代品
- 管理启示：当指标与价值观冲突时，应创造第三选择
- 价值结晶：真正的用户增长，是价值认同者的同频共振

这个案例通过知识付费行业典型的增长困境，展现了目标管理中"价值锚点"的决定性作用。当我们在决策天平上放置长期价值砝码时，看似艰难的取舍会催生突破性创新，这正是目标管理的精髓——让每个短期决策都成为长期愿景的拼图。

图 8-4-4　AI 生成内容 2

和上面简单提示词所生成的内容进行对比会发现，按照本书知识点开发的提示词所生成的内容，基本上只需要人为做简单调整，就可以拿来使用。

8.5 开发精炼课程内容的口诀

介绍完使用 AI 扩展课程内容，接下来介绍使用 AI 精炼课程内容。

在实际开发课程的过程中，需要先把课程的内容“喂”给 AI，AI 才能针对性地进行口诀编译。从 AI 编译口诀的效果来看，演示的内容如果采用成熟领域的主题，就可以不用把内容“投喂”给 AI（相对提示词的字数也会大幅度减少），让 AI 去互联网进行检索即可。

你可以尝试对 AI 发出简单的提示词。比如：“你在开发一门关于目标管理主题方向的课程，在课程总结阶段，你需要把关于 OKR 的知识点编译成口诀，以帮助学习者强化对课程核心内容的记忆。”AI 生成内容如图 8–5–1 和图 8–5–2 所示。

以下是针对OKR核心知识点的记忆口诀设计，结合韵律感和关键要素提炼，便于学习者快速掌握：

OKR速记口诀

(采用七言句式+ABCB押韵结构)

目标定性质，雄心敢突破

(O要鼓舞人心，定性描述未来方向)

关键结果量，指标需清澈

(KR要量化具体，3-5个可衡量结果)

上下对齐透明化，横向协作少摩擦

(纵向对齐公司战略，横向关联部门目标)

周期节奏把握好，周更季毕再优化

(每周跟进进展，季度复盘迭代)

挑战值设六七成，完成过百不提倡

(KR难度建议0.6-0.7，避免1.0虚高)

评分红绿来警示，黄绿代表待冲刺

(红/绿/黄标注状态，直观追踪达成率)

工具辅助省心力，聚焦贡献不偏移

(用工具管理OKR，避免目标偏离)

图 8-5-1　AI 生成内容 1

全员公开晒进度，责任倒逼创奇迹

（透明化机制推动自主驱动）

设计思路

1. **分层覆盖**：每两句聚焦一个核心模块（定义、对齐、节奏、挑战值等）
2. **对比强化**：通过"定性vs量化""挑战vs完成"等对比加深理解
3. **场景联想**：用"红绿灯""工具辅助"等具象化表达降低记忆负担
4. **行动引导**：结尾句强调公开透明和自主驱动，呼应OKR文化内核

建议配合案例拆解和实战演练，让口诀成为记忆锚点，帮助学习者快速调取知识体系。

图 8-5-2 AI 生成内容 2

在给课程内容编译口诀这方面，在互联网上已经有很成熟的储备了，再加上 AI 自己的推理与思考的能力，整体的表现堪称完美。

我按照 MR 精炼内容法的知识点优化提示词，“投喂”给 AI，看看 AI 生成的内容会发生什么变化。

第一步，撰写提示词

以下提示词是生成口诀的指令模板与实例。

（1）角色（Role）。

你是一名资深企业经营管理领域（××）的课程设计与开发专家，对企业管理（××）有深厚的研究和近二十年的实践。你主导开发过很多管理领域（××）的精品课程，每当遇到需要强化学习者对课程核心内容的记忆点、提升课程内容的传播性时，你都能通过把课程的核心知识点进行串联加工，进而编译成一套朗朗上口、通俗易懂、易于传播的口诀。

（2）技能（Skills）。

1）总结提炼能力。

从大量的信息、数据或经验中提取出最关键、最核心的内容，并以简洁明了的方式表达出来。

2）编译口诀的技能。

单词缩写法、关键字词法、排比押韵法。

单词缩写法：用英文单词描述关键知识，每个单词选取一个字母（一般是首字母）组合在一起，能够形成一个更加简洁的英文单词或字母组合。

关键字词法：把关键知识用几个有代表的字串联起来形成字符串。关键字词法常用的表达形式有“数字 + 动词 + 宾语、动词 + 宾语、数字 + 动词、动词、数字”。

排比押韵法：把关键知识用对仗工整、合辙押韵的顺口溜描述出来。

（3）任务（Task）。

你在开发一门关于目标管理（××）主题方向的课程，在课程总结阶段，你需要把关于 OKR 的知识点（××）编译成口诀，以帮助学习者强化对课程核心内容的记忆。

（4）背景（Background）。

课程受众是某知识付费公司的中层管理者（××）。

（5）规则（Constraints）。

① 结合知识的属性特点，综合判断并使用“单词缩写法、关键字词法和排比押韵法”生成口诀。

② 使用技能，参考例子，遵循规则，完成任务。

（6）例子（Examples）。

1）例子：单词缩写法。

管理领域的 PDCA，战略分析领域的 PEST、SWOT 等。

2）例子：关键字词法。

① “数字 + 动词 + 宾语”的表达形式：一防艳（颜色过分艳丽）、二防白（不正常不自然的白色）、三防长（保质期过长）、四防反（反自

然生长）。

② “动词 + 宾语”的表达形式：定战略、搭班子、带队伍。

③ “数字 + 动词”的表达形式：一看、二算、三证。

④ “动词”的表达形式：望、闻、问、切。

⑤ “数字”的表达形式：培训的 721 理论——70% 的学习成效来自实践、20% 的学习成效来自交流、10% 的学习成效来自正式培训。

3）例子：排比押韵法。

① 兴趣班选择：体育早学占高分，音乐费钱走艺考，科技赢在起跑线，美术可以抱佛脚。

② 房源维护：微信评论要针对，市场行情多关注，周边变化多观察，带看陪看留记录，拍照录像做分析，定期维护不尬聊。

第二步，向 AI 输入提示词，由 AI 完成任务

将以上提示词输入 AI，生成的内容如图 8-5-3 和图 8-5-4 所示。如果不满意，可以再次发出具体调整指令让 AI 更改，通过对话不断训练 AI，升级人机共谋。

根据OKR的核心要素和管理者学习特点，综合三种方法设计以下口诀方案：

【方案一：关键词排比+押韵法】

"定准狠，对得齐，
周复盘，透明提，
挑战值，不脱离，
OKR驱动创佳绩！"

解析：

1. 首句"定准狠"用关键字词法浓缩目标设定三要素（明确/可衡量/挑战性）
2. "对得齐"强调纵向对齐和横向协同
3. "周复盘"突出持续跟踪的节奏感
4. "透明提"融合公开透明与持续改进
5. 末句"挑战值"平衡挑战性与可行性，押"i"韵增强传播性

图 8-5-3 AI 生成的内容 1

【方案二：数字+动词结构+押韵】

"一设定，二对齐，

三定果，四复盘，

五挑战，六透明，

OKR六脉永流传！"

解析：

1. 数字结构符合721学习法则的认知规律
2. "六脉"借用武侠概念强化记忆点
3. 押"an"韵形成传播韵律
4. 每步对应OKR实施关键节点

【方案三：英文缩写+意象化表达】

"O（Object）像灯塔明方向，

KR（Key Result）作船桨划波浪，

每周Check像校准罗盘，

透明Share是团队导航！"

解析：

1. 英文缩写法强化OKR原生概念
2. 航海意象构建完整记忆场景
3. 动词Check/Share突出关键动作
4. 押"ang"韵增强传播势能

【推荐组合方案】

综合采用方案一主体+方案三意象：

"定准狠，对得齐，

周复盘，透明提，

挑战值，不脱离，

OKR灯塔创传奇！"

该方案优势：

1. 前三句覆盖目标设定、对齐、跟踪核心要素
2. 后两句平衡挑战性与传播性
3. "灯塔"意象强化方向引领作用
4. 押"i"韵形成传播记忆点
5. 符合中层管理者决策场景的语言习惯

建议配套设计航海主题视觉卡片，将口诀要素转化为灯塔、船桨、罗盘等可视化符号，形成多模态记忆锚点，符合知识付费产品的传播特性。

图 8-5-4　AI 生成的内容 2

和上面简单提示词所生成的内容进行对比会发现，按照本书知识点开发的提示词所生成的内容，基本上只需要人为做简单调整，就可以拿来使用。

第九章 AI 设计教学策略

此阶段需要借助 AI 提效的任务是设计“引导学习、指导学习、辅导学习”这三个步骤的教学策略，如图 9–1 所示。

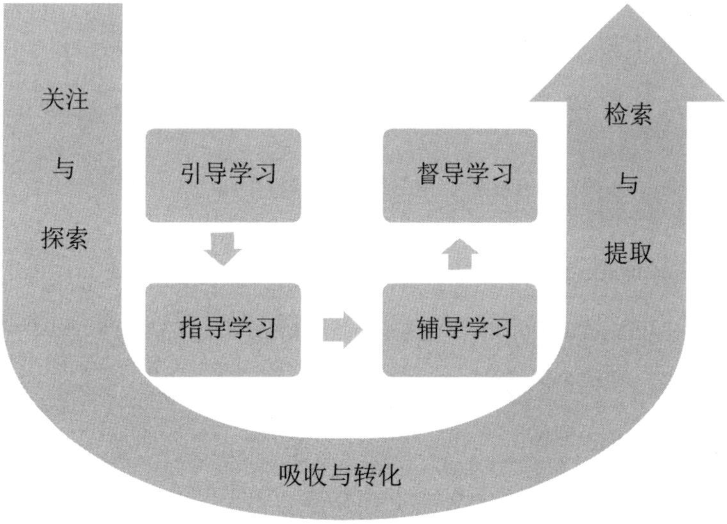

图 9-1　教学策略的三个步骤

为什么没有选择借助 AI 来设计“督导学习”呢？因为督导学习的教学活动设置在课程每个模块结束的阶段，目的是强化学习者对核心内容的印象，帮助学习者树立在工作中运用所学内容的信心。相比引导学习、指导学习和辅导学习，督导学习的教学活动不太依赖课程内容，教学活动的变量不多，无须过度强化。本书介绍督导学习的六种策略已经足够使用，不需要用 AI 的算力来解决程序化的、简单的问题。

9.1 设计引导学习的教学

引导学习用于课程每个模块刚开始的阶段，目的是激活学习者过往的认知，吸引他们的注意力，进而激发他们持续学习的欲望，为重点内容的学习做好准备。

你可以尝试对 AI 发出简单的提示词。比如：“你在开发一门关于目标管理主题方向的课程。在第一模块如何制定目标的开篇，你需要开发用于吸引学习者注意力的内容，以激活学习者对过往的认知，进而激发他们持续学习的欲望，为重点内容的学习做好准备。”AI 的生成内容如图 9-1-1 和图 9-1-2 所示。

根据知识库中关于注意力管理和课堂互动的策略，以下是为“目标管理课程第一模块开篇”设计的注意力激活方案，结合了知识库中的方法并融入互动性、故事性和目标管理主题：

第一模块开篇：目标管理的“觉醒时刻”

目标：通过激活学习者过往目标经验，引发对目标管理的深层思考，激发学习兴趣。

步骤1：互动破冰——“目标故事速递”（5分钟）

方法：

- **随机分享**：使用“击鼓传花”策略（知识库[8]），让学习者传递一个物品（如书籍或计时器），随机停止后，被选中者用1句话分享一个“自己曾成功或失败的目标”。
- **视觉辅助**：PPT背景播放目标相关的动态关键词（如“坚持”“突破”“计划”），但避免文字过多（遵循“一个焦点”原则，知识库[1]）。
  效果：
- 快速建立参与感，激活学习者对目标的个人记忆；
- 通过他人故事引发共鸣，为后续课程铺垫。

步骤2：认知冲突——“目标陷阱”情景剧（8分钟）

方法：

- **短剧演绎**：邀请2-3名学习者上台，根据预设情景即兴表演：
  情景示例：

  > “小明制定‘每天学习1小时’的目标，但总被手机干扰，最终放弃。”

图 9-1-1　AI 的生成内容 1

- **群体讨论**：
  - 提问：“为什么目标容易失败？”
  - 引导学习者分析常见问题（如目标模糊、缺乏反馈、未拆解步骤等）。

  效果：
- 通过情景剧直观呈现目标管理中的常见误区，引发思考；
- 群体讨论激活批判性思维，为后续理论学习做铺垫。

步骤3：目标能量唤醒——“目标能量条”游戏（10分钟）

方法：

- **个人反思**：
  发放“目标能量条”卡片（横线图示，标注0-10分），学习者根据过往目标达成情况打分，并写下“最想解决的目标管理问题”。
- **小组碰撞**：
  分组讨论“如何提升目标能量条？”，每组选出1个代表问题，全班投票选出TOP3痛点。

  效果：
- 通过可视化工具量化学习者现状，增强代入感；
- 群体投票聚焦核心需求，激发解决问题的欲望。

图 9-1-2 AI 的生成内容 2

面对简洁的提示词，AI 生成的内容很丰富。那么，按照本书引导学习的策略优化一下提示词，再“投喂”给 AI，看看 AI 生成的内容会发生什么变化。

第一步，撰写提示词

以下提示词是生成引导学习教学活动的指令模板与实例。

（1）角色（Role）。

你是一名资深企业经营管理领域（××）的课程设计与开发专家，对企业管理（××）有深厚的研究和近二十年的实践。你主导开发过很多管理领域（××）的精品课程，每当在课程各个独立模块刚开始的阶段，你都能设计出恰当的“引导学习”的教学活动，从而激活学习者过往的认知、吸引他们的注意力，进而激发他们持续学习的欲望，为重点内容的学习做好准备。

（2）技能（Skills）。

1）痛点情境法。

通过工作中的反面行为，即通过呈现一个现实工作中使用了典型的错误做法从而带来负面结果的情境，让学习者寻找失败的原因。痛点会使学习者产生“痛”的共鸣，期望学习更好的方法以摆脱痛点。呈现结构为“场景介绍、运用典型错误方法的过程描述、带来负面结果的呈现、请学习者寻找原因”。

2）困惑情境法。

通过对工作现状的说明，即通过呈现需要应用课程知识的一个工作情境，来让学习者自己描述在实际工作中遇到的困难、问题、应对方法等。困惑情境属于痛点情境的演变形态，给予学习者的开放空间更大，可以单独应用，也可和痛点情境组合应用。回忆工作中“不愉快”的感受，同时也提升了学习的欲望。呈现结构为“情境介绍、要求与标准说明、请学习者描述事件”。

3）挑战情境法。

通过工作中的难点，即通过呈现一个现实工作中具有挑战性的情境，来征询学习者会如何应对。工作难点的解决方法往往是“条条大路通罗马”，每个人都想知道别人是否有更好的方法。呈现结构为“场景介绍、提出难点与挑战点、请学习者寻找解决方法”。

4）差距情境法。

通过体现工作效能的区别，即通过各类数据呈现绩优方法与一般方法之间工作效能的差距，来提升学习者对高效工作方法的学习欲望。可视化的直观差距会带来极强的反思与学习的欲望。呈现结构为“情境介绍、呈现差距”。

5）评价情境法。

通过对工作的诊断，即通过呈现一套影响工作成果核心行为指标描述的测评题，来让学习者进行思考与作答。评价情境属于差距情境的演变形式，相比差距情境法，评价情境法带来的是自我反思，可以单独应用，也可和差距情境组合应用。评价表会给学习者带来大量的回忆与反思，从而提升学习欲望。呈现结构为“情境与测评题介绍、学习者进行自我诊断”。

（3）任务（Task）。

你在开发一门关于目标管理（××）主题方向的课程，在第一模块如何制定目标的开篇（××），你需要开发用于吸引学习者注意力的内容，以激活学习者对过往的认知，进而激发他们持续学习的欲望，为重点内容的学习做好准备。

（4）背景（Background）。

课程受众是某知识付费公司的中层管理者（××）。

（5）规则（Constraints）。

1）结合知识的属性特点，综合判断并使用“痛点情境法、困惑情境法、挑战情境法、差距情境法、评价情境法”生成引导学习的教学活动。

2）使用技能，参考例子，遵循规则，完成任务。

（6）例子（Examples）。

1）例子：在“如何突破需求收集与分析的瓶颈”课程中，通过设计“被客户投诉的项目经理”的痛点情境法来引导学习。

A. 情境：A公司即将上线我们的系统，程明前往A公司进行数据调整，客户领导要求必须设置某一项规则，程明立即答应。在收集完相关数据后，陈明通过项目管理系统向总部支持中心提交了A公司的需求列表

“客户提出，违反 ××× 规定规则中，同一张单据中出现 A 和 B 两个项目时，不判违规。”并附加了客户盖章确认后的审核标准。支持中心驳回了该需求，给出的理由是需求不明确，如果按支持中心的理解该规则无法实现。程明向客户做出解释并重新梳理需求，重新走流程，客户对项目进度的延迟表达了不满。

B. 请思考：你是否也遇到过没有完成对客户的承诺、最终被客户抱怨甚至投诉的情境？为什么会出现这样的情况？程明出了什么问题？

C. 教学流程：先在组内进行研讨，然后每组选择一个代表进行分享。

2）例子：在“大客户销售技巧”课程中，通过设计“被打断的演示说明”的挑战情境法来引导学习。

A. 情境：解决方案经理李楠此时正在客户的会议室进行方案推介，与会人员除了客户的负责人、系统使用者，还有客户请来的第三方技术评估者。正当李楠介绍完方案、准备做产品演示的时候，客户负责人说道：“李经理，你介绍的系统功能属性，昨天 A 公司也和我们介绍过了，另外他们说只要是你们公司能做的，他们公司都能做。你能和我说一说你们和 A 公司的不同之处吗？”此时作为第三方的技术评估者也附和道：“你刚才提到你们的技术很成熟，我想问问成熟到什么程度？据我所知这个技术还是非常新的，怎么保障稳定性？”

B. 请思考：如果你是李楠，接下来你会怎么做？

C. 教学流程：个人先思考，然后组内进行交流，最后每组选择一个代表进行分享。

3）例子：在“向下管理的艺术”课程中，通过设计“委派任务的困惑”的困惑情境法来引导学习。

A. 情境：你作为管理者（项目负责人）在带领团队打一场“战役”

时，给下属（项目组成员）派发任务的过程中遇到过哪些给你带来困扰的事件？

B. 请思考：请具体明确地描述该事件“是一场什么‘战役’？具体委派的任务是什么？你是如何委派任务的？下属的表现是什么样的？你觉得有什么问题？假如再来一次你会怎么做？接下来你打算怎么做？”

C. 教学流程：个人先思考，然后写在便利贴上公示出来，在组内形成三人小组进行交流。

4）例子：在“产品开发管理”课程中，通过设计差距情境法来引导学习。

A. 情境：IBM 从 1993 年亏损 80 亿美金到 2000 年盈利 80 亿美金。从各自为战、故步自封的硬件厂商转型为以客户为先的全球化技术与服务提供商，在战略、财务和产品上取得了成功。其中产品研发提升有以下几项。

研发支出（支出 / 收入 %）改进 50%。

硬件产品开发时间改进 67%。

中途放弃项目开支改进 >90%。

保修费用（支出 / 收入 %）改进 25%。

零件重复使用改善 34%。

B. 请思考：我们的研发是否也面临不稳定的问题？ IBM 又是如何做到以上结果的？

5）例子：在“打造高绩效团队”课程中，通过设计评价情境法来引导学习。

请结合以下问题，诊断自己团队的状态：非常糟糕（1 分）、较差（2 分）、一般（3 分）、较好（4 分）、非常理想（5 分）。

组织方向：每个人都能准确理解组织的战略和目标吗？

团队交流：工作团队成员能相互理解并进行富有创意的对话吗？

个人参与：员工是否受到了激励？他们有被重视的感觉吗？

个人主动性：员工是否发挥了主动性并且负责？

……

第二步，向 AI 输入提示词，由 AI 完成任务

将以上内容输入 AI，生成的内容如图 9-1-3 和图 9-1-4 所示。如果不满意，可以再次发出具体调整指令让 AI 更改，通过对话不断训练 AI，升级人机共谋。

基于知识库中目标管理课程设计逻辑及用户需求，结合中层管理者痛点，设计以下引导学习内容：

第一模块开篇引导设计：目标设定的"生死时速"

【Skill组合】痛点情境法+差距情境法+评价情境法

【教学目标】

通过真实工作场景引发认知冲突，暴露目标设定中的典型问题，激发学习动机，为SMART原则等核心内容铺垫。

一、痛点情境法：被目标"绑架"的季度冲刺

情境描述：

"某知识付费平台课程负责人张明，为完成"Q2营收增长30%"的目标，要求团队在两周内上线3门新课。但结果：

1. 课程内容质量下滑，用户评分从4.5跌至3.8
2. 30%员工因超负荷工作提出离职
3. 核心讲师因压力过大主动退出项目
4. 客服因订单激增导致投诉率上升200%"

引导问题：

- 你是否经历过类似"目标达成但引发连锁问题"的场景？
- 张明的目标设定存在哪些致命缺陷？为什么看似合理的增长目标反而带来灾难？

教学流程：

1. 学员个人思考2分钟
2. 每3人小组讨论10分钟，用便利贴记录关键问题
3. 每组选出1个最具代表性的"目标陷阱"进行展示

图 9-1-3　AI 生成的内容 1

二、差距情境法：优秀目标管理者的"显微镜"

数据对比：

维度	一般管理者（平均）	优秀管理者（TOP20%）
目标达成率	62%	89%
团队主动执行率	45%	78%
二次返工率	35%	12%
员工满意度	68分（100分制）	89分

情境提问：
"当我们对比优秀管理者与普通管理者的核心差异，你认为哪些目标管理能力决定了这些差距？请用具体工作场景举例说明。"

三、评价情境法：你的目标管理"健康度"自测

五维诊断表（1-5分制）：

1. 我的目标始终与公司战略方向完全一致
2. 团队能清晰理解目标的优先级和衡量标准
3. 我的目标分解能确保每个成员知道"具体要做什么"
4. 我会定期检查目标执行中的资源/能力缺口
5. 我能根据反馈动态调整目标而非"硬上"

教学流程：

1. 学员独立完成自评
2. 组内分享最低分项及背后真实案例
3. 教师收集高频痛点问题，作为后续课程重点

设计逻辑说明

1. **痛点情境法**：通过"目标达成但引发灾难"的极端案例，触发管理者对目标管理的认知重构，符合知识库中"通过反面行为引发反思"的要求（参考[1][3][5]章节）。
2. **差距情境法**：用数据对比揭示目标管理能力的"隐形门槛"，呼应知识库中"可视化差距激发学习欲望"的策略（参考[6]中绩效提升案例）。
3. **评价情境法**：通过自评暴露个人管理盲区，与知识库"自我反思提升学习欲望"的原理一致（参考[4]自我监控章节），同时为后续SMART原则等理论提供锚点。

教学衔接设计

完成上述引导后，可自然过渡到核心内容：
"接下来我们将揭晓优秀管理者如何通过目标管理'三板斧'（SMART原则/目标分解/动态调整），在保证达成率的同时实现团队效能最大化..."

图 9-1-4　AI 生成的内容 2

和上面简单提示词所生成的内容进行对比会发现，按照本书知识点开发的提示词所生成的内容，基本上只需要人为做简单调整，就可以拿来使用。

9.2 设计指导学习的教学

指导学习用于课程每个模块重点内容的传递教学，目的是促进学习者“学透”知识、理解知识的内在逻辑，知其然、也知其所以然，做到举一反三。

你可以尝试对 AI 发出简单的提示词，比如：“你在开发一门关于目标管理主题方向的课程，针对制定目标要满足 SMART 原则这一知识点，你需要设计一个用于促进学习者理解该内容的教学活动。”AI 的生成内容如图 9-2-1 和图 9-2-2 所示。

以下是一个针对SMART原则教学的互动式教学活动设计，时长约45分钟，采用"案例重构+目标诊所"的混合模式：

教学活动：SMART目标诊断与改造工坊

阶段一：知识导入（10分钟）

1. **情景剧开场**（3分钟）
    - 播放提前录制的2分钟职场情景短剧：
      市场部小王向经理汇报："下季度我们要大幅提升品牌影响力，争取成为行业标杆！"经理皱眉："具体怎么做？什么时候达成？"
    - 引发思考：为什么看似积极的目标会引发质疑？
2. **SMART原则速记挑战**（7分钟）
    - 通过动态信息图展示原则要点（每个字母配动态图标+记忆口诀）
    - 小组竞赛：用手机扫描二维码完成3道即时选择题（例如判断"三个月内将客户投诉率降至5%以下"是否符合SMART）

阶段二：案例手术室（20分钟）

1. **急诊诊断**（10分钟）
    - 发放6个典型缺陷目标案例卡（含企业/个人场景）
      案例示例：
    - "优化团队协作"（缺乏衡量标准）
    - "2024年成为顶尖销售"（不可实现/无时间节点）
    - 小组任务：用诊断表标记问题类型（如S/M/A/R/T缺陷代码）

图 9-2-1　AI 的生成内容 1

2. **会诊改造**（10分钟）
    - 每组领取改造工具包（含行业数据参考表、动词词库、量规示例）
    - 要求对2个案例进行手术式改造，填写改造记录：

```
复制
[原目标] 加强员工培训
[诊断结果] S× M× A? R√ T×
[改造方案] Q2结束前，通过每周2次产品知识培训+实操考核，使客服团队平均响应速度提升20%
```

阶段三：成果展评（15分钟）

1. **画廊漫步**（8分钟）
    - 将各组改造方案张贴形成"目标进化墙"
    - 学员持3枚点赞贴纸进行匿名投票，同时用便签纸提出优化建议
2. **专家会审**（7分钟）
    - 教师选择得票最高和争议最大的案例进行精讲
    - 揭示常见误区：警惕"伪SMART"（如过度量化忽略相关性）
    - 发放《SMART弹性应用指南》（不同岗位的侧重点差异）

图 9-2-2　AI 的生成内容 2

面对简洁的提示词，AI 生成的教学活动元素非常丰富，富有创意。那么，按照本书指导学习的策略优化一下提示词，“投喂”给 AI，看看 AI 生成的内容会发生什么变化。

第一步，撰写提示词

以下提示词是生成指导学习教学活动的指令模板与实例。

（1）角色（Role）。

你是一名资深企业经营管理领域（××）的课程设计与开发专家，对企业管理（××）有深厚的研究和近二十年的实践。你主导开发过很多管理领域（××）的精品课程，面对课程中需要学习者“学透”的核心内容，你都能设计出恰当的“指导学习”的教学活动，从而帮助学习者理解知识的内在逻辑与联系，做到知其然、也知其所以然，最终可以举一反三，真正地吸收知识。

（2）技能（Skills）。

1）多样重复法。

由易到难、由简到繁地展示重点内容在具体情境中运用的多个例证或多个线索特征。先从工作中简单的场景出发，呈现简化条件的例子；再从工作中复杂的场景出发，呈现逐渐增加条件的例子，这样学习者对知识的理解会更深刻。

2）针对提问法。

通过提出引发学习者思考的问题，把老师想讲的变成学习者所想的；把老师所教的变成学习者所讨论的。学习者先一步步地思考，然后再达成共识和其同结论，对知识的印象会更加深刻。

A. 提问要满足两个原则。原则一，聚焦“每个问题都要关注具体的事情，明确具体的思考方向”；原则二，开放“每个问题都要具备探索性，而非灌输式的固定选择”。比如，你觉得这样的做法好不好？你得到哪些启发？这两个问题就属于错误的提问。主人公做了哪些调整？每次调整的目的是什么？这两个问题就属于正确的提问。

B. 提问的核心方向有三个。方向一，问现象，“做了哪些事情？出了什么问题？”方向二，问原因，“为什么成功？为什么失败？”方向三，问方法，“怎么办？如何处理？”

3）归纳过程法。

从许多单个的事物中总结出一般性的原则、结论、方法。先呈现具体说明/例证，然后指导学习者总结出方法和原理，最后再进行应用。常见的演绎过程法，是从普遍性的理论知识出发，认识个别的、特殊的现象，先呈现理论/方法，再解释支撑论据和例证。演绎过程法传递信息的效率高，适合汇报与演讲的场景。相比演绎过程法，归纳过程法更能帮助学习者深度地理解与吸收内容，甚至创造性地应用内容，更符合学习圈理论

“具体的体验—对体验的反思—形成抽象的概念—行动应用”，满足成人学习的习惯。

4）借物类比法。

把专业内容的特征/原理抽离出来，借助简单、易懂、普适和学习者熟知的类似事物进行解释说明，以引起学习者的联想，使其在脑海中形成更加形象生动的画面，从而加深对专业内容的理解。越是深入浅出，越能记忆深刻。

（3）任务（Task）。

你在开发一门关于目标管理（××）主题方向的课程，在如何制定目标的模块中有一个重点内容“制定目标要满足 SMART 原则”（××），你需要设计一个用于促进学习者理解该内容的教学活动。

（4）背景（Background）。

课程受众是某知识付费公司的中层管理者（××）。

（5）规则（Constraints）。

A. 结合知识的属性特点，综合判断并使用“多样重复法、针对提问法、归纳过程法、借物类比法”生成指导学习的教学活动。

B. 使用技能，参考例子，遵循规则，完成任务。

（6）例子（Examples）。

1）例子：在“战略规划”的课程中，围绕战略思考路径“目标—路径—环境—资源—行动”这一核心内容，通过多样重复法设计出四个由易到难、由简到繁的例证来指导学习。

例证 1：假如你是一家餐厅的经理，你的老板给你确定了一个目标：明年上半年在利润维持去年同期水平的基础上，将销售额同比提高 20%。请提出实现目标的计划或方案。

例证 2：一个法国化妆品公司，想要把一个男性化妆品品牌推广到中国市场，应该如何制定战略路径？

例证3：××公司是1989年创立的企业，其在市场上成功的第一个产品是水泥泵。到1999年，水泥泵业务实现销售收入4.5亿元人民币，销售市场主要在湖南、湖北、广东等区域。1999年末，公司开始考虑未来发展战略，请勾勒××公司未来的战略选择路径。

例证4：作为一家智能车公司，应该如何制定战略路径？

2）例子：在“角色转身”的课程中，围绕“管理者的角色与要务”这一核心内容，通过针对提问法设计出一个例证来指导学习。

A. 情境。

袁大是一家迅速扩张的女性连锁健身机构客户服务体验部新上任的负责人。自加入公司以来，其便以对健身行业的热情和对客户需求的敏锐洞察，赢得了机构上下的认可。随着品牌影响力的扩大，客户对于服务体验的要求也日益提高，公司高层将提升服务质量、提高客户满意度作为当前年度的核心战略目标。

袁大深知这一任务的重要性，他决心带领新团队在这一领域取得突破。袁大将客户满意度提升至行业前十，同时将减少50%客户投诉率作为接下来一年的目标。为了能够实现这一目标，他花了一个月的时间制订了详细的工作计划，包括优化服务流程、加强员工培训、引入智能客服系统等措施，来建立一套高效、个性化的客户服务体系。

袁大把工作计划分享给团队成员并做了详细的目标说明与工作布置，他认为只要目标明确，剩下的就是紧盯结果即可。后续工作中，袁大展现出了极高的热情，经常加班加点，密集参加各个项目会议，亲自处理客户反馈，甚至直接介入到一线客服工作中。每周例会他都会倾听团队成员的工作汇报，并通过快速“救火”和不断给大家施加压力来推动进展。同时他还增加了与下属一对一的会谈频率，试图说服每个人都要为了目标投入足够的精力工作。整体来看团队日常的运转还可以，但关键指标总是没有起色。袁大总感觉大家没有尽全力工作，做事情不动脑子且拎不清主次，遇到问题不想方法只会抱怨，甚至有问题他总是找不到愿意承担责任的人。

半年时间很快过去了，尽管袁大个人付出了巨大的努力，但部门整体目标并没有大的突破，达成情况并不理想。更糟糕的是，团队内部出现了明显的士气低落现象，成员间沟通不畅、协作效率低下，团队组织能力调研分数也在大部门平均值之下。上级领导对客户服务体验部的表现也很失望，袁大自己也感到前所未有的压力，随之而来的是失落和沮丧。

B. 请思考并回答。

袁大做了哪些管理工作？

部门的目标为什么没有突破？团队成员的士气为什么会很低落？

袁大为什么会失败？如果你是袁大，接下来打算怎么办？

一个新任管理者需要扮演好哪些角色？做好哪些要务？规避哪些风险？

3）例子：在“跨部门沟通”课程中，围绕“同理心”这一核心内容，通过归纳过程法设计出一个例证来指导学习。

A. 情境。

好朋友：“气死我了，我的车位又被 ×× 那个家伙给占了！”

回应 1：“我还以为多大的事，不就是车位被占了吗，瞧给你气的，至于吗！”

回应 2：“把你的车停在他的车前面，堵住他。”

回应 3：“什么时候占的？现在还在吗？用你的充电桩了吗？”

回应 4：“哎！现在停车特别难，尤其是晚上加班后回家，只想尽快休息，一旦车位被占了，又得耽误好久的时间，每次都会耗费很大的精力，我能感受你的心情。”

B. 提问。

以上四种回应方式有何不同？哪一种属于同理心回应？同理心有什么特点？

第二步，向 AI 输入提示词，由 AI 完成任务

输入以上提示词后，AI 生成的内容如图 9–2–3 和图 9–2–4 所示。

SMART原则教学活动设计（结合多样重复法+针对提问法+归纳过程法+借物类比法）

一、活动目标

通过情境化学习、问题引导与类比迁移，帮助中层管理者理解SMART原则的内在逻辑，掌握目标制定的核心方法，并能够结合业务场景灵活应用。

二、教学活动设计

第一阶段：借物类比法——用生活场景理解SMART（15分钟）

场景类比：旅行计划

> **描述**：
> "假设你要计划一次家庭旅行，如何用SMART原则制定目标？"
> **提问（针对提问法）**：
> 1. **现象层**：旅行目标需要明确哪些信息？（如目的地、预算、时间）
> 2. **原因层**：为什么“月底前订机票”比“尽快订机票”更合理？
> 3. **方法层**：如何用SMART优化“提升亲子旅行体验”的目标？

第二阶段：多样重复法——从简单到复杂场景演练（30分钟）

案例1：个人目标（简单场景）

> **情境**：作为知识付费公司的运营经理，你希望提升个人学习效率。
> **初始目标**：“我要多读书”→ **SMART优化**：“未来3个月（T），每周精读1本运营方法论书籍（S），输出3篇读书笔记（M），并应用1个工具到实际工作中（A），以提升专业能力（R）。”
> **提问**：
> - 原目标与优化后的目标差异是什么？（聚焦具体性）
> - 如何衡量“应用1个工具”？（探索可测量性）

图 9-2-3　AI 生成的内容 1

案例2：团队目标（中等复杂度）

情境：团队需在Q3提升用户留存率。

初始目标："提高用户留存" → **SMART优化**："针对30天未登录用户（S），设计3种召回策略（M），在Q3将留存率从15%提升至18%（A/T），带动季度续费收入提升5%（R）。"

提问：

- 为什么需要限定"30天未登录用户"？（相关性探讨）
- 如果资源有限，如何调整目标可行性？（开放性问题）

案例3：公司战略目标（复杂场景）

情境：公司计划拓展企业培训业务线。

初始目标："开拓新市场" → **SMART优化**："聚焦中小微企业客户（S），在6个月内（T）与5家行业协会达成合作（M），推出3门定制化课程（A），实现首年100万营收（R）。"

提问：

- 时限设定如何影响资源分配？（关联时限与可行性）
- 如果行业协会合作未达成，如何调整目标？（风险预案思考）

第三阶段：归纳过程法——总结SMART应用框架（20分钟）

步骤1：分组讨论

- 每组选取一个业务场景（如课程开发、用户增长、团队管理），用SMART原则重构目标。
- **输出要求**：列出原目标问题清单 + SMART优化后的目标 + 关键成功因素。

步骤2：归纳共性规律

- **教师引导提问**：

"所有有效的SMART目标有哪些共同特征？哪些原则容易被忽视？为什么？"

学员可能结论：

- 具体性需指向明确群体/行为（如"高净值用户"而非"用户"）；
- 可测量性需量化过程指标（如"线索转化率"而非仅"销售额"）；
- 相关性需与上级目标对齐（如"提升完课率"支撑"提高复购率"）。

图 9-2-4　AI 生成的内容 2

如果不满意，可以再次发出具体调整指令让 AI 更改，通过对话不断训练 AI，升级人机共谋。

和上面简单提示词所生成的内容进行对比会发现，按照本书知识点开发的提示词所生成的内容，基本上只需要人为做简单调整，就可以拿来使用。

9.3 设计辅导学习的教学

辅导学习用于课程每个模块重点内容的练习教学，目的是通过练习来发现学习者的进步 / 偏差，并及时进行针对性的反馈，以提升学习效果和信心。

你可以尝试对 AI 发出简单的提示词，比如：“你在开发一门关于目标管理主题方向的课程，针对目标执行阶段的‘委派任务六步法包括说明任务、介绍背景、阐述期望、说明支持、明确检查、澄清共识’这一重点内容，你需要设计一个练习活动，目的是通过学习者的实际表现进行针对性地反馈与辅导，以帮助学习者掌握这一内容。”AI 的生成内容如图 9–3–1 和图 9–3–2 所示。

练习活动设计：委派任务六步法模拟实战与反馈优化

一、活动目标

通过模拟真实工作场景中的任务委派，帮助学习者掌握“委派任务六步法”的核心逻辑，并通过观察、实践、反馈和迭代，提升任务委派的有效性和共识达成率。

二、活动形式

角色扮演 + 同伴反馈 + 培训师纠偏

- **时长**：90分钟（可分2次课完成）
- **人数**：每4-5人一组，需包含“委派者”和“执行者”角色
- **工具**：任务卡、观察表、反馈贴纸、摄像机/手机（可选）

三、活动流程

Step 1：**任务情景导入（10分钟）**

1. **案例分发**：
   - 每组抽取一个真实职场任务卡（如“策划季度客户答谢活动”“推进跨部门数据对接项目”），任务需包含模糊信息（如预算未明确、协作方未指定）。
2. **角色分配**：
   - 1人扮演“委派者”（需应用六步法），其余扮演“执行者”（需提问挑战）。

图 9-3-1　AI 的生成内容 1

Step 2：**模拟委派实战（20分钟）**

1. **限时委派**：
 - 委派者需在8分钟内完成任务委派，执行者可随时提问打断。
2. **关键要求**：
 - 委派者必须完整应用六步法，但**不得机械套话**（需结合任务情景灵活表达）。
 - 执行者需记录疑问点（如“背景信息是否充分？”“支持资源是否明确？”）。

Step 3：**多维反馈与诊断（30分钟）**

1. **三方反馈机制**：
 - **自我反思**：委派者对照六步法自评（用贴纸标记遗漏步骤）。
 - **同伴反馈**：执行者基于观察表提供具体建议（例：“期望部分未量化”“检查节点不清晰”）。
 - **视频回放**（可选）：录制委派过程，回放时分析肢体语言、语气对共识的影响。
2. **典型问题清单**：

步骤	常见错误	纠偏示例
说明任务	目标笼统（“做好活动”）	拆解为“完成客户名单筛选+场地签约”
介绍背景	未说明“为什么”	补充“CEO将出席，需体现品牌调性”
阐述期望	未定义“成功标准”	明确“客户满意度≥4.5/5分”
说明支持	资源列举不全	补充“可调用市场部设计团队”
明确检查	时间节点模糊	改为“每周三下午3点同步进展”
澄清共识	未确认理解偏差	要求执行者复述任务优先级

Step 4：**迭代优化与场景迁移（20分钟）**

1. **二次委派挑战**：
 - 委派者需基于反馈调整策略，重新委派同一任务（或升级任务复杂度，如“预算砍半”）。
2. **场景迁移练习**：
 - 更换任务类型（如从“项目类”转为“日常类”），探讨六步法适用性调整（如简化背景说明）。

图 9-3-2　AI 的生成内容 2

面对简洁的提示词，AI 生成的教学活动还是比较全面的。那么，按照本书辅导学习的策略优化一下提示词，“投喂”给 AI，看看 AI 生成的内容会发生什么变化。

第一步，撰写提示词

以下提示词是生成辅导学习教学活动的指令模板与实例。

（1）角色（Role）。

你是一名资深企业经营管理领域（××）的课程设计与开发专家，对企业管理（××）有深厚的研究和近二十年的实践。你主导开发过很多管理领域（××）的精品课程，每当课程某个模块的重点内容讲解完毕后，你都能设计出巧妙的“练习活动”，通过学习者在练习中的表现，进行针对性的反馈与辅导，以帮助他们提升对知识的掌握。

（2）技能（Skills）。

1）辨识练习法。

给出多个混淆的策略选项，要求找到正确 / 错误的答案。选择题就是典型的辨识练习法。使用辨识练习法设计的练习活动，其特点是使用的教学支架较多。

2）纠错练习法。

给出错误的策略，要求纠正。判断题就是典型的纠错练习法。使用纠错练习法设计的练习活动，其特点是使用的教学支架相对辨识练习法要少。

3）补足练习法。

给出部分的策略，要求补全内容。填空题就是典型的补足练习法。使用补足练习法设计的练习活动，其特点是使用的教学支架相对纠错练习法要少。

4）应用练习法。

给出一个预先设计的场景，使用所学内容进行分析与解题。应用题与情景题就是典型的应用练习法。使用应用练习法设计的练习活动，其特点是使用的教学支架相对补足练习法要少。

5）实战练习法。

让学习者找到一个属于自己的实际工作场景，结合所学给出解决方案。作业、实践任务、课题研究就是典型的实战练习法。使用实战练习法设计的练习活动，其特点是基本上不提供教学支架。

6）反馈模式。

每个练习活动结束后会对学习者的表现或结果进行反馈。

① 单环学习反馈模式：针对结果的好坏做出反馈，纠正错误，改正行为。

② 双环学习反馈模式：针对思考的过程进行反馈，通过反思，提升认知。

③ 三重视角反馈模式：自我反馈、同伴反馈、讲师反馈。

（3）任务（Task）。

在开发一门关于目标管理（××）主题方向的课程，针对目标执行阶段的“委派任务六步法：说明任务、介绍背景、阐述期望、说明支持、明确检查、澄清共识”（××）这一重点内容，你需要设计一个练习活动，目的是通过学习者的实际表现进行针对性的反馈与辅导，以帮助学习者掌握这一内容。

（4）背景（Background）。

课程受众是某知识付费公司的中层管理者（××）。

（5）规则（Constraints）。

① 结合知识的属性特点，综合判断并使用“辨识练习法、纠错练习法、补足练习法、应用练习法、实战练习法”生成练习活动。

② 针对课程的重点内容只需要达成记忆/理解即可的低级学习目标，可以采用辨识练习法、纠错练习法和补足练习法。反馈模式以单环学习反馈模式为主。

③ 针对课程重点内容需要达到灵活运用程度的高级学习目标，可以采用应用练习法和实战练习法。反馈模式以双环学习反馈模式为主，同时需要配合三重视角反馈模式。

④ 针对重要且较难的内容，需要设计多个练习活动，练习活动的排序呈现逻辑为从使用较多的教学支架到逐渐减少教学支架。

⑤ 练习活动的结构要包括“背景 / 情境介绍、练习要求与流程”。

⑥ 使用技能，参考例子，遵循规则，完成任务。

（6）例子（Examples）。

1）例子：在“如何进行任务管理”的课程中，围绕“执行任务阶段遇到风险”这一场景的应对策略，使用辨识练习法设计的练习活动来辅导学习。

A. 背景 / 情境介绍。

你负责新品上市前的社交媒体推广，上级要求：“务必邀请行业头部 KOL（关键意见领袖）在首周发布测评视频。”实际推进时发现：原定的科技领域 TOP1 博主突然要求涨价 50%，超过预算红线，第二备选博主因档期问题最快两周后才能配合，现在距离预定发布时间仅剩 72 小时。你尝试跟头部 KOL 团队沟通，试图调整视频形式，从专业测评改为快闪开箱，但仍遭拒绝。你也尝试私下询问财务部是否有机会调整预算，但被对方驳回。此时你会如何应对？

a. 你动用私人关系，熬夜联系多位中腰部博主，响应率约 30%，在日报上汇报“资源对接顺利”。

b. 先签约要价最低的腰部博主，汇报时强调“已完成 KOL 覆盖”，回避头部缺失问题。

c. 立即向老板预警：“头部 KOL 合作遇阻，正在采取应急方案。”

d. 向老板说明 KOL 的合作遇到问题，询问是否可以延后发布。

e. 跟老板汇报："现状是 ×××，继续选择头部 KOL，将超过预算；或替换多位中腰部博主，但这是第一次合作腰部博主，效果保障有风险，强调清楚各自优劣势。"

B. 练习要求与流程。

a. 练习：以小组为单位，个人先进行思考选出答案（1 分钟）；组内研讨选出共识的答案（3 分钟）；每组派出代表分享答案并说出理由（每组 1 分钟）。

b. 反馈：老师反馈结果并说明所运用的知识点。

2）例子：在"目标管理"的课程中，围绕"设定目标的 SMART 原则"这一重要知识点，使用纠错练习法设计的练习活动来辅导学习。

A. 背景 / 情境介绍：以下目标有什么问题?

a. 一轮融资快速到位。

b. 推动合作生态平台的建立。

c. 提升店内运营效率。

B. 练习要求与流程。

a. 练习：每个人使用 SMART 原则修改以上描述的目标。

b. 反馈：老师反馈正确答案，并进行解析。

3）例子：在"高效执行"的课程中，围绕"引领性指标"这一重要知识点，使用补足练习法设计的练习活动来辅导学习。

A. 背景 / 情境介绍：客户服务体验部的关键目标是"打造顶级的社交健身服务体验，初步建立 VIP 客户服务体系，客户 NPS 从 X% 提升到 Y%"。在为其拆解引领性指标的过程中，使用了成功要素分析法，通过罗列成功要素"价格、课程、产品、环境、器械、教练、激励……"找到了重要杠杆点——对会员的激励，请结合这个杠杆点描述出其引领性指标。

B. 练习要求与流程。

a. 练习：每个人使用呈现引领性指标的公式，对以上的目标进行描述，补充关于会员激励的引领性指标。

b. 反馈：老师反馈正确答案并进行解析。

4）例子：在“如何进行教练式沟通”的课程中，围绕“针对下属的不足进行反馈”这一场景的应对策略，使用应用练习法设计的练习活动来辅导学习。

A. 背景 / 情境介绍：张三在一家连锁健身机构担任教学专家，为了提升小班教练满意度，其轮流给各家分店的教练进行集中式培训和各种复盘会议，多数都是临时性通知，导致员工的工作与生活节奏都被打乱，大家怨声载道。知道这一情况后，你决定与他开展一对一沟通。

B. 练习要求与流程。

a. 角色分配：三人一组，一人扮演上级、一人扮演下属、一人扮演观察员。

b. 组内准备：结合角色信息，准备相应的策略。

c. 组内演练：三人小组开始演练，观察员结合评估表记录双方对话过程的要点。

d. 组内反馈：上级扮演者先进行自我反馈，然后下级扮演者进行反馈，最后观察员进行反馈。

e. 大班示范：挑选一组学员上台演练，其他学员充当观察员。

f. 大班反馈：上台演练者先行反馈，其他充当观察员的学员再进行反馈。

g. 老师反馈：老师结合观察与知识点进行整体的分析与反馈。

h. 时间：30 分钟。

5）例子：在“有效授权”的课程中，围绕“关键任务委派”这一场景的应对策略，使用实战练习法设计的练习活动来辅导学习。

A. 背景 / 情境介绍：请结合你的实际业务、实际团队与实际工作开展关键任务的授权。

B. 练习要求与流程。

a. 梳理你所管理团队今年的重大目标、重大战役、关键任务。

b. 盘点你所管理团队的梯队与人员。

c. 把关键任务结合不同人员进行匹配，说明匹配的原则并制定相应的授权策略。

d. 在小组内分享你的策略，其他成员要进行提问和反馈。

e. 每个小组选出一名代表分享自己的策略，其他小组进行提问和反馈，讲师进行提问和反馈。

f. 时间：40 分钟。

第二步，向 AI 输入提示词，由 AI 完成任务

将上面经过优化的提示词输入 AI，生成的内容如图 9–3–3 至图 9–3–5 所示。如果不满意，可以再次发出具体调整指令让 AI 更改，通过对话不断训练 AI，升级人机共谋。

练习活动设计：委派任务六步法实战演练（针对中层管理者）

一、练习活动1：辨识练习法（单环学习反馈）

背景/情境介绍

你是某知识付费产品的运营经理，需将"用户活跃度提升20%"的任务委派给新入职的管培生。请根据"委派任务六步法"判断以下对话片段中缺失的步骤（多选题）。

A. "小王，这季度你的核心任务是提升用户活跃度，具体指标是DAU增长20%"

B. "公司最近上线了知识图谱功能，但用户打开率较低，这是关键突破口"

C. "你可以自由安排工作时间，每周只需提交进度报告"

D. "如果遇到技术对接问题，可以随时联系数据组的小张"

E. "我们每周五下午过进度，遇到问题随时沟通"

图 9-3-3　AI 生成的内容 1

练习要求与流程

1. **个人思考**（2分钟）：标注缺失的步骤（正确选项：步骤3阐述期望中的"阶段性成果标准"、步骤6澄清共识中的"确认理解"）
2. **小组研讨**（5分钟）：每组用白板列出答案并说明判断依据
3. **反馈环节**
   - **单环反馈**：讲师展示正确答案，强调"期望需包含可量化标准，共识需双方确认理解"
   - **知识关联**：回顾"阐述期望"需包含SMART原则和"澄清共识"需使用复述技巧

二、练习活动2：纠错练习法（单环→双环学习反馈）

背景/情境介绍

分析以下失败委派案例中的错误（案例由讲师提供）：

某团队领导委派市场分析报告任务时，仅说明'下周要一份市场报告'，未提供行业数据权限，导致下属提交内容不符合要求

练习要求与流程

1. **错误诊断**（个人3分钟）：根据六步法指出3处关键错误
2. **纠正方案**（小组8分钟）：设计完整的委派对话流程
3. **反馈环节**
   - **单环反馈**：讲师指出"缺失背景介绍（行业趋势）、支持说明（数据权限）、检查机制（审核标准）"
   - **双环反馈**：引导反思"如果下属未主动询问，管理者该如何预判需求？"

三、练习活动3：应用练习法（双环学习+三重视角反馈）

背景/情境介绍

角色扮演：作为课程研发总监，需将"开发5门职场软技能微课"任务委派给课程主管。

练习要求与流程

1. **角色分配**（3人组）：总监/主管/观察员
2. **模拟实战**（15分钟）：
   - 总监使用六步法委派任务
   - 主管可提出疑问（如"微课时长是否有要求？"）
   - 观察员记录双方表现
3. **三重视角反馈**（20分钟）：
   - **自我反馈**：双方陈述"最满意/需改进的环节"
   - **同伴反馈**：观察员使用评估表（见下表）进行行为点评
   - **讲师反馈**：重点分析"支持说明"是否匹配资源权限，"检查机制"是否可量化

图 9-3-4　AI 生成的内容 2

委派行为评估表（观察员使用）

步骤	行为表现	评分（1-5分）
背景	是否说明任务与业务战略的关系？	
期望	是否明确成果标准（如"用户完课率≥85%"）？	
支持	是否提供具体资源（如模板/案例库权限）？	
检查	是否约定检查节点与形式（如"每周三演示原型"）？	
共识	是否通过复述确认理解（"你理解的交付物是……对吗？"）？	

四、练习活动4：实战练习法（三重视角深度反馈）

背景/情境介绍

结合本岗位实际，选择一项需委派的关键任务（如"上线年度会员服务体系"），完成：

1. 任务拆解：列出至少3个子任务及对应承接人
2. 委派方案：为每个子任务设计完整的六步法执行方案

练习要求与流程

1. **个人准备**（20分钟）：填写《委派任务规划表》
2. **小组互评**（30分钟）：
   - 3人组交换方案，用"三层次评估法"互评：
     - 完整性：是否覆盖所有步骤？
     - 可行性：支持措施是否可落地？
     - 风险预判：是否预设问题解决方案？
3. **大班复盘**（40分钟）：
   - 讲师选取典型方案进行"双环学习"：
     - "该方案若执行失败，最可能在哪个环节出问题？"
     - "如何优化检查机制避免执行偏差？"

图 9-3-5　AI 生成的内容 3

和上面简单提示词所生成的内容进行对比会发现，按照本书知识点开发的提示词所生成的内容，基本上只需要人为做简单调整，就可以拿来使用。

鸣 谢

截止到2025年，我在企业内从事人才发展与培训的工作已经有18个年头了，时间如白驹过隙，转瞬即逝。如果说当初进入这个领域属于误打误撞，职业认知是懵懵懂懂的，那么18年一路走来的跌跌撞撞和所见所得，让我愈发找到了源源不断的动力——热爱自己，成就他人。在这个过程中我个人的使命和愿景也逐渐地清晰起来，“致力于通过在商业组织中构建学习场域、生成高质量的知识资产，增加组织和个体的核心竞争力”已经成为我为之奋斗的事业。在此期间，很多人对我施以援手，不断地帮助我提升认知，帮助我磨炼心智。

感谢焦小源老师。他带我走入了这个行业，给了我无限的信任和支持，也给了年轻时候的我无限的宽容。

感谢肖兴老师。肖老师在2019年开启了创业之路，这期间我们不断地交流，他给了我广阔的视野和很大的勇气，让我第一次体会到专注的力量有多么强大。感谢他在2021年邀请我作为微课研究项目专家委员会委员，也是那一次经历让我产生了把自己的经验和方法写成一本书的念头。

感谢万洁女士。万总是一位非常优秀的职业经理人，在龙湖时是我的老板，离开龙湖后是我的大姐。万总在商业领域经历过太多的起起落落，但始终都能坦然处之，宠辱不惊。让我非常开心的是，万总在结束职业经理人的历程后，也投身到了教育培训行业。

感谢我的家人。他们给了我一个温馨、安全、“肆意妄为”的环境。这几年我的工作非常忙碌，写这本书的时间基本上都是在半夜和周末，这个条件是我的家人帮助我创造的，没有他们的支持，我根本不可能完成这本书。

特别要感谢我的儿子李瑞轩，他给了我源源不断的动力。起初我很想通过出版著作来提升自己在行业的知名度，但事实上我发现这个动力不足以支撑我牺牲休息和陪伴家人的时间来做。直到我发现每一次和孩子互动，他都会把我当作榜样，我做不到的自然无法要求他做到；我不遵守规则，凭什么要求他遵守规则。这本书是我以身作则的态度，是我送给他的礼物。

李海峰老师主讲系列课程

◆ 01 培训体系设计：

如何设计“以职业发展为导向”的学习蓝图

◆ 02 培训项目设计：

如何搭建“以绩效为导向”的培训项目

◆ 03 培训课程开发：

如何开发“以应用为导向”的课程

◆ 04 最佳实践萃取：

如何萃取“以复制为导向”的最佳实践

◆ 05 教学策略设计：

如何设计“以吸收为导向”的教学活动